釣り好きが選んだ道。今あなたにも伝えたい

さかな・釣りライフ100人

釣具店・釣り具メーカー・釣り具総合商社・和竿師・バンブーロッドビルダー・ハンドメイドルアー・漁協・研究・行政・水族館・NPO・公益法人・釣り専門校・遊漁船・レンタルボート店・バスボートメカニック・バスプロ・フィールドテスター・プロアングラー・釣りガール・ユーチューバー・企画・PR・地域振興等・フィッシングガイド・ティーチング&デモンストレーション・アユ漁師・オトリ店・養殖・管理釣り場・ジャーナリスト・新聞社・出版社・グラフィックデザイナー・映像・カメラマン・漫画家・イラストレーター・飲食業・旅行・宿泊・ナイフメーカー・陶芸

つり人社書籍編集部 編

つり人社

はじめに。本書を手にとってくださった方へ

将来は魚や釣り関係の道に進みたいと考えている若い方。
他業種で働いているけれど釣りをする度に転職したいと思いを募らせている方。
セカンドライフや副業的に趣味の釣りを仕事に活かせないかと考えている方。
同業者の意見を参考にしたい、共感したい方。
好きな釣り具メーカーや釣具店、漁協等についてもっと多くを知りたい方。
家族や恋人、友人知人に薦められた方。
何だか面白そう、あるいはふとした偶然でという方。

　ありがとうございます、皆さまのためにこの本を作りました。
『さかな・釣りライフ100人』と題した本書は、"業界初のメッセージ＆リクルートブック"をコンセプトにしています。
　協力してくださったのは、釣りが好きで、現在、魚や釣りに関係する仕事をしている100人。釣り具の企業や小売店をはじめ、漁協、研究者、釣り専門校、遊漁船、バスプロ、釣りガール、フィッシングガイド、ユーチューバー、飲食店……TVや誌面、SNS等でよく知られる著名人から、縁の下の力持ち的な方まで、さまざまな100人です。日本で働く海外の方、海外で働く日本人もいらっしゃいます。なかには「そんな仕事もあるのか」と思われる発見もあるかもしれません。仕事の形態も、生業だったり本業はほかにお持ちだったりと、人それぞれです。また1つ誤解のないようにお断りしておきたいのは、今回登場される方たちだけが各仕事の代表的な存在では決してありません。魚と釣りに関連する仕事の世界は海のように広く、それこそ海を泳ぐ魚たちのように多彩でたくさんの方がご活躍されています。

【各頁について】

　本書の趣旨にご賛同頂いた100人の方々に、プロフィールをはじめ編集部が設定した12の質問（下記。本文中には太字で明記）にお答え頂くかたちで原稿をご執筆頂きました。

- （いつ）何歳で今の仕事を始めた
- いつ頃どんな志望動機で目差そうと思った
- 仕事の具体的な内容
- 仕事の魅力・やりがい
- この仕事を目差す人へのアドバイス
- 今後の抱負や夢
- この仕事に就いていなければ何をしていた
- 今、好きな釣りは？
- 初めて釣った魚と場所
- 特に大切にしている釣り道具
- 将来行きたい釣り場と釣りたい魚
- 現在乗っている車

　そして届いたのは100の熱いメッセージ。
　自ら文章を書くという行為は、聞き手が話をまとめるインタビューと違ってご本人には骨の折れる作業です。そのぶん、言葉を一つ一つ確認しながら自分自身の仕事と向き合いつづられた文章には、その人の「熱」と伝えたい気持ちがこもります。
　100人の誰かの文章に、あなたの人生の新しい扉を開くヒントを見つけてくだされば編者としてこれに勝る喜びはなく、執筆者の方々も同じ気持ちだと思います。
　さあ、あなたもあなた自身の「さかな・釣りライフ」を始めてみませんか。

つり人社書籍編集部

目　次

釣具店

明樂賢一　（株）タックルベリー ･････････････････････････････････････ 8
小澤淳　フィッシング相模屋 ･･･ 10
柏瀬巌　フィッシングプロショップオジーズ ･････････････････････････ 12
菊間将人　（株）イシグロ イシグロ伊東店 ･･････････････････････････ 14
後藤恭典　（株）タカミヤ 釣具のポイント八幡本店ルアースタジアム ･･･ 16
下山巌　（株）ドリーバーデン･･･････････････････････････････････････ 18
MINORI S SMITH　Dan Bailey's Outdoor Company ･･･････････････ 20
寺元昭二郎　フィッシングエイト（株）フィッシングエイト２ ･････････ 22
宮原映人　（株）上州屋 新千葉美浜店 ･････････････････････････････ 24
室町雄一郎　（株）ワールドスポーツ キャスティング千葉稲毛海岸店 ･･････ 26

釣り具メーカー

泉和摩　（有）ハンクル（HMK L）･････････････････････････････････ 28
大津清彰　（株）ティムコ ･･･ 30
黒神樹　GAMAKATSU PTE LTD ････････････････････････････････ 32
敷田和哉　（株）シマノ ･･･ 34
田畑憲一　（株）デプス ･･･ 36
シュレスタ・プルナ　オーナーばり（株）･･･････････････････････････ 38
宮澤幸則　グローブライド（株）･････････････････････････････････････ 40
武藤勢弥　（株）エバーグリーンインターナショナル ･･･････････････ 42
山元八郎　（株）山元工房 ･･･ 44
脇田政男　（株）ささめ針 ･･･ 46

釣り具総合商社

今泉拓哉　（株）ツネミ ･･･ 48
天野有二　（株）魚矢 ･･･ 50

和竿師

中台泰夫　和竿工房 竿中・中台泰夫 ･･･････････････････････････････ 52

バンブーロッドビルダー

渋谷直人　渋谷漆工房 ･･･ 54

ハンドメイドルアー

開発学　KaihatsuCrank ･･･ 56

漁協

白滝治郎　郡上漁業協同組合･･･････････････････････････････････････ 58
中島淳志　両毛漁業協同組合 ･･････････････････････････････････････ 60
中野信之　朱鞠内湖淡水漁業協同組合 ･･･････････････････････････ 62
松浦秀俊　物部川漁業協同組合･････････････････････････････････････ 64

湊屋啓二　鷹巣漁業協同組合 ･････････････････････････････････････ 66
森下尊士　日野川水系漁業協同組合 ･･････････････････････････････ 68

研究・行政
櫻井政和　水産庁 ･･･ 70
関伸吾　国立大学法人 高知大学 ･･････････････････････････････････ 72
高木優也　栃木県水産試験場 ･････････････････････････････････････ 74
高橋勇夫　たかはし河川生物調査事務所 ･･････････････････････････ 76
坪井潤一　国立研究開発法人 水産研究・教育機構 水産技術研究所 ････････ 78
棟方有宗　国立大学法人 宮城教育大学 ･･･････････････････････････ 80

水族館
仁科斎　標津サーモン科学館 ･････････････････････････････････････ 82

NPO・公益法人
井上拓也　NPO 法人ジャパンゲームフィッシュ協会 ･･････････････ 84
田畑貴章　NPO 法人北海道トラウトフィッシング協会 ･･･････････ 86
三村達矢　公益財団法人日本釣振興会 ･･･････････････････････････ 88

釣り専門校
花野誠次　総合学園ヒューマンアカデミー大阪心斎橋校フィッシングカレッジ ･･･ 90

遊漁船
小菅結香　丸十丸 ･･ 92
住澤慧樹　慧樹丸 ･･ 94
薗田隆次　遊漁船 Wingar ･･･････････････････････････････････････ 96
田村信彦　福の神丸 ･･･ 98
藤田優雅　瀬渡し船 OASIS ･････････････････････････････････････100
眞野有理　福将丸 ･･･102

レンタルボート店
野村友行　のむらボートハウス ･･･････････････････････････････････104

バスボートメカニック
小島宏　（株）マッスルマリン ･･･････････････････････････････････106

バスプロ
青木大介　日本バスプロ協会 JB/NBC 所属 プロフェッショナルバスアングラー ････108
赤羽修弥　W.B.S.、BMC 所属 プロフェッショナルバスアングラー ･･･････････110
伊藤巧　B.A.S.S. ELITE series professional angler ･･･････････････････112

フィールドテスター・プロアングラー
有岡只祐　ダイワ鮎ノィールドテスター ･････････････････････････114

鈴木斉　プロアングラー　NABLA ・・・・・・・・・・・・・・・・・・・・・・・・・・・・・・・・・・・・ 116
千島克也　ダイワフィールドテスター（渓流、ワカサギ）、FURUNO フィールドテスター・・・・ 118
西向雅之　サンライン投げ フィールドテスター ・・・・・・・・・・・・・・・・・・・・・・・・・・・ 120
三石忍　プロアングラー ・・ 122

釣りガール
そらなさゆり　2代目アングラーズアイドル、サンラインフィッシングガール・・・・ 124
晴山由梨　4代目アングラーズアイドル ・・・・・・・・・・・・・・・・・・・・・・・・・・・・・・・・ 126

ユーチューバー
398　ハゼ釣り YouTuber 兼ハゼプロ ・・・・・・・・・・・・・・・・・・・・・・・・・・・・・・ 128
秦拓馬　バスプロ YouTuber ・・・・・・・・・・・・・・・・・・・・・・・・・・・・・・・・・・・・・・・ 130

企画・PR・地域振興等
國村大喜　海業振興 デザイナー×エンジニア （株）ウミゴー ・・・・・・・・・・・・・・・ 132
熊澤由雅里　釣り・水産業界の広報、企画、マーケター ・・・・・・・・・・・・・・・・・・ 134
中川めぐみ　釣りアンバサダー （株）ウオー ・・・・・・・・・・・・・・・・・・・・・・・・・・・ 136
三浦愛　しずおかの海 PR 大使、CLARI MARE、（有）Miu lab. ・・・・・・・・・・ 138

フィッシングガイド
奥本昌夫　FishCamp-Hokkaido ・・・・・・・・・・・・・・・・・・・・・・・・・・・・・・・・・・・・ 140
折金一樹　バスフィッシングガイド ・・・・・・・・・・・・・・・・・・・・・・・・・・・・・・・・・・・・ 142
佐藤玄　NZ Streams and Tides.ltd ・・・・・・・・・・・・・・・・・・・・・・・・・・・・・・ 144
杉浦雄三　FlyFishing Total Support TEAL ・・・・・・・・・・・・・・・・・・・・・・・・・ 146
杉坂隆久　杉坂隆久ガイドサービス ・・・・・・・・・・・・・・・・・・・・・・・・・・・・・・・・・・ 148
千葉貴彦　WILDLIFE FLYFISHING SHOP NAYORO ・・・・・・・・・・・・・・・・・ 150
中川潔　フライフィッシングガイド ・・・・・・・・・・・・・・・・・・・・・・・・・・・・・・・・・・・・ 152

ティーチング＆デモンストレーション
東知憲　フライキャスティング・インストラクター ・・・・・・・・・・・・・・・・・・・・・・・・ 154

アユ漁師
西脇康之・西脇亜紀　鮎屋仁淀川 ・・・・・・・・・・・・・・・・・・・・・・・・・・・・・・・・・・ 156

オトリ店
谷口友和　もんじろう商店・・ 158

養殖
神山裕史　（有）神山水産 ・・・ 160

管理釣り場
會澤聡　（株）東晋 アウトドア事業部 308Club ・・・・・・・・・・・・・・・・・・・・・・ 162
安藤吉彦　相模漁業（株）東山湖フィッシングエリア ・・・・・・・・・・・・・・・・・・・ 164

井上荘志郎　（株）エヌディーイー　宮城アングラーズヴィレッジ ・・・・・・・・・・・・ 166

ジャーナリスト
奥山文弥　釣りを魚類学するお魚ジャーナリスト（有）奥山プランニング ・・・・・・ 168

新聞社
小菅綾香　（株）水産経済新聞社 ・・・ 170

出版社
佐藤俊輔　（株）つり人社 ・・ 172

グラフィックデザイナー
石川達也　（株）イストデザイン ・・・・・・・・・・・・・・・・・・・・・・・・・・・・・・・・・・・・・ 174
大川進　（有）大川デザイン ・・・ 176
神谷利男　神谷利男デザイン（株） ・・・・・・・・・・・・・・・・・・・・・・・・・・・・・・・・・・・ 178

映像・カメラマン
髙井正弘　（合）18frame. ・・・ 180
廣田利之　廣田写真事務所 ・・ 182
丸山剛　スタジオ - マル ・・ 184

漫画家・イラストレーター
酒川郁子　漫画家 ・・ 186
八百板浩司　イラストレーター ・・・・・・・・・・・・・・・・・・・・・・・・・・・・・・・・・・・・・・ 188

飲食業
小宮諒介　魚料理と酒 あじすけ ・・・・・・・・・・・・・・・・・・・・・・・・・・・・・・・・・・・・・ 190
戸門剛　山と川の幸　郷土料理ともん ・・・・・・・・・・・・・・・・・・・・・・・・・・・・・・ 192
長谷文彦　おかめ鮨 ・・・ 194
最上翔　（株）Lalapalooza ・・・・・・・・・・・・・・・・・・・・・・・・・・・・・・・・・・・・・・・ 196

旅行・宿泊
夷谷元宏　トラウトアンドキング フィッシングツアー ・・・・・・・・・・・・・・・・・ 198
鈴木一美　おやど風来坊 ・・・ 200

ナイフメーカー
古藤好視　カスタムナイフ作家 ・・・・・・・・・・・・・・・・・・・・・・・・・・・・・・・・・・・・・ 202

陶芸
小林登　（合）小林陶芸 ・・ 204

※本書に登場する100人のプロフィール等は2024年9〜10月時点のものです。

装丁　神谷利男デザイン（株）

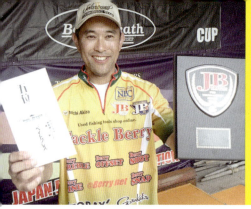

2015年JB檜原湖シリーズ第2戦のひとコマ

釣具店
(株)タックルベリー
常務取締役
ほか、管理釣り場事業運営(株)常務取締役(管理釣り場「Berry Park」)

明樂 賢一　あきら けんいち　55歳

【最終学歴(論文・制作)】日本大学農獣医学部水産学科(現・日本大学生物資源科学部海洋生物学科) 卒論「アサリリゾチームの季節変動」
【前職】 柔道整復師

●(いつ)何歳で今の仕事を始めた
　タックルベリー＝30歳、管理釣り場＝41歳。

●いつ頃どんな志望動機で目差そうと思った
　子供の頃より釣りが好きで、大学進学と同時に日大チャートリュース(バス、トラウト、海釣りを対象とした大学の釣り同好会)でバスフィッシングを始め、卒業後はバスプロとして活動していました。
　バスプロ活動においては、メーカー等からサポートを受けていましたが、そこでお世話になった方々や業界に少しでも貢献したいという思いが常にありました。そしてこんなに自分がハマっている釣りの楽しさを、多くの人に知ってもらいたいとも思っていました。
　98年にはJBマスターズシリーズ第5戦で優勝することができ、バスプロ活動に一区切りついたと感じていましたが翌年は惨憺(さんたん)たる成績で、このままではいけないと考えていたタイミングでタックルベリーの創業の話が舞い込んできました。
　大学時代の先輩、後輩も釣り業界には多く、バスプロ活動でも一定の評価を頂いていたことが、話のきっかけでもあると思います。

●仕事の具体的な内容
　現在は会社運営全般に携わっています。主に、店舗の各種予算の作成、進捗管理、従業員の教育、申請管理など、店舗が円滑に運営できるサポートを行なっています。
　創業当時は店舗の運営に関わるすべてのことや、会社のシステム構築など、さまざまな業務に関わっていました。特に、POSシステムに登録する買取査定データのマスタ作成が大変でしたが、これを作り上げたことが中古釣り具の取り扱いを安定させることにつながったと思います。感覚に頼りすぎず、数値管理で標準化するように日々取り組んでいます。

●仕事の魅力・やりがい
　釣りに関係する仕事で、仕事中に釣りの話をしていても怒られないところ！というのは半分当たっていますが、お店に来た方が楽しそうに買い物をしたり、釣果報告に来てくれたりするのを見ると特に役立っていると感じ、やりがいにつながります。
　私自身は現在は現場に出なく

タックルベリー第1号「@タックルベリー藤沢店(直営店)」のオープン間もない頃。現在は「@タックルベリー 湘南本店」

ビッグベリー常陸下館店の外観。中古釣具専門店から総合釣具店として品揃えが多くなり、店舗も大型化した

ビッグベリー常陸下館店の内観

なりましたので、直接的なお客様との触れ合いがなくなってさみしい反面、遠隔でお客様の喜ぶだろうということを従業員とともに考え、実行し、結果を出すのがやりがいになっています。特に今の会社は、「挑戦は楽しみであり、成功は喜びであり」という考えを持っており、さまざまなことに自分の責任でチャレンジさせてくれるところもよい点だと思います。

● この仕事を目差す人へのアドバイス

釣りが好きなので、釣具店で働きたいという気持ちは大切ですが、お客様のため(釣具店ならば、お店を利用する方。管理釣場ならば、釣りを楽しむ方)になる取り組みを惜しまないということが何よりも大切だと思います。

お客様の笑顔を見て、幸せな気持ちになれる方が向いていると思います。自分の好きなことに関係した仕事ではありますが、自分のしない釣りが好きな方もたくさんいます。それらの知識を幅広く持つことも大切ですし、店舗の運営面では、経営者的な視点も必要です。好きな釣りだけでなく、いろいろな釣りを経験したり、小売業として商売の勉強も欠かせません。

● 今後の抱負や夢

私の釣りにおける座右の銘に、「釣りは何でも楽しい」というものがあります。まだ経験したことのない釣りにも積極的にチャレンジしたいと思っています。そのためには、健康で働けないといけませんので、文武両道ならぬ「釣武両道」の精神で頑張ります。

● この仕事に就いていなければ何をしていた

柔道整復師として患者さんを治療していたと思います。

● 今、好きな釣りは?

アユの友釣り、磯のフカセ釣り、ヘラブナ釣り。

● 初めて釣った魚と場所

3歳で自宅近くの釣り堀で釣った金魚。

● 特に大切にしている釣り道具

いろいろな釣りをするので全部といいたいところですが、JBマスターズで優勝した時に使っていたプロトのロッド。

● 将来行きたい釣り場と釣りたい魚

アメリカでバスフィッシングをしたい。

● 現在乗っている車

トヨタランドクルーザー100ですが、250に乗り換え予定。

ベリーパーク FISH ON! 王禅寺。釣具店事業のほかトラウトの管理釣り場も経営。同施設のほか、山梨県都留市でベリーパーク FISH ON! 鹿留も運営

釣具店

フィッシング相模屋
磯釣り担当

小澤　淳　おざわ　じゅん
49歳

【最終学歴（論文・制作）】高校卒業後コンピューター関係の専門学校へ
【前職】前職も釣具店勤務、それ以前は建築関係

釣り人口が少しでも増えることを願って日々接客しております

●（いつ）何歳で今の仕事を始めた
　釣具店は24歳、今の相模屋は35歳から。
●いつ頃どんな志望動機で目差そうと思った
　18歳の頃、渋谷の街を友人とブラブラ歩いていると偶然小さな釣具店を見つけたので入ってみると、見たこともないマニアックな商品がたくさん置いてました。それから毎週のように通うようになり、あるとき店長さんに「高校卒業したらウチへ来ないか」と言われましたが、その時はまだ働きたくなかったのでお断りしました。
　その後、専門学校に通ってから建築関係の仕事に就きましたが、やはり根っからの釣り好きであの時の誘いをお断りしたことを後悔しました。すると今度はよく行く釣りエサ店で出入りの業者さんから、「若い人を募集している釣具店があるので面接だけでも受けてみないか」と言われ、釣具店の名前を聞くと、以前お断りしたお店の関連店。渡りに舟と二つ返事でそのまま就職していました。
　その後、店主の体調不良によりそのお店は閉店したのですが、あるメーカーさんに声を掛けていただき、ちょうど磯釣り担当者が不在だった今のお店に拾って頂きもう15年になります（笑）。
●仕事の具体的な内容
　釣り具の販売と仕入れが主な業務です。お客様に接客をしながら、釣りたい魚をお聞きして、同じ魚種でもさまざまな釣り方があるので、そのお客様に合った道具を選び、提案したりします。たとえばクロダイならフカセ釣り、カゴ釣り、ヘチ釣り、ルアー釣り等があります。行ってみたい釣り場をおたずねして、あの場所ではこの釣り方、この場所ではこの釣り方といった感じでご説明します。釣り方が決まったら、必要なタックルをご予算に合わせて提案し、ご購入頂いております。
　お客様の中にはもちろん最初から「こういう釣り方でねらいたいからタックルを揃えたい」という方もいらっしゃいますし、「今こういうタックルを使っているのだが釣果が伸びない」とか「軽快なタックルにしたい！」などの具体的なご相談には、それぞれに合ったタックルをご提案します。
　そのほか、ターゲットの釣れる場所をお教えしたり釣り方のアドバイスもいたします。
　お客様の釣果自慢をお聞きするのも重要なお仕事です。
●仕事の魅力・やりがい
　自分の得意とする釣りもののコーナーをより目立たせたり、自分が使っているタックルを仕入れてお客様に自信をもっておすすめできるのが魅力です。
　またさまざまな釣種のお客様と接することで、経験のない釣りの知識も必然的に増えていきます。たとえば私自身は海釣りがほとんどですが、店の土地柄、アユや渓流、ヘラブナ等の淡水魚のお客様が非常に多く、そういったお客様に接客したりコミュニケーションを取るようになると、自分でも段々と興味が湧いてきます。そのうち逆

私が勤務するフィッシング相模屋

今年(2024)一番ハマったのは船からのマルイカ釣りでした。そして店ではマルイカコーナーも担当しています

にお客様に釣り方等を教えて頂いたり、そうこうしている間に仲よくなって「じゃあ実際に教えてやるから今度一緒に釣りに行こう！」となります。

　こうして、磯釣り以外はほとんど経験のなかった私が、アユもヘラブナ釣りも道具を揃えていきました。現在、磯釣り以外でハマっている船のカワハギ釣りやマルイカ釣りも、店のスタッフやお客様から教わりました。

　そして、やっぱり「ハリとイトを使って魚を釣る」というのはどんな釣りでも共通なんです。他ジャンルの釣り方が自分の得意な磯釣りに応用できたり、逆に磯フカセ釣りの技がカワハギやヘラブナ釣りにも役に立ったりします。お客様とのお付き合いを通じていろいろな釣りの経験が出来るのがこの職業の魅力ですね。

●この仕事を目差す人へのアドバイス

　私の勤務する店は半量販店、半専門店ですが、釣り好きはもちろん、全く釣りの経験がなくても、興味があれば全然大丈夫です。釣りの経験がある程度あれば即戦力になりますし、未経験の方でも、釣り人って教えたがりの方が多いので(笑)。

　そういった先輩やお客様がいろいろと教えてくださるので、自然と商品知識が身につきますし、釣り方も覚えていきますよ。実際に当店でも就職してから釣りを始めたスタッフも何人かいた気がします(笑)。

　販売で気をつけたいのは、自分の担当する売り場が自分好みのものばかりになってしまわないように注意することです。今、何が話題なのか？を考えて仕入れを行なわなければなりません。

●今後の抱負や夢

　よりたくさんの人に釣りの楽しさを知って頂き、減少する釣り人口を少しでも増やしていければと思っています。あとは日本一デカイ魚(魚種問わず)を釣ってみたいです！

●この仕事に就いていなければ何をしていた

　絶対に釣り船の船長、釣り好き乗り物好きだから(笑)。

●今、好きな釣りは？

　やっぱり磯釣りでメジナやイシダイ釣り、最近は船のマルイカ釣りも大好きです。

●初めて釣った魚と場所

　初めて釣りをしたのは3歳の時、父親と近所の釣り堀ですが魚を釣った記憶なし。初めて釣った魚は小学2年の時に茅ヶ崎漁港でイシモチでした。

●特に大切にしている釣り道具

　持っている釣り道具すべて。なので、自分のタックルを売ったりしたことがありません。

●将来行きたい釣り場と釣りたい魚

　豆南諸島や小笠原に行ってクチジロを釣ってみたいです。あとは、現実には行けませんが昭和50年代の伊豆諸島へ行って大きな尾長メジナを釣りたいです(笑)。

●現在乗っている車

　10年落ちのトヨタ・アルファード。大人数が乗れるし荷物もたくさん積めるので重宝しています。

私のようなプロショップや個人店では社長＝お店のスタッフ

釣具店

フィッシングプロショップオジーズ
㈲オジーズ 代表取締役

柏瀬 巌 かしわせ いわを 56歳

【最終学歴（論文・制作）】北里大学水産学部
【前職】学習塾講師

●(いつ)何歳で今の仕事を始めた

　平成9年(28歳)に前職をやめて釣具店を始めた(脱サラ)。

●いつ頃どんな志望動機で目差そうと思った

　25歳の頃からサラリーマンに馴染めず、「何か自分の思いどおりになる仕事がしたい」と思い独立を考えていた。ただ他人より自信を持ってできることは魚釣りくらいしか思いつかず、釣り関係の仕事の中で自分の手持ち資金でできそうな職種は、釣具店くらいしかなかった。

　若さ故の甘さと、根拠のない自信で、「もし上手くいかなければ、今の会社（学習塾）の社長に頭を下げて復職すればいいかな……」などと、軽い気持ちで独立した（苦笑）。

●仕事の具体的な内容

　私の仕事は、皆さんがイメージしている「釣具店のスタッフ（店員）」とは違い、「釣具店の経営」です。

　通常、皆さんが足を運ぶ釣具店（量販店）では、「経営者」と「お店のスタッフ」は別です。

　今は絶滅危惧種となった私のような俗にいうプロショップや個人店は、「経営（社長業）」と「お店のスタッフ」の二足のわらじを履いています。

資金繰りの悩みはいつも頭痛のタネです……

　私のお店は私とパートさん、アルバイトさんしかいないので、店の掃除から資金調達まですべて一人で行なわなければなりません。

　社長業としては……、
・経理（経理全般）。
・経営（事業計画、人事、資金調達、各種契約管理）。

　お店のスタッフとしては……、
・店舗の維持（掃除、商品棚の整理、備品管理、修繕等）。
・商品関係（商品仕入れ、入庫作業、品出し、発注、在庫管理等）。
・接客・サービス（レジ、商品説明、アドバイス、修理等）。

●仕事の魅力・やりがい

　私の仕事である小さな専門店では、前記のように「経営（社長業）」と「お店のスタッフ」の両方をこなさなければならない代わりに、経営方針（どこに力を入れてお店づくりをしていくのかなど）や、実際のお店づくり（何を仕入れて、どのように陳列して、どんな接客をするのかなど）のすべてを自分の思ったとおりに実行できます。

　あなたが、現在お店のスタッフであったとしても、お客の立場であったとしても、既存のショップに対して「こういうお店があったらよいのに」「こういうサービスがあったらよいのに」という思いを抱いているのなら、（経営者になれば）それを思いどおりに実行することが可能です。その思い

店舗外観

品出しやフェイス整理ももちろん自分自身で。一つ一つが"店をつくっていく"楽しい作業

を実行し、成果（お客様に喜んで頂いたり、利益が出たり）が出た時が何ものにも代えがたい喜びとなります。

●この仕事を目差す人へのアドバイス
　お金儲けを目差すのであれば釣具店はあまりオススメしません。しかし、やり方によっては小金持ちくらいにはなれるかもしれません。釣り具業界の人たちは本当に「善人」が多く、釣具店は「地に足のついた」仕事だと思います。自分の知識と技術を磨いてお客様に商品をオススメし、喜んで頂きその対価として利益を得ることは、本当にすがすがしく幸せだと感じます。
　しかしながら、釣り具業界に限らず、メーカー品（プロパー商品）を仕入れて販売するだけでは、苛烈な価格競争ですので生活できるだけの利益を得るのは難しいかもしれません。釣り業界は、他業界に比べて保守的であると感じます。そんなことから他店に真似できないようなサービスを考えたり、新しいことにチャレンジできれば、まだまだチャンスはある仕事かと思います。

●今後の抱負や夢
　「物」を売って利益を出すビジネスモデルから、「事」を売って利益を出すビジネスモデル（現在チャレンジしている Rods.jp も含めて）にチャレンジして成功させたい。

●この仕事に就いていなければ何をしていた
　学校の先生かな？

●今、好きな釣りは？
　一生のうちで自分より大きなマグロを釣りあげたい。

●初めて釣った魚と場所
　マスの釣り堀（俗にいう"キロ釣り"）でニジマスかな？

●特に大切にしている釣り道具
　大切にしているというより、気をつかっている道具は前記したマグロ釣りの道具です。一生に一度あるかないかのチャンスに、道具のパフォーマンスが最大に発揮されなければチャンスをものにできません。せっかくのその時にサオが折れたり、リールが壊れたり、ノットがすっぽ抜けたり……。準備をしっかりとしておけば防げたミスをたくさん見てきました。自分がそうならないように、常に備えています。

●将来行きたい釣り場と釣りたい魚
　実際にあるのかどうか分かりませんが、「手つかず」の釣り場で「人の手垢にまみれていない」魚を釣ってみたい。手つかずの自然の中では、私たちの釣りの対象である魚はどういうものであるのか……、ウィルダネスに非常に興味があります。

●現在乗っている車
　三菱デリカD5。

トイレ掃除だってもちろん自分でします！　買い物をしてくださったお客様に気持ちよく使って頂ければそれで満足です

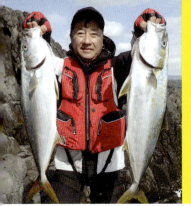

TV番組「THE フィッシング」ロケで長崎を訪れ、カゴ釣りでヒラマサ（70、80cm）を釣りあげました

釣具店

(株)イシグロ
イシグロ伊東店 パートナー
ほか、ダイワ磯フィールドテスター

菊間 将人　きくま まさと　62歳

【最終学歴（論文・制作）】中央大学商学部経営学科
【前職】大学卒業後、ダイワ精工(株)〈現・グローブライド(株)〉に入社し営業・商品開発を担当、その後退社し家業(酒屋)を継ぎました

つり人社の依頼で以前に執筆した単行本と出演したDVD

● (いつ)何歳で今の仕事を始めた

2017年7月、55歳からアルバイトで勤務し、現在に至ります。

● いつ頃どんな志望動機で目差そうと思った

家業をこのまま続けても、未来を想像できず「残りの人生を本当に好きなことに費やしてもよいだろう」と決めました。また、父の影響で物心ついた時から釣りを始め、森田建次氏という最高の師匠に出会い、釣りの奥深さと楽しさに魅了され、この趣味を多くの方に体感してほしいと感じていました。そして、30歳から始めたダイワ磯フィールドテスターの経験や、師匠とともに探究した数多くの釣りの知識を活かせる仕事であろうと考えたためです。

● 仕事の具体的な内容

接客による釣り具と関連商品の販売や説明、商品の発注や入荷商品の品出し、レジ打ちや商品の袋詰め、季節ごとの売り場の作成や整理、サオの簡単な修理およびメーカー送り修理品の受付、リールのライン交換、釣況の把握やポイント（釣り場）の紹介、店内の清掃、新商品の提案、レンタル釣り具の貸し出し・受付。年に約一度開催される新製品開発イベントでの説明や自身の釣果報告・釣り動画への出演等。

私はマネージメントをする立場ではないので、釣り具の販売、売り場作り、レジ作業が主な業務です。ただ伊東店は釣り場に隣接するため、ライブ感のある釣況やそれに適したタックルを聞かれることが多く、自分で釣りをして現在の状況を把握しておくことはとても大切であると考えています。

ダイワ磯フィールドテスターの仕事内容についても少し紹介すると、新製品の提案、試作品のテストと評価、新しい釣法や仕掛け等の紹介、他社製品の評価、釣り大会や釣り教室の手伝い、TV番組やYouTubeなどの出演等となります。私はカゴ・フカセ釣りタックルの開発に携わり、試作品段階のカゴザオやリールのアドバイスを求められます。これらの製品は発売が決まれば5年以上長期間販売されるため、企画担当者と納得のいくまで慎重にテストを繰り返します。

● 仕事の魅力・やりがい

店にはビギナーからベテランまでたくさんのお客様が来店されます。皆様のお話を伺い「何をご要望されているのか」を判断し、サオ、リール、仕掛け、エサなどの商品、ソフト面では具体的な釣り方や釣り場の提案・説明をさせて頂きます。そして後日ご来店された時、「教えてもらったとおりにあのルアーを投げたら、良型のヒラスズキが釣れました、ありがとうございました」と感謝されることがあります。このようなお言葉を頂くことがまさに魅力であり、ただ品物を売るだけではないコーディ

カゴザオをお求めに来店された
お客様に接客中

イシグロではオリジナルブランド「Tsulino」の商品開発にも意欲的に取り組み、私が提案したカゴ用品などは「菊間式」の名称で販売しています

ネーターとしての喜びを感じます。お子様から「いっぱい釣れて楽しかった！」と喜ばれた時は、私のほうがうれしくなりました。

フィールドテスターとしては担当した品物が店頭に並ぶことが、まず最初の喜びです。次にこれをお使い頂いたお客様から「やっぱり今度のリールは抜群によく飛んでトラブルもなく調子がいいよ」と好評価を頂けると、「苦労してよかった」と感じるとともにひと安心します。ただ、ここで満足せずに「どこか変えたほうがよいところはありませんでしたか？」と聞くように心がけ、次回の製品作りのヒントにしたいと考えています。

● この仕事を目差す人へのアドバイス

昔から「趣味は仕事にしないほうがよい」と言われます。仕事となれば楽しいはずの趣味でも大変なことを意味する言葉だと思います。しかし私は"本当に釣りが好き"なら、釣具店の店員として働くことはとてもありと感じます。釣りの知識や経験を活かせ、共通の趣味を持つお客様と接し、釣り具に囲まれ仕事をするのは幸せです。

ただ、日本の釣りは魚種や釣法によりとても細分化されており、できるだけ多くの釣りを体験しておくことは今後の仕事の糧になると私は考えます。

時折、フィールドテスターになるにはどうしたらよいのか質問されます。近年のフィールドテスターは競技会で優勝、上位入賞する釣技が認められたスペシャリストです。志す釣種に競技があるなら上位を目差し、釣技を磨くこと。ない場合にはSNSでの発信を積極的に行なうことなども効果的かと思います。

ただ、釣りが上手いだけでよいかといえば、そうではありません。私はテスターになる際、担当の方から「何より重要なのは人柄である」と言われたことを忘れません。

● 今後の抱負や夢

これからもたくさんの魚と出会えるように健康やケガに注意し、釣りをとことん楽しみたい。

● この仕事に就いていなければ何をしていた

とびきりの魚料理を出す町の定食屋。

● 今、好きな釣りは？

アユの友釣り、メジナのフカセ釣り、カゴ釣り、ヤエン、SWなどいろいろです。

● 初めて釣った魚と場所

6歳の時、家の近くの伊東松川でエサ釣りのアユ。

● 特に大切にしている釣り道具

1991年発売のAMW・PM・磯F-1 1.5号-63と2号-63の2本。これを使い始めて2kgを超える大型メジナが取れるようになりました。

● 将来行きたい釣り場と釣りたい魚

TV撮影で一度行き素晴らしかった長崎の磯でヒラマサとメジナ。また、新しいダムができる前に球磨川でアユを楽しみたい。

● 現在乗っている車

通勤や釣りには軽トラック、遠征のアユには古いRVタイプに乗っています。

釣具店

(株)タカミヤ 釣具のポイント
八幡本店ルアースタジアム 店長

後藤 恭典 （ごとう　やすのり） 43歳

【最終学歴（論文・制作）】九州産業大学経営学部国際経営学科
卒論「ブラックバスがもたらした経済効果について」
【前職】なし

釣具店の仕事は私にとってまさに天職です

●(いつ)何歳で今の仕事を始めた
　2004年大学卒業後、22歳で就職しました。

●いつ頃どんな志望動機で目差そうと思った
　大学3年になり周りの友人が就職活動をする中、これといってやりたい仕事というものを考えたこともありませんでした。そんな時、当社の会社説明会があると知り、小さな頃から釣りが好き＋近所のポイントによく買い物に行っていた＋大好きな釣りが仕事になる＝これはココで働くしかない！と思い志望しました。

●仕事の具体的な内容
　お客様への接客はもちろん、商品出し、レジ、コーナー作成やお客様からのお問い合わせ、修理対応などなどさまざまな仕事があります。また、店長として売り場管理、商品管理、スタッフへの業務指示など店長の業務も多岐に渡ります。
　その中でも特に重要であり力を入れているのが「接客」です。釣りは準備している時からすでに楽しいとはよくいったもので、お客様も買い物をしている時は大ものや大釣りを期待してお買い物をされています。そのワクワク感をさらにあおり（？）ながらも、最大限釣りのサポートを行なっています。
　また、そのほかに九州・山口でテレビ放送されている「ルアーパラダイス九州TV」にもレギュラーで出演させてもらっています。

●仕事の魅力・やりがい
　大好きな魚釣りに囲まれた生活ももちろん魅力ですが、お客様との接客を通してコミュニケーション能力が付いたことです。もともと人見知りする性格でしたが、仕事のおかげでさまざまな方とお話しすることで前向きな性格になったと思います。
　あとはやはり、「店長！釣れたよ！」というお言葉をお客様から頂くことが一番のやりがいです。お客様に感謝されることは本当に販売冥利に尽きると思います。
　もちろん会社ですので業績は気になるところです。仕事に対する努力や成果は会社がしっかりと見ていて、社員表彰や優秀店舗表彰など公平に評価してくれます（ちなみに私は過去に宮古島釣り旅行に連れて行ってもらいました！）。
　そのほかに、マイスター制度といって釣

「ルアーパラダイス九州TV」収録のひとコマ

店長として、一日の始まりはスタッフへの伝達や業務指示が大きな仕事の1つです

セール等大きなイベントでは、スタッフ一丸となってお客様にお買い物を楽しんで頂けるようにスタッフも楽しんで勤務しております

りだけではなく接客やレジ業務、POP作成やアフターサービスなど、各業務に優れた方に社内資格が与えられ、多方面でやりがいを感じられる会社だと思います。

●**この仕事を目差す人へのアドバイス**
　私たちは、釣りというレジャーが仕事です。お客様は余暇を楽しみにご来店されるため、店内で働く私たちも楽しんで勤務していなければいけないと思います。とにかく明るく笑顔で元気に勤務することが最も重要です。
　また、当社は入社前から釣りの経験がないといけないのか？というと、もちろんそんなことはありません。社員の釣りをサポートする「釣行奨励制度」や、階級や勤続年数に合った社員研修を頻繁に開催しており、入社後の社員のサポート体制も万全です。

●**今後の抱負や夢**
　釣り具販売のエンターテイナーとして、お客様の記憶に残る名物店長を目差しています。また、釣り具の販売員の前に一釣り人として、自分より大きな魚を釣ってみたいです。

●**この仕事に就いていなければ何をしていた**
　当社を受ける際に、絶対に採用されるつもりで履歴書と一緒に卒論も同封したりと必死でしたので、この会社に就職していなかった未来は考えたことがないです。

●**今、好きな釣りは？**
　釣りの世界にのめり込んだのは父の影響

季節とともに変化していくさまざまなターゲットの釣りを楽しんでいます

で、父が憧れていた魚がイシダイです。今では父同様にイシダイ釣りが大好きです。

●**初めて釣った魚と場所**
　3歳くらいの時に父に連れられて行った池で釣ったコイです。

●**特に大切にしている釣り道具**
　持っている道具は全部大切ではありますが、実家の部屋を片付けている時に発見した中学生の頃にお年玉を全額投資して買ったシマノ「スコーピオンクイックファイヤー」です。

●**将来行きたい釣り場と釣りたい魚**
　ジャイアントトレバリー。場所はどこであれ一度は闘ってみたいです。

●**現在乗っている車**
　SUV。

釣具店
(株)ドリーバーデン
代表取締役
ほか、フライフィッシング・ガイドサービス

下山 巖 しもやま いわお 57歳

【最終学歴（論文・制作）】東海大学文学部
【前職】東京コカ・コーラボトリング

きれいなフライ(毛バリ)を巻くためには良質なマテリアルが欠かせない。それはフライ自体の機能はもちろん、巻く人のメンタル(ストレス)にも直結するからだ

●(いつ)何歳で今の仕事を始めた
　29歳の時。

●いつ頃どんな志望動機で目差そうと思った
　サラリーマン生活の時、満員電車での通勤が苦になり、東京暮らしにも慣りを感じていた。そして、育った北海道で釣りに関する仕事がしたいと感じるようになった。今の自分に出来ることは、北海道へ戻り、釣り場を開拓してフィッシングガイドをするしかないと考えた。当時、海外ではフィッシングガイドはメジャーだったが、日本ではまだまだ認知されていなかった。フィッシングガイドが可能な地は北海道しかないと思い、会社を辞めて北海道へ戻ることにした。同時に、人が集えるショップがあれば理想だとも考えていた（当時の会社や仕事での人間関係自体は良好で何の不満もなかった）。

●仕事の具体的な内容
　フライフィッシング用品の販売。全道のフィッシングガイド。

●仕事の魅力・やりがい
　この仕事の魅力は、釣りをとおしてお客様と価値観や喜びを共有できること。
　お客様にお勧め、販売する商品は、タックル（ロッド、リール、ライン）、フィッシングギヤ、フライタイイングマテリアル、アクセサリー等さまざまである。魚を釣るためには、それぞれ高品質な物が求められる。どれかが欠けると思いどおりの釣りが出来なかったり、チャンスを逃してしまうことがある。

フライフィッシャーを熱くさせる魚、ニジマス

本流でのダブルハンドは大好きな釣りのスタイル

　ロッドやリールについては、数ある商品の中から、実際に使ってみてよい物を見極め、自分の経験値を活かしてフィールドや対象魚に合ったタックルを紹介している。ギヤもタックルと同様に重要であり、フィールドに出た時、雨や風、日差しから身を守り長時間の釣りに耐えられるものでなければならない。こちらも極寒から暖かい時期の釣りまでフィールドでテストを繰り返し、耐久性や快適性に優れたものをお勧めしている。
　タイイングマテリアルは、料理と同じく素材がよくなければよいフライが作れない。天然素材の高品質なマテリアルを仕入れて販売することは極めて難しい。近年は、輸入規制や品薄状態でより入手困難なものが増えている。そんななかで良質なマテリアルをお客様に提供するには、輸入代理店の努力と小売店との信頼関係、そして

店舗の外観・内観。商品販売だけではなくお客様とのコミュニケーションを図る場であり、ガイドサービスのベースでもある

ドリフトボートの釣り（ガイド）は、日本国内では北海道ならではといえるだろう

ネットワークの広さが重要である。それは長年の取引で構築された相互理解の関係である。良質なマテリアルが店舗に並んでいる時も充実感が湧いてくる。

そして、それらの商品をお客様に紹介して使って頂いている。販売したタックルで大きい魚が釣れた話や、快適なギヤのおかげでフィールドで粘ることが出来た、よいマテリアルできれいなフライ巻くことが出来た……等の話を聞くと、自分がしてきたことへの満足感で満たされる。

ガイドの仕事では魚を釣って喜んでもらえることが一番だが、実釣以外の時間も大切にしている。ただ魚を釣るのではなく、釣るためのフライの話や釣り場の背景、釣り方のアドバイス、充実した昼食等、ゲストがトータルで楽しんでもらえるように心掛けている。自然相手の仕事なので、「必ず……」は存在せず、魚が釣れない時もある。そんな時にもガイドサービスを利用してよかったと感じてもらえることが、やりがいになりうれしい。

●この仕事を目差す人へのアドバイス

ショップを開業するにあたっては、特にアドバイスはない。いろいろな背景や本人の資本力等があり、簡単にアドバイス出来るものではない。もちろんお金も関係してくるので、本人の自己責任で始めるほかないと思う。私自身もショップの経営は綱渡りで、日々変化するお客様のニーズや社会の変動に対応していくのがやっとの状態である。

ガイドのほうは、当初はとにかく試行錯誤だった。最近ではガイドの仕事が認知され、たくさんのガイドが北海道で活躍している。そのおかげでいろいろな人の経験談や意見、話も聞けるだろう。私からのアドバイスは1つだけで、釣り以外の勉強も日々必要であるということ。語学、経済、文学、雑学、すべてがフライフィッシングとつながりがあるということを理解してもらいたい。そして、時間と資金があれば海外の釣りやショップを見てもらいたい。必ず何か得るものがあると思う。

●今後の抱負や夢

まだまだ釣りたい魚がいるので挑戦し続けたい。南米に3ヵ月滞在するのことも目標の1つ。

●この仕事に就いていなければ何をしていた

サラリーマンかタクシーの運転手（幼稚園の時の夢）。

●今、好きな釣りは？

ダブルハンドで本流の釣り。

●初めて釣った魚と場所

支笏湖のニジマス。

●特に大切にしている釣り道具

先輩の形見HARDYのパックロッド。Scott Swing 1287。

●将来行きたい釣り場と釣りたい魚

フエゴ島のシートラウト。

●現在乗っている車

ランドクルザー、ハイラックス。

ドリフトボートのガイドフィッシングはメジャーなスタイル

釣具店（USA）

Dan Bailey's Outdoor Company

フライフィッシング/ガイドトリップコーディネーター

MINORI S SMITH ミノリ スミス 59歳

【最終学歴（論文・制作）】富山大学大学院教育学研究科修了
【前職】BLUE Ribbon Flies, Simms Fishing Products, Trout Hunter

●（いつ）何歳で今の仕事を始めた

2020年4月、56歳。

●いつ頃どんな志望動機で目差そうと思った

2020年にDan Bailey's Fly Shopのビジネス売却に伴い、新オーナーに夫とともにフライフィッシング部門の再生に携わってほしいとの誘いを受け、現在に至っている。

●仕事の具体的な内容

フライフィッシング商品の買付、交渉。釣り場やタックルに関するアドバイス。ガイドトリップのコーディネートやガイドとの交渉や政府へのレポート。フライフィッシングレッスンやイベント等の企画。フィッシングライセンスに関する業務や発行。

●仕事の魅力・やりがい

世界中から集まるフライフィッシャーと話ができ、知り合いになれるのは老舗フライショップならではの魅力。接客した人が後で有名人だったと知ってびっくりすることもあるけれど、魚の前ではみんな対等。天候や川の状況を見極め、釣り人のスキルにあわせてフライを選び、いかに満足したフィッシングを経験してもらえるかがこの仕事の面白みだと思う。薦めた釣り場やフライで魚が釣れたとお客さんから報告があった時は本当にうれしいし、ほっとする。

昨年小学生の男の子に"魔法のフライ"として渡した白いゾンカーで、彼が22インチの大きなブラウントラウトを釣ったと魚の写真を誇らしげに見せてくれ「将来はダン・ベーリーのフィッシングガイドになる」と言ってくれた。「魚が釣れるかもしれない」という希望や夢を釣り人が抱くことを手伝う、そんな楽しい仕事だ。

●この仕事を目差す人へのアドバイス

アメリカのフライフィッシング業界では、メーカーもガイドもショップも「必ず魚を釣る」と自信に満ちあふれ、常にエネルギッシュ。たとえ今日釣れなくても「明日は釣る」と決してめげない。自分の性格上そんなフライフィッシングとビジネスに対する情熱やパワーにときどき負けそうになるが、自分が今まで釣ってきた経験、知識や技術を自信に変え、どんなフライフィッシャーとも堂々と話すコミュニケーション力がつくづく必要だと思う。ただここモンタナでは「楽しく釣りをする」ことが第一で、仕事のために釣りに出かけて経験を積まなければと義務感で頑張りすぎないようにしたい。

蛇足だが、私の友人には大柄な男性ガイドと同様にイエローストーンリバーやマジソンリバーでドリフトボートを漕いでいる女性フィッシングガイドがたくさんいる。私よりずいぶん年下でも正確にキャスティングをする人もいる。彼女たちを見ていると、性別年齢等で遠慮や限界を感じることなく、だれもがフライフィッシングを楽しむことができるのだと実感する。また釣りをするからには環境問題や気候変動等に敏感になり、その改善への行動を起こす勇気

ダン・ベーリーの釣り心あふれる店舗の外観と広い店内

と実行力が不可欠だと感じている。私が携わったフライショップのオーナーや仲間たちが積極的にそういった活動に取り組む姿を目のあたりにできたことは貴重な経験であり、今のフライフィッシング業界で働く私の第一理念としている。時間がある時には自然保護活動や講演会などへ積極的に参加し、経験や知識を積むことをお勧めする。

● 今後の抱負や夢

ショップには子供たちも多く訪れるので、フライフィッシングやタイイングを経験する機会を作っているが、将来彼らがダン・ベーリーでの経験をもとにガイドやプロタイヤー、魚類学専門家などで活躍してくれたらと願っている。またショップのリニューアルの際にお店の地下室からたくさんフライフィッシングの歴史的な資料や写真が出てきたので、整理してダン・ベーリー氏の偉業を後世に伝えようと思っている。

● この仕事に就いていなければ何をしていた

羊飼い。

● 今、好きな釣りは？

モンタナのネイティブフィッシュであるアークティックグレイリングを釣ること。背ビレの美しさは格別。

● 初めて釣った魚と場所

地元の富山、剱岳が見える早月川上流で釣ったイワナ。

● 特に大切にしている釣り道具

釣り友だちのチャコちゃんが作ってくれたバンブーロッドと岩手の現FAGUSの宇田清さんに組んでいただいた6ピースロッド。いずれも7ft・3wt、小さなクリークで日本の渓流を思い出しながら釣るには最適なロッド。

● 将来行きたい釣り場と釣りたい魚

アラスカ Katmai 国立公園の Alagnak River で、ニジマスを釣りたい。

● 現在乗っている車

SUBARU OUTBACK と Ford F150 PICKUP Truck。日本が誇る SUBARU はアウトドアが盛んなモンタナでは人気の車。雪道に強く、メンテナンスをしながらもう15年以上も乗っている。Ford F150 もモンタナではメジャーなトラック。ボートやキャンピングカーを牽引し、舗装されていない山道へ行くには不可欠なタフな車。

接客中の私。老若男女さまざまな人がフライフィッシングを楽しむために訪れる

28歳の時、消費者の方と直接関われる職を求め前職を辞めてこの仕事へ

釣具店
フィッシングエイト㈱ フィッシングエイト2 店長
寺元 昭二郎 てらもと しょうじろう 53歳

【最終学歴（論文・制作）】大阪学院大学
【前職】玩具卸売り業商社（営業担当）

◉（いつ）何歳で今の仕事を始めた
　28歳（結婚後すぐに転職）。
◉いつ頃どんな志望動機で目差そうと思った
　前職では取引先のバイヤーの方へ販売企画等の営業を行ない、企画・提案等もやりがいがありまた。しかしもっと人と人の関わりを感じる、消費者の方と直接関われる職を求めて小売業に転職を考えていた時、偶然「フィッシングエイト」の求人を知り、幼少の頃から釣り好きの父に、いろんな釣りに連れて行ってもらった経験を接客業で活かせるのではないかと軽い気持ちで面接を受けてみました。すると何と、最終面接の担当の方が、今は亡き父に連れられ買い物に来ていた小学生時代の私を憶えてくださっていた。そのことに感銘を受け、思い切って転職することを決断しました。
◉仕事の具体的な内容
　店舗管理、接客応対、商品管理ほか。店舗管理としては、世の中では数少ないルアー以外を扱うエサ釣り専門店「フィッシングエイト2」の店長として勤務。主な内容は売上げ・仕入・人材などの店舗管理です。
　店舗の隣には当グループのルアー専門店「フィッシングエイト ANNEX」が隣接しています。同じ釣り具を扱う店舗ではありますが、当店はエサ釣りの魅力をお伝えできる店作りに力を入れています。特に「家族で釣りをしたい」「釣りを始めてみたい」といったお客様に、買い物がしやすく相談しやすい店舗であること。そしてまた、各ジャンルのベテランからも支持される品揃えと接客を目差しています。
　接客応対につきましてはレジ業務から釣り場案内、道具選びなど全般。
　商品管理は、基本的な内容は他の販売業と大きく変わらないと思いますが、当社はバイヤー制ではないので、各店舗の商品管理担当者が、定番商品をはじめ自身が扱いたい・販売したい商品を直接発注できます。ゆえに、「これは絶対売れる！」と判断した商品に関して思い切った仕入れをすることも可能です（もちろん責任をもって販売することが前提ですが）。
◉仕事の魅力・やりがい
　「趣味と仕事は違うほうがよい」とはよく言われることですが、釣りに関してはそんなことはないと思います。釣りの楽しさをお伝えするのは、その楽しさを知っている人にしか出来ません。釣具店で働くと未経験の釣りにチャレンジできる機会も多く、その経験を販売等に活かすことが出来るのは大きな魅力です！　ネット販売ではなく店頭で接客をさせて頂くことで多くの人に出会い知り合い、実際にお顔を見てお話やアドバイスをさせて頂き、後日「すごくよかった」などのお話を頂いたりしますとうれしい限りです。
　また当社について申し上げると、やってみたいことをやらせてくれます。店頭でのイベント企画、実釣会などのイベント開催、オリジナル仕掛やルアーのオリカラ作成など、いろ

店内のようす

2024年2月、私の企画で開催した「PREMIUM グレ磯釣り実釣会」。ゲスト講師として平和卓也、山元隆史、国見孝則、前岡正樹さんをお招きしました

んなことを手がけられるのも大きな魅力です。

● **この仕事を目差す人へのアドバイス**

ただの釣り好きでは困りますが、釣りが好きな方には経験を実績につなげることが出来る仕事だと思います。自分が釣るよりもお客様や他人に釣らせるほうがよっぽど難しいことを知ることが大切です。お客様は、釣具店のスタッフは釣りのことは当然なんでも知っていると思われています。自分の好きな釣りばかりではなく、いろんな釣りにチャレンジするつもりで目差してください。

● **今後の抱負や夢**

現在の仕事を通じて釣り人口の増加、特にエサ釣り人気を高めたいです。

● **この仕事に就いていなければ何をしていた**

何をしていたでしょう？？？

● **今、好きな釣りは？**

アユ友釣り、グレフカセ釣り、イシダイ釣り。

● **初めて釣った魚と場所**

小学生低学年の時、大阪湾の南港でサビキ釣りでの大サバ。腰にひもをくくり付けられて釣りしていたそうです。

● **特に大切にしている釣り道具**

やはり金額が高いのでアユザオ全般でしょうか。

● **将来行きたい釣り場と釣りたい魚**

球磨川でアユ釣り。

● **現在乗っている車**

人数も乗れて釣り具がたくさん積め

るミニバン等をいろいろと乗り換えてきましたが、現在は今まで考えたこともなかったプリウス60に。どちらかというと遠出の釣りが多いため、燃費のお得さに負けました。燃費は前車の約半額で荷物も結構載るので快適です。

アユの友釣りは大好きな釣りの1つ

東京湾奥河川にて。春夏秋冬、その時釣れるターゲットはできる限りねらいます！

釣具店

(株)上州屋
新千葉美浜店 ソルトウオーター担当
ほか、(株)DUOソルトフィールドスタッフ

宮原 映人 みやはら あきと

【最終学歴（論文・制作）】美容専門学校
【前職】美容師

◉(いつ)何歳で今の仕事を始めた

　2019年秋頃、23歳。アルバイトから2年後社員登用。またアルバイト中にスカウトを受けDUOフィールドモニターに。その翌年からフィールドスタッフに昇格。

◉いつ頃どんな志望動機で目差そうと思った

　「好き」を仕事にしたいと思い一度美容業界へ入ったものの、釣りに対しての「好き」が上回っていたため、美容師を辞め、転職先も決めず地元の岡山県を飛び出した。釣り業界に入ることを目標に関東へ向かい、そして千葉県在住の今へと至る。釣具店員を目差していたわけではなかったが、気が付いた時にはもう働いていた（？）。

◉仕事の具体的な内容

　釣り具の仕入れ、販売、接客、広報、旬の売り場やコーナー作り、イベント企画など。ざっくり挙げてみましたが、基本的には家電量販店やコンビニの販売員と変わりません。そこに加えて釣具店特有の仕事が入ってくる形ですね。
　たとえば、お客さんのリールのイト巻きや、修理対応、パーツの取り寄せ、SNS等で釣果情報の発信。地味に大変なのはオモリや冷凍エサ、メタルジグなんかの重量物をたくさん品出しすることでしょうか（笑）。そのほかにも意外と力仕事があり、腰を悪くする方も多々見られますね……（加齢もあるのかもしれません）。
　一番大事なのは接客。お客さんとの会話や、自分のプライベートの釣りで情報を集めておくことはかなり重要です。釣具店に来るお客さんはそこを求めていることが多いです。特に僕が重要視しているのは、お客さんとどう信頼関係を築いていくか？　どうすれば僕と話したいと思ってもらえるようになるか？ということです。だって、ただ物を買うだけなら、今やスマホでポチッとすれば次の日には届く世の中ですから。

◉仕事の魅力・やりがい

　好きなものに囲まれて仕事できる！といえば聞こえはいいですが、大抵すぐに慣れます（笑）。一番の魅力はいろいろな世代の釣り好きと交流が出来ること！　釣りってあくまでも趣味なんですよ。だから、たった1つのルアーでも買った人の宝物になるかもしれない。店に来る方はみんな釣りが好きでずっと釣りを続けています。もちろん年齢問わずで、お店の中でも外でも口を開けばやっぱり釣りの話をしてるんです、とっても楽しそうに。そんな楽しい趣味の世界、それが釣具店なんです。
　そしてお店にいればいるだけ買い物してしまう。「魔界」とはよく言ったものです（笑）。そこに関われるのが僕はとてもうれしくて、やりがいを感じています。
　あと、新製品の情報をいち早く知ることができるのもちょっと魅力的です。

◉この仕事を目差す人へのアドバイス

　「好き」を仕事にすることは何も間違っていない。けれど覚悟は必要です。やってみれば好きなことだから続けられますが、い

店舗正面入口。なんと2024年11月より通年24時間営業しております。釣行前でも後でも、アッと思った時にすぐに行けるので便利です

ルアーコーナー。当店は千葉県内最大級の品揃え。特に所狭しと並んだソルトルアーは見応えがあります。僕のおすすめコーナーや、DUO特設ブースもありますよ

父親とともにバス釣りにどハマりしている幼少期の僕。釣りのルーツはすべて父親から受け継いでいます

ろいろと消耗するのもまた事実です。きっと嫌になることも出てきます、接客業ですからね。だから何か明確な目標を持って働いていると、きっと後悔はしないハズです。

あとは、いろんな釣りに詳しくなっておくといいですよ。大体の釣りに一通り明るいと重宝されます。僕もルアーのシーバス釣りがメインですが、いまだにほかの釣りも日々勉強です。

● 今後の抱負や夢

誰からも親近感のあるプロアングラーになるのが夢です。幼稚園の頃から「プロフィッシャーマンになりたい」って言ってました(笑)。

● この仕事に就いていなければ何をしていた

美容師を続けている未来もあったと思います。

● 今、好きな釣りは？

やっぱり"見える"釣りが好きです。チェイス、バイト、ルアー、ウキ、魚……見えているからこそ難しく、奥が深くてかなり高揚します。

● 初めて釣った魚と場所

うっすらとしか記憶にないですが、父親に連れられてよくバス釣りに行っていたのでたぶんブラックバス。物心ついてから自分で初めて釣ったのはホンモロコ的な淡水魚。近所の用水路でご飯粒をエサに延々と釣りしてました。

● 特に大切にしている釣り道具

タックルハウスさんの「フィードシャロー128」。シーバスを始めようとしていた当時、父親が家から引っ張り出してきて譲ってくれた物。人生初めてのシーバスもこのルアーで釣りました。このルアーがなければ今の自分はなかったです。

● 将来行きたい釣り場と釣りたい魚

日本3大怪魚(アカメ、ビワコオオナマズ、イトウ)はいつか必ず制覇したいです！台湾のバラマンディー釣堀にも行ってみたいな。

● 現在乗っている車

エブリイ(バン)に釣り具をたくさん積んでいます。急にどんな釣りへ行くことになってもだいたい対応できます(笑)。

東京湾奥のシーバスは大好きな釣りの1つ

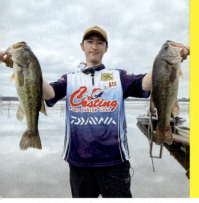

NBCチャプター千葉キャスティング
CUPにゲスト参戦したときのひとコマ

釣具店

(株)ワールドスポーツ
キャスティング千葉稲毛海岸店 店員
ほか、バスプロ

室町 雄一郎 むろまち ゆういちろう

【最終学歴（論文・制作）】総合学園ヒューマンアカデミー富士河口湖校 フィッシングカレッジ トーナメントプロ専攻
【前職】なし

●(いつ)何歳で今の仕事を始めた

2007年アルバイトからスタート、翌年の2008年に正社員として入社。

●いつ頃どんな志望動機で目差そうと思った

当時、バス釣りのトーナメントプロを目差すため河口湖に住んでいましたが、2007年から施行された河口湖でのワーム使用禁止を機に、活動の拠点をどこへ移そうかと考えていました。そのタイミングで、地元で新店舗をオープンする弊社の求人を見てアルバイトに応募しました。

●仕事の具体的な内容

商品の発注や陳列、お客様の釣りをサポートするための接客、おすすめしたい商品のPOP作成。メーカーを招いての店内イベント、釣り大会、釣りツアーなど店外イベントの企画・運営。

釣具量販店ではさまざまな魚種の釣り具を扱います。季節に応じた釣りもの商品の手配、売り場の陳列や釣り方の提案など、年間を通してスケジュールを立てます。販売データや釣り場の状況、釣果に合わせて発注するのが腕の見せ所。入荷した商品に値付けをし、売り場を作成して入荷案内をブログ・SNSで発信するところまでがワンクール。

スタッフによって個性が出てきますが、オリジナルのルアーや仕掛けをメーカーと企画して販売するスタッフもいます。私はバスプロの活動を広報の一環として、トーナメントの参戦や、誌面・動画などメディアに出演しています。

●仕事の魅力・やりがい

自ら発注し、売り場で展開した商品が目に見えて売れていくと「ヨッシャ」ってなります。「この前買ったあれ、すごいよかった！ いっぱい釣れたよ！」と言われるとうれしいです。お客様と喜びを共感できる

当店は紳士服のコナカさん（SUIT SELECT）と併設となっております

店内にて。自ら発注、売り場で展開した商品が目に見えて売れた時の充実感は最高です

ことが一番のモチベーションです。

　店内イベントでは、普段お会いすることがない著名な方をお招きすることも。私がバストーナメントを始めるきっかけとなった憧れのバスプロと初めてご一緒した時は、仕事とはいえ興奮しました。

　またバスプロ活動をするうえで、バストーナメントの出場や取材時の休みの取得も融通を利かせてもらっています。こうした活動を応援してくれるファンのお客様との距離が近いことも、この仕事をしていてよかったと思えることです。

●この仕事を目差す人へのアドバイス

　リクルート情報はホームページや求人サイトに掲載されていることが多いため、気になる方はのぞいてみることをおすすめします。特殊な資格は必要ではありませんが、社内イベントや出張もあるため普通自動車の運転免許があるとよいでしょう。

　釣りが好きな人、話すこと、伝えることが好きな人には釣具店はぴったりな職種だと思います。釣りが上手な必要はありませんが、自分が体験した釣りをどのように売り場へ反映してお客様に伝えられるかが大事です。体験した釣りを自己満足にせず、それを伝えて幸せになってもらえたらうれしいですよ。

　そしてさまざまなことにチャレンジ出来る、好奇心が旺盛な人が向いていると思います。釣り具の量販店という性質上、1つの釣りものだけではなくさまざまな魚種の

釣り方の理解を深める必要があります。

●今後の抱負や夢

　毎年会社に推薦してもらい出場することが出来ているバサーオールスタークラシック・ワイルドカードに優勝して本戦に出場する。

●この仕事に就いていなければ何をしていた

　バスプロガイド、レンタルボート店、漁協など。水辺に近い場所で働いていたと思います。

●今、好きな釣りは？

　まだ経験はありませんが、渓流のルアーフィッシングです。ロッドも用意して準備はいつでも出来ている状態です。

●初めて釣った魚と場所

　小学生低学年の時に釣ったイワナかヤマメか？　旅行の時に寄った釣り堀で釣りました。

●特に大切にしている釣り道具

　5年前に新艇で購入したバスボート。購入するまで時間が掛かったぶん、とても大事にしています。

●将来行きたい釣り場と釣りたい魚

　漠然とですが、渓流・源流と川を上って釣りをしてみたいです。冒険している感じがしてワクワクしそうです。北海道の渓流は景色がとてもきれいだと聞いたので行ってみたいです。近場では日光・奥日光をよく調べていて妄想を膨らませています。

●現在乗っている車

　20年落ちのランドクルーザープラド。

1985年から日本バスプロ協会（JB）の試合に出場しています

釣り具メーカー
(有)ハンクル(HMKL)
取締役社長

泉　和摩
いずみ　かずま
69歳

【最終学歴（論文・制作）】東京大学教育学部附属高等学校
【前職】弓がけ師（家業）22歳から26歳まで

◉(いつ)何歳で今の仕事を始めた

　釣りを始めたのは小学生高学年からで、近くにある釣り堀で金魚やフナを釣っていました。
　ルアー釣りを始めたのは中学2年、通っていた中学校の横にルアーを扱う釣り道具屋さんがあったのがきっかけです。また、同時にルアー作りも始めました。家業が和弓関係の仕事であったため、製作道具に困ることなく、すんなりとルアーを作るようになりました。
　1974年18歳の時、それまで小魚に似たルアーに全く興味がなかったのですが、偶然世界的に有名な小魚を模したラパラに出会い、その圧倒的な威力に考え方が一変。自分なりに、ラパラをさらに小魚に似せたリアルフィニッシュのミノープラグを作ったことが、現在のルアーメーカーになる最初の一歩でした。
　その後、試行錯誤して作ったルアーが多くの釣り人から支持され、アルバイト的にかなりの数を作るようになっていき、26歳の時、本業としました。

◉いつ頃どんな志望動機で目差そうと思った

　ルアー作りは独創性やデザインも重要ですが、最も重要視したのは機能面で重要な表面塗装の耐久性でした。塗料メーカーに通い、7年かけてコーティング材料を見つけ、自分で納得できる耐久性が確立できたことから26歳でこの仕事を本業にする決意をしました。

◉仕事の具体的な内容

　主な私の仕事は、ルアーをデザインして製作し魚を釣ることです。またハンドメイドでバルサ材を主に使用し、ルアーを作ることも長年続けています。
　バルサをデザインどおりにカットし、ラインを結ぶアイやフックを取り付けるアイを組み込んだワイヤーや、ルアーの飛距離や動きに重要なウエイトを組み込みます。
　次にボディーを完全にデザインどおりに仕上げ、下塗りをします。乾燥後、サンディングしてアルミ箔などを貼り付け本格的な塗装を施し、最後にリップなどの部品とフックを装着して完成となります。
　重要な耐久性の元となる透明塗料は最低15回のディッピングが必要で、1つのルアーの完成まで15日以上を要します。
　この完成したハンドメイドのルアーを元にして金型製作を依頼し、プラスチックで量産するのも1つの方法ですが、最近ではデザインをするだけで3Dプリンターを活用して試作品を作って頂き、そこから細部を煮詰めて量産型を完成させることが多くなりました。
　1つのルアーの完成までは長いもので構想から4、5年、短くても約1年を要します。プロトタイプが出来てからは釣り場に実践投入し、魚を釣ってみて細部を微調整しながら完成させます。
　その後、パッケージングや宣伝活動を経て販売となります。

ショールームの外観　　　　ルアー製作中の工房

●仕事の魅力・やりがい
すごく釣れるルアーが出来た時は自分も楽しいですが、多くの人に喜んで頂けることが最もうれしいことです。
魚のことが100%解明されない中での模索なので、可能性は無限にあり、いつかものすごいルアーを作れるのではないかと夢と希望を持って仕事ができます。

●この仕事を目差す人へのアドバイス
とにかく自分の好きな釣りを徹底的に突き詰めることがルアー製造に生きてくると思います。その中でも、世の中にない独創的なデザインや機能を常に考えて製作にあたることが重要だと思います。

そして、製作したルアーの価値はすぐに魚が出してくれますので、それを素直に受け入れて仕事を進めるのがよい結果をもたらすと思います。

●今後の抱負や夢
現在あるルアーのタイプとは全く異なるタイプのルアーをいつか発明したいと思っています。

●この仕事に就いていなければ何をしていた
塗料が見つかっていなければ家業を継いでいたかもしれません。
本当になりたかったのは実はプロレスラーでしたが、身体が大きくならず断念しました。

●今、好きな釣りは？
もちろんバス釣りですが、ヘラブナ釣りにもハマっています。

●初めて釣った魚と場所
初めてルアーで釣ったのは中学2年の時、福島県の会津大川で残りニジマスをアブのリフレックスで釣りました。

●特に大切にしている釣り道具
今では絶対手に入らないオールドルアーたち。

●将来行きたい釣り場と釣りたい魚
ヘラの管理釣り場でのんびり釣りをしたいと思っています。

●現在乗っている車
トヨタランドクルーザー300。

ショールーム。新製品はもちろん、昔のハンドメイドのルアーなど、ハンクルの歴史を辿れるようなディスプレイもあります

Think in the field がティムコの経営理念。常にフィールドで製品を練り上げていきます

釣り具メーカー

(株)ティムコ フィッシング部
開発プロモーション課 スペシャリスト

大津 清彰 （おおつ きよあき） 45歳

【最終学歴（論文・制作）】東京水産大学(現・東京海洋大学)
卒論「精進湖におけるブラックバスの釣獲調査」
【前職】鮮魚専門店（株）魚力に在籍

◉(いつ)何歳で今の仕事を始めた

24歳で現在の(株)ティムコで働き始める。

◉いつ頃どんな志望動機で目差そうと思った

私の祖父は釣具店、親父も釣り好き。幼少から釣りをしながら成長し、高校はフライフィッシングクラブがある学校へ。大学は並木敏成氏が卒業した東京水産大学へ進学し、サークルの釣り研究同好会で多くの時間を過ごし、また釣具店のバスメイトインフィニティでアルバイトをしていました。極端にいえば、生まれてから大学までは、すべて釣りにかかわることをしてきました。

大学卒業後、初めて釣りとは直接関係のない鮮魚専門店に就職。当時は休日釣りができるし、給料もよいし、社会人になればそれで妥協すべきと考えていました。しかし、当然ですが仕事中は魚のことを考えても、釣りのことを考えることができません。私にはそれが耐えられませんでした。その時、自分がどれだけ釣りが好きか再確認した感じです。

改めて四六時中釣りのことを考えられる仕事ということで、釣り具関係の仕事に就こうと決心しました。その時から、「釣り以外で稼ぎ、飯を食うつもりはない」という考え方で生きてきましたね。

◉仕事の具体的な内容

主に製品企画開発とそのプロモーション。

◉仕事の魅力・やりがい

釣りのことを中心に考えて生きていける点でしょうか(笑)。ちなみに、入社当時は営業職でした。主に釣具店への営業でしたが、いろいろな方の釣りの話を聞くことができて大変面白かったです。雑誌などの表に出てこないだけで、とんでもなく釣りが上手い人もいます！ そんな人たちの話を聞くだけでも自分の釣りの参考になりました。

今現在は開発職ですが、開発した製品で世界中の人が釣ってくれるのがやりがいです。自分が作り上げた製品で、トーナメント優勝者が出ると感無量ですね。

H-1GPX 芦ノ湖戦での写真。自身がプロデュースした「トラファルガー5」で優勝することができました

◉この仕事を目差す人へのアドバイス

設計や製図をするうえでCAD、英語などができると大きなアドバンテージになりますが、一番重要なのは「釣りが好き」という思いだと思います。結局、釣りが好きでないとこの仕事は続かないと思います。

◉今後の抱負や夢

ルアー開発は今、大きな転換期を迎えて

デスクでの私。工場やメディアとのやり取りなど、やることは多いです

開発室。さまざまなテストが繰り返された後に商品化されます

社内の屋上には水槽があり、ここで簡単な泳ぎを確認し、フィールドで使用してみてさらに細部を詰めていきます

いると感じています。それは魚探「ライブスコープ」の登場です。この水中をリアルタイムで把握できるツールが生まれたことで、ルアー開発も飛躍的に進歩したと感じています。かつて経験によってのみ「釣れる」ルアーは生まれていましたが、今は釣れる・釣れないということは瞬時に把握できてしまいます。そういった意味で、「本当に釣れるルアー」が生まれやすい時代に突入したと思います。その恩恵は魚探を持っている人も、持っていない人も等しく同じです。ルアー自体にパワーがあるからです。今は野良ネズミを超える「誰が使ってもよく釣れる」ルアーを開発することが夢ですね。

●この仕事に就いていなければ何をしていた

最終的に釣り関係の仕事をしていたと思いますが、魚類の研究をしていたと思います。今もバスの胃の内容物を調査する「ストマック調査」は続けています。「魚を知る」ことが何より好きなので。

●今、好きな釣りは？

仕事柄、バス釣りになるのですが、そんな中でも最新の魚探ライブスコープを使った釣りが好きですね。今まで謎だったバスの行動が次々に明らかになるのは本当に面白いです。画面を見ているだけで飽きないです。

●初めて釣った魚と場所

あまりに幼すぎて、記憶にはないです……。ただ、3歳の頃に伊豆の爪木崎で釣っ

たカワハギのことは鮮明に覚えてます。まだ投げることができなかったので、親父に投げてもらった仕掛けに掛かり、重くてなかなか巻けなかったことが印象に残っています。

●特に大切にしている釣り道具

ハリ用の砥石ですね（笑）。祖父から頂いたもので、たぶん40年は使ってますが、道具箱から外れたことがない釣り具です。

●将来行きたい釣り場と釣りたい魚

特に行きたい釣り場というのはないんですよね……。研究者タイプなので、目の前の魚をどう釣るか？考えることのほうが好きなので。

●現在乗っている車

ランドクルーザープラド120系。古い車ですが、やはり強い！　現在24万kmですが、大した故障もありませんね。トヨタ車はパーツの供給も早く、何かあってもすぐ対応できることがありがたい。車がないと仕事にならないので。

榛名湖にてプロトルアーのテスト。現在はライブスコープがあるため、水中で使用するアイテムでも魚の反応がすぐ分かる時代になりました

ロケ中、カメラマンに向かって"見得"風のポーズをしまくって撮影の邪魔をしてる

釣り具メーカー
GAMAKATSU PTE LTD
営業部商品開発課

黒神 樹 （くろかみ いつき） 25歳

【最終学歴（論文・制作）】近畿大学農学部応用生命科学科
【前職】なし

●（いつ）何歳で今の仕事を始めた

　2022年に新卒採用にて総合職で入社（入社3年目）。

●いつ頃どんな志望動機で目差そうと思った

　上司に怒られるかもしれませんが、「釣りだけしていたい。働きたくない。それなら釣り具メーカーで働けば、釣りだけしてればいいじゃん！」と実にあほらしく安直な志望動機でしたね。今はそんなこと思ってませんよ（笑）。

●仕事の具体的な内容

　仕事内容は大まかに3つです。
①．商品企画。テスターと呼ばれる方々と一緒に釣りに行ったり、話を聞いたり、市場調査から見えてくる企画もあったりします。釣り以外の場面からアイディアを得ることも珍しくはないんですよ！
②．PR企画。動画やスチールを現場に赴き撮影をしたり、現場のディレクションをとったりします。自分で企画した商品をどうやって売っていくのかを考えるのは楽しいですね。
③．デスクワーク。イメージはないかもしれませんが業務割合でいうと一番多いです。仕様書の作成や取引先との連絡。こんな執筆依頼もあったりします。

●仕事の魅力・やりがい

　仕事のやりがいを感じる瞬間は、自分が関わった商品をお客様が使ってくれた時です。企画の段階は悩みが尽きないですし、製品がお店に並んでいる間も「本当に買ってもらえるのだろうか」と不安が続きます。しかし、SNSや直接お客様から「これ、買いました！」という投稿や話を聞くと、それまでの苦労や不安が吹き飛ぶほどうれしいんです。ただ、その逆の場合ももちろんありますが……。

●この仕事を目差す人へのアドバイス

　釣り具メーカーといっても、さまざまな立場の人間が働いています。何を（どんな製品）作るかを考えて仕様を決める人（企画＆開発）、作る人（製造）、広める人（広報）、売ってくる人（営業）、修理する人（アフター）。1個の製品が出来て皆様が購入するまでにさまざまな人間が関わっています。したがって、具体的にどんな形で商品に関わり

テスターさんのロケ中になぜか自分もヒラメを釣る＝遊んでいたよねという証拠写真!?

プロトロッドの曲がりをチェック

ロケ中の五島列島でヒラマサ6kgをゲット！

たいかを自分の中で明確にすることで、釣り具メーカーで働きたいという漠然とした思いが具体的になってくると思います。

そして社員として働く以上、自分が好きな釣りや仕事だけするというわけにはいきません。どんな釣りでも、仕事でも楽しいと思える、もしくは楽しいことに変換できるマインドは大切です。ここは"好き"を仕事にする以上一番大切なことかもしれません。

● 今後の抱負や夢

夢は"やりたい"と思ったことをすべて実現することです。

● この仕事に就いていなければ何をしていた

仕事をしていないかもしれません（笑）。

● 今、好きな釣りは？

源流域での在来のイワナ探し、ロックショア、ヒラスズキ。どれも釣り場が持つ非日常にワクワクします。

● 初めて釣った魚と場所

初めて釣ったのはギンブナです。家の近所の水路に田植えの時期になるとフナが入ってくるのでそれをノベザオでねらって釣っていました。少し前に地元に帰ったらその釣り場はなくなっていて、初めて釣りをした場所がなくなるのは悲しかったです。

● 特に大切にしている釣り道具

大体の釣り具は使い倒してボロボロなので大切かどうかと聞かれると悩ましいです。釣り具は道具なので使ってなんぼだと思っています。無名ルアーでもレアなルアーでも気に入れば大切に使い倒します。

思い出が詰まった道具を飾ったり、特別に大切に扱ったりはしないです。どんなに思い出の魚を釣ったルアーでも普通に使っています。なので、特に大切にしている釣り具はないですね。

● 将来行きたい釣り場と釣りたい魚

夢物語になってしまうかもしれませんがロシアのオゼロ・エリギギトギンで、Long-finned charを釣ってみたいです。見た目は『釣りキチ三平』に出てくるカミソリウオだし、ロシアのへき地の隕石湖にしかいないイワナってロマン感じませんか？

● 現在乗っている車

カスタム仕様のサクシードです。社会人２年目の時に購入しました。速い。悪路を走れる。燃費がいい。車中泊ができる。釣り人が求める４つの条件を叶えてくれます。そのまま乗るのではただの商業車で味気ないので、カラーを変えたりリフトアップするなどカスタムして愛用中です。

「船酔い最弱王」のため渡船中にダウン。総合釣り具メーカーの仕事は楽しくも時にタフです

釣り具メーカー

(株)シマノ
釣具事業部 マーケティング部

敷田 和哉 しきた かずや
29歳

【最終学歴（論文・制作）】九州大学経済学部経済経営学科 統計学専攻
卒論「日本の漁業部門の環境生産性分析」
【前職】なし

フィッシングショーではトラウトブースを担当しました

● (いつ)何歳で今の仕事を始めた

　2018年4月、22歳の時に新卒で入社。

● いつ頃どんな志望動機で目差そうと思った

　大学生の時に釣りという趣味を通じて国籍年齢性別問わず多くの知り合いが増えた経験により、小さな子どもから年配の方まで楽しめる一生涯の趣味の素晴らしさをより多くの人に伝えたい、と思ったのが入社の動機です。

● 仕事の具体的な内容

　簡潔にいうと、販促宣伝業務を中核とし、関連部署と連携して製品が市場に浸透する仕組みを構築することです。その仕組みを構築する販促宣伝手法として、カタログ制作、製品サイト制作、映像制作、イベント企画運営、キャンペーン企画運営などがあり、業務はオフライン・オンライン問わず多岐にわたります。これらの手法を目的に応じて組み合わせて戦略を練り、進捗管理をしながら関係者とともに仕事を進めていきます。

　またその中で大切にしているのは、クロスメディア施策の中でお客様とのコミュニケーションをどう設定するかということ。その中での関係性構築から信頼を得て、ブランド価値を上げていくことも重要だと考えています。

● 仕事の魅力・やりがい

　製品が売れる仕組みを構築するために、自由な発想で戦略を立てて実行できることが仕事の最大の魅力です。そして新人の時

ライフワークの磯ヒラ。ただヒラスズキを釣りたいのではなく、磯でヒラスズキが釣りたい！

から裁量権が大きいことが、この仕事を進めるうえでのやりがいにつながっていると思っています。

　毎年、宣伝や販促の手法が各業界で目まぐるしく進化し、トレンドも変化しています。ゆえに昨年成功した手法が今年も成功するとは限らず、毎年常に新たな手法を模索する必要があります。毎年、新たなチャレンジができるからこそ飽きが来ない仕事であり、その恵まれた環境があることに感謝しています。

● この仕事を目差す人へのアドバイス

　あくまでも自分の経験から僭越ながらアドバイスをさせて頂くと、「自分の趣味に本気になれる素質」が大切だと考えています。自分自身の趣味はスポーツ観戦や旅行、読書など何でも構いません。とにかく何か趣味を持ち、その趣味を本気で楽しんでいることが大切です。私たちの製品を購入してくださる大半の方々にとって、釣りはあくまでも趣味。しかし趣味ゆえにお客様の

(株)シマノの周囲を囲む植栽は四季の移ろいが感じられて心地よいです

私たちの部署はこの建物(WEST WING)で仕事をしています

こだわりは強く、楽しみ方も千差万別、多岐にわたります。

　自分が本気で楽しむ趣味を釣りに置き換え、釣りを本気で楽しむお客様の気持ちになって柔軟な発想で仕事に臨む必要があると考えています。その際、自分の趣味を本気で楽しんでいないと、釣りという趣味を楽しむお客様の気持ちを理解することが難しいでしょうし、熱いお客様の弊社に対する期待を超えることもできないでしょう。

　釣りという趣味に関する仕事に就くからには、趣味とあなどることなかれ、本気で釣りという趣味を楽しむお客様の期待を超えていくために自分自身が趣味を本気で楽しみ、その気持ちを仕事に置き換えて考えることが重要です。

　一歩引いて見たときに、大の大人が四六時中、趣味の釣りに関する製品の企画開発や営業、宣伝に本気になっている、それを生業にしている環境があるって素晴らしいことだと思います！

●今後の抱負や夢

　抽象的で大きな夢ですが、「誰もが釣りを楽しめる環境整備」が私の夢です。誰もが釣りを楽しめる環境整備とは、どう始めればよいかの手引き、始めた人が深く没入するための仕掛け作りといった情報源の整備、遊漁期間や遊漁エリアの設定といった法・ルールの整備、魚が本来の姿で繁殖できる自然環境の整備など多岐にわたり、多角的に釣り具業界全体で動いていきたい大きな夢です。

●この仕事に就いていなければ何をしていた

　とりあえずどこか別の企業でサラリーマン。

●今、好きな釣りは？

　トラウトルアーフィッシングと磯ヒラ。自分の仮説を検証する、自分の足でかせぐ釣りが好きです。

●初めて釣った魚と場所

　8歳の時、地元の福岡県北九州市にある脇田海釣り桟橋で釣ったクサフグ。

●特に大切にしている釣り道具

　「メモリアルフィッシュを釣ったルアー」です。フックが曲がったり塗装がはげたりと、その当時のままで大切に保管しています。

●将来行きたい釣り場と釣りたい魚

　アイスランドのアークティックチャー。美しいフィールドで美しい魚に酔いしれる……。旅要素も含めて憧れです。

●現在乗っている車

　マツダのCX-5。

最近は1泊2日の源流泊釣行がマイブーム。愛車はSURLYのStraggler

釣り具メーカー

(株)デプス 工場長

田畑 憲一 たばた けんいち

【最終学歴（論文・制作）】花園大学
【前職】先物取引営業

夢は自分で考えたルアーが製品化されることです

●(いつ)何歳で今の仕事を始めた

　26歳で仕事を辞めた時、偶然見つけたルアー塗装の仕事。思いがけない出会いに心がときめきました。というのも、幼い頃からバス釣りが好きで、当時は奇想天外な動きやフォルムのルアーで魚が釣れているのを見て「自分でもルアーを作って釣りたい！」という思いが湧き上がりました。ところがいざ本を見ながらバルサ材などでルアーを作ってみても、なかなかうまくできません。魚も思ったようには釣れませんでした。
　そんな思いが大人になってからも心の片隅にあり、迷うことなく現職に就くことができました。

●いつ頃どんな志望動機で目差そうと思った

　上記した思いに加えて……、独身時代は近所の河川釣行メインでしたが、やはりバスフィッシングの醍醐味といえば、デカさではないでしょうか？　ということで週末はビッグワンを夢見て琵琶湖へ足しげく通っていたのですが、京都から琵琶湖は近いですけど遠い。いつか夢を見させてくれる琵琶湖に住みたい！毎日釣りがしたい‼という思いが募り、結婚を機に琵琶湖の近くに移り住むことができました。そして病的な釣りへの思いは仕事前釣行で解消されることになるのですが、仕事終わりにはもう釣りに行きたくなっていたりする自分がいます。
　子どもの頃からの思いと、オンオフタイムの両方でバス釣りにつながっていられることが志望動機といえます。

●仕事の具体的な内容

　店頭に並ぶカラーバリエーション、ウェブメンバー販売カラー、イベント販売や賞品となる限定カラーの考案など。
　工場長に就任してからは自ら塗装することはなくなりましたが、部材の調達から組み立てや塗装など、ルアーが出来上がるまでを管理しています。また、いかに効率よく生産できるかを考えており、業種は関係なく他社を参考にしたり、工場見学に赴くこともあります。

●仕事の魅力・やりがい

　入社当初はデプスを代表するスピナーベイト「Bカスタム」が生産されており、その塗装に携わりましたが、同じカラーを塗るのが難しく苦労したことを覚えています。しかし出荷された商品が店頭に並べられ、買われていく姿を見た時、それまでの苦労が全部感激に変わりました。
　生産したルアーで、皆さんの一生に一度出会えるかどうかという魚を釣るお手伝いができた時、そして喜んでいただけることがやりがいになっています。
　そんな会社（メーカー）に自分の身を置くことができ、情熱をもってやれることはこれしかない！　何よりも好きな釣りを仕事にできるのはなんて幸せなことなんだと、一生続けられる出会いに感謝しかありません。現在、勤続年数25年ほどになり

仕事前と仕事後はバス釣り、仕事中はバスルアーの製造管理等、24時間バス漬けの毎日です

デプス社屋。26歳で再就職して以来、この仕事が天職です

デプスを代表するスピナーベイト、Bカスタム。完成品のブルースモーク(単体)と、集合写真は塗装作業後のもの

ましたが、趣味と仕事と大好きな釣りライフを満喫しています。

● **この仕事を目差す人へのアドバイス**
塗装ならば同じカラーを生産するので、まっすぐ線が引けるとか手先の器用さが必要です。もちろん僕のように釣りへの情熱があると、よりよいモノができると思います。

● **今後の抱負や夢**
デプス社長・奥村和正やプロスタッフなどすごいルアーデザイナーがいる中でおこがましいですが、自分で考えたルアーが製品化されることです。もしそうなったらすごくうれしいと思います。

● **この仕事に就いていなければ何をしていた**
発明家になりたかったです。

● **今、好きな釣りは?**
バスフィッシング。何よりブラックバスの見た目が大好きで、いつ見てもカッコよい魚だと思います。もちろんパワフルなファイトもたまりません。
市販ルアーでバイトが出なかった時、どうすれば口を使ってくれるかと考えてチューニングを施し釣果に結び付けたり、またバスタックルが流用できるロックフィッシュにも一時ハマり、市販品にほしい形状がなかったのでロックフィッシュ用シンカーや、ジグアダーの前身となるメタルジグを作り、挑んでました。

● **初めて釣った魚と場所**
ブラックバスといいたいところですが、初めて釣った魚はフナ。ブラックバスはなかなか相手にしてはくれず、釣れるまでの道のりは遠かったです。
初バスは近所の河川で25cmくらいのが釣れて、めちゃくちゃうれしかったことを鮮明に覚えています。

● **特に大切にしている釣り道具**
サイドワインダーバレットショット。ライトテキサスからスピナーベイトなどの巻き物、スライドスイマー145くらいまでのビッグベイトも使っています。季節を問わず通年使えるタックルです。

● **将来行きたい釣り場と釣りたい魚**
聖地・池原ダム。マザーレイクには毎日通っているので、次は池原ダムのビッグベイトゲームでデカバスをねらいたいです。

● **現在乗っている車**
琵琶湖の近くなので主な移動手段は自転車です。遠征する時はファミリーカーの軽自動車で行っています。

日本の釣りでは、アユの友釣りが大好きです

釣り具メーカー

オーナーばり(株)
製造部

シュレスタ・プルナ 37歳

【最終学歴(論文・制作)】大学で環境科学を学びましたが、経済的理由で2年目に中退しました。学位は取得していませんが、その学問は自然界への深い感謝の気持ちをもたらし、フィッシ🎣

ングと環境への情熱をさらに燃やしました。
【前職】釣りバリ業界に入る前は、機械製造会社で働いていました。

●(いつ)何歳で今の仕事を始めた

2023年3月、36歳。

●いつ頃どんな志望動機で目差そうと思った

日本に来た最初の月からです。ある日ビーチを歩いていると、年配の人々が釣りをしているのを見かけました。彼らの技術に興味を持ち、話しかけると1人の男性が親切に釣りを試す機会を提供してくれました。すると自分でも驚いたことに、私は初めてのトライで魚を釣ることができました。それは非常に感動的で忘れられない体験であり、釣りを趣味以上のものにするという考えに興味を持つきっかけとなりました。

後に、両親が日本を訪れた際にも釣りに連れて行きました。両親がその体験を非常に楽しんでいるのを見て、釣りは本当に年齢に関係ないことに気付きました。誰でも人生のどの時点でも釣りを始めることができます。言語の壁があったにもかかわらず、私は両親を年配の釣り人たちに紹介し、両親は一緒にその体験を楽しみました。両親は釣りが訪問のハイライトだったと教えてくれ、そのことが私の情熱を強化しました。

そして運よく釣りバリ製造会社で働く人に出会い、彼を通じて業界に紹介されました。これが趣味をキャリアに変えるための私の旅の始まりです。

●仕事の具体的な内容

釣りバリの製造と開発を行ない、製品が高品質基準を満たしていることを確認しています。日々の業務には、製造プロセスの監視、機械の操作に関するトラブルシューティング、さまざまな釣りのタイプに合わせた新しい釣りバリデザインの改良のために、デザインチームと協力することも含まれます。

入社してフック製造の初期段階で経験を積んだ後、ワイヤーの矯正および切断工程に移りました。この工程は、ワイヤーを正確に整列させ、製造するフックのさまざまなサイズに合わせて正確な寸法に切断することが非常に重要です。位置のずれや不適切な切断は、製造工程全体に影響を与える可能性があるため、高い精度と細部への注意が求められます。この新しい責任ある仕事を通して、製造の技術的な側面や、各ステップが最終製品の品質にどのように影響するかについて、より深く理解することができました。

現在は、釣りバリ製造における最も重要な工程の1つである釣りバリの曲げを学んでいます。この工程では、釣りバリが強度を保ちながら正確な仕様に成形されるため、スキルと精度の両方が求められます。経験豊富な先輩や同僚と密接に協力しながら、この重要な技術を習得することは難しいながらも非常にやりがいのある経験です。

また、コミュニケーションは常に私の役

社屋の外観

製品を1本1本エラーがないかチェックしています

割の重要な部分です。最初は言語の壁を克服し、工場の現場から設計部門、営業部門に至るまで、さまざまなチームと効果的に連携する方法を学びました。強固なコミュニケーションチャネルを構築することで、生産プロセスの効率化を支援し、製品開発にも貢献することができました。

　これらの経験を通じて、私自身の専門的な成長が促されただけでなく釣りバリ製造プロセス全体に対する理解も深まりました。

●仕事の魅力・やりがい

　仕事の最もやりがいのある側面の1つは、私たちが作成する釣りバリが人々の釣り体験に貢献していることを知ることです。精密機械での作業を楽しみ、すべての釣り人にとって重要な信頼性の高い高品質の釣りバリを生産することに誇りを持っています。

●この仕事を目差す人へのアドバイス

　好奇心を持ち続け、釣り具の技術的な側面と創造的な側面の両方について学び続けてください。釣りや製造を通じて得られる実践的な経験は非常に貴重です。そして最も重要なこととして、釣りへの情熱をキャリアの決断の原動力にしてください。

●今後の抱負や夢

　高品質の釣りバリを製造し、世界中のさまざまな釣り環境に対応した製品を創造することを目差しています。また、将来の世代と私の情熱を共有し、より多くの人々が釣りを楽しむように促したいと考えています。

●この仕事に就いていなければ何をしていた

　自然ガイドや観光業界でのキャリアを追求していたかもしれません。

●今、好きな釣りは？

　淡水（川）の釣りを楽しんでいます。特にアユをターゲットにしており、美しい緑の森や山々を楽しんでいます。

●初めて釣った魚と場所

　日本に来た初期に、ビーチで年配の釣り人たちと一緒に釣りをしている時に釣った魚です。それはアジで、その体験は非常に記憶に残っています。

●特に大切にしている釣り道具

　初めて釣りを経験した後に購入したロッドを大切にしています。それは私がどれだけ成長したか、そして釣りへの愛を芽生えさせた瞬間の記憶を思い出させてくれます。

●将来行きたい釣り場と釣りたい魚

　北海道で川釣りをしてアユを釣りたいと思っています。

●現在乗っている車

　ファミリーカーを運転しており、道具を運ぶのに最適です。

私の職場。釣りバリ製造プロセスへの理解を日々深めています

友釣り好きですが最近は
アユイングも

釣り具メーカー

グローブライド㈱ フィッシング営業本部 プロモーション部 フィールドディレクター

宮澤 幸則　みやざわ　ゆきのり　58歳

【最終学歴（論文・制作）】三重大学水産学部（現・生物資源学部）
【前職】なし

● (いつ)何歳で今の仕事を始めた

　大学卒業後、新入社員で当時のダイワ精工㈱に22歳で入社。

● いつ頃どんな志望動機で目差そうと思った

　幼い頃から父の影響で釣り好き＆凝り性＆負けず嫌い。大学もそのまま「魚」を学ぼうと一直線に水産学部へ進学したのですが、なぜかそこで方向性が狂ってどっぷりハマったのがボウリング。ただ、凝り性＆負けず嫌いはボウリングにも活かされ、そこそこの実力だったんですよ。そんな流れで就職は「プロボウラーとボウリング場」と、大学4年の春までは本気で考えてました……。

　運よくダイワから内定を頂いた際、両親になおも「プロボウラーに進みたい」と相談したのですが、「大学まで行かせてやった16年間、一部上場企業の就職先を蹴って、その先どうなるか分からないプロボウラーになるために貴方に投資してきたわけではない！」と一喝され、現在に至っています。もし違う道を選んでいたらどうなっていたでしょうね。

● 仕事の具体的な内容

　釣り具（特に最近は船用品）の商品企画⇒開発⇒プロモーション（フィールドテスター）まで。そのほか、アフターサービスや営業まで釣り具に関するあらゆることをしてます！

● 仕事の魅力・やりがい

　自分が企画から手掛けた商品が世の中に発売され、自身も使って釣果が出て、さらに使ったアングラーさんに喜んで頂けたら、企画者冥利に尽きます。ただし、プロアングラーとしては「いかなる条件でも結果がすべて」です。しっかり準備して、確実に結果を出すことが達成できた時の満足感は何物にも変えられないし、次への糧にもなります。

● この仕事を目差す人へのアドバイス

　私の座右の銘は「釣りは楽しく、真剣に！」です。自身も生業とはいえ、大好きな釣りは常に楽しんでやってます（とはいえ毎回、結果が出ず苦しんでますが）。でもただ「楽しいだけ」ではもったいないと思っていて、「真剣に」取り組むことで、「真の面白さ」を感じることができると思っています。

　また、私の好きなカワハギ釣りには「カワハギ三原則」という原理・原則があります。
①．チャンスを逃さない⇒時合を逃さず手返しよく！　自分に風が吹いていると感じたらグイッと引き寄せる。
②．ハリに迷わない⇒自分の決めた仕掛け（道）を信じる。
③．イトを送ってアタリをもらいにいかない⇒常に攻めの気持ちを忘れない＝問題点を先送りにして失敗をもらいにいかない。

　この「楽しく、真剣に！」と「〇〇三原則」はお気づきの方も多いと思いますが、人生や仕事など、いろんなことに置き換えるこ

カワハギ釣りははやり一番大好きかな？

父の影響で釣りを始めました

とができると思います。それぞれ感じ方は異なるとは思いますが、ぜひ意識してみてください。

●今後の抱負や夢
「釣り」は老若男女問わず生涯楽しめる趣味です。これからも若い子たちがもっともっと釣りを好きになってくれるように自然の豊かさの中で「Feel Alive.」最高の瞬間を感じる。その魅力をさらに伝えていきたいですね。
　ただ残念ながら、自分の息子を釣りあげる（釣り好きにする）ことができませんでした。幼い頃から一緒に釣りに行っても自分自身の釣りにのめり込みすぎて、全く彼の面倒を見なかったので（汗）。

●この仕事に就いていなければ何をしていた
　プロボウラー（ボウリング）か、ボウリング場の支配人？　何の仕事をしていたか想像がつきません。

●今、好きな釣りは？
　どんな釣りにもそれぞれの魅力があって甲乙つけがたいですが、カワハギ釣り、エギング、アユの友釣りでしょうか。

●初めて釣った魚と場所
　5歳の時、父と行った大阪南港でサビキのサバ釣り。

●特に大切にしている釣り道具
　フィールドテスターや社員は基本、道具はレンタルだから意外に手元に残ってないんです。釣り具ではないのですが、過去に自分が手掛けた、もしくは出演したカタログ、DVD、単行本は保存していて、ときどき見直しています。思い出を振り返るだけでなく、その時には気付かなかった発見もあったりして、面白いですよ。

●将来行きたい釣り場と釣りたい魚
　現在通っているフィールドで満足しています。

●現在乗っている車
　家族が多いのと大型犬が2匹いるので、13年以上乗り続けたワンボックス。ただし年内に同タイプの新車に乗り換え予定です!!

DVD、カタログ、単行本は定期的に見直すと新たな発見があるかも?!

座右の銘は「釣りは楽しく真剣に！」

アメリカ出張時に立ち寄ったレイクガンターズビルで、本場のバスフィッシングを体験

釣り具メーカー

(株)エバーグリーンインターナショナル
営業部部長 兼 総務部課長

武藤 勢弥
むとう せいや
57歳

【最終学歴（論文・制作）】早稲田大学社会科学部
【前職】なし

●(いつ)何歳で今の仕事を始めた
　1992年4月、24歳。新卒で入社。
●いつ頃どんな志望動機で目差そうと思った
　小学生の時にブラックバスの存在を知り、その姿に魅了され「釣ってみたい」と挑戦を始めました。が、あまり釣れずに時は流れ、大学生になると音楽活動に没頭。数年間、釣りから離れていました。
　しかし、ブラックバスへの思いは心の片隅にあり、大学最後の年、「時間がある学生のうちに」と再挑戦。毎週同じ場所に通い続けることで徐々に釣果がアップし、気がつくと釣り関係の会社に就活。その頃、聞いたこともない会社（笑）の雑誌広告を見て、直感的に「ここだ」と思ったことを覚えています。
　加えて、関東では難しかった「50cmオーバーのバスを釣りたい」という夢もあり、大阪の会社なら「琵琶湖に通える」というのが、一番の志望動機だったかもしれません（笑）。
●仕事の具体的な内容
　入社して30年、仕事の内容は変わりましたが、プロスタッフを中心に企画開発や販促宣伝を行なう形態の中で、裏方としての業務を担ってきました。
　現在は、企画開発、広告販促、販売、購買、さらには総務、経理など社内のあらゆる部門に関わりマネジメントしています。中でも関わりが深いのがWEBチームとの仕事。自分自身でも、新製品ページの原稿やプロスタッフのインタビュー記事の作成を手掛け、我々の思いを伝えることに力を注いでいます。
　最近は海外市場の拡大にも注力しており、私の担当地域はアメリカ。現地代理店との交渉やUSプロスタッフとの意見交換を中心に、フィッシングショー出展などグローバルな視点で取り組んでいます。

アメリカで開催されたフィッシングショーの会場で、USプロスタッフたちと

●仕事の魅力・やりがい
　何よりも、大好きな釣りに関われること。実際に仕事として釣りをするわけではないものの、知識も経験も豊富なプロたちと協力して製品をつくり上げ、それを世に伝えることにやりがいを感じます。クセが強い、いや個性豊かな（笑）プロたちとの仕事は大変なこともありますが、それもまた醍醐味です。
　さらに、私の周りには、釣りとは関係ない仕事をしながらも「週末の釣りがあるから、しんどい仕事を頑張れる」「釣りがないと生きていけない」という人が何人もいます。現代ストレス社会において、釣りが果

新製品の紹介文を書き終えた後も、ルアーはデスクに放置。片づける時間がなかなか……

弊社会議室で行なわれた、清水盛三プロの『Basser』誌取材に立ち会った際の1シーン

たす役割はますます大きくなっています。単に趣味の道具をつくっているのではなく、人々の生活、人生までも支えているんだと考えると、とてもやりがいがあります。

● この仕事を目差す人へのアドバイス

　最も大切なのは、釣りが好きなこと。とはいえ、釣りから逃れられなくなる覚悟も必要かと。釣りの知識や経験は仕事のプラスになりますが、それらを高めるために、まずは1つの釣りやスタイルを徹底的にやり込むこともおすすめします。逆説的ですが、自分の中に軸ができ、それとの比較で物事を捉えることで、他のスタイルや釣りを理解しやすくなるからです。

　この仕事は1人で進められるものではありません。プロや一般アングラー、販売スタッフの声に耳を傾け、製造上の問題、納期やコストなどさまざまな視点を考慮しまとめる力が求められます。一点集中は釣りへの理解を深めるだけでなく、メーカーの仕事で大事なスキルの向上にもつながると思っています。

● 今後の抱負や夢

　業界の一員としては、もっと多くの人に「釣りそのもの」を楽しんでほしいと思っています。釣りの楽しさは釣果だけで測るべきものではなく、たとえ釣れなかったとしても「釣りは楽しい」という釣り人が増えるとうれしいですね。お気に入りの道具で釣りをするだけで楽しい……そんな製品を提供できるように取り組んでいきたいです。

● この仕事に就いていなければ何をしていた

　大学生の頃に熱中していたクラシックギター関係の仕事。ギタリストやギター講師。

● 今、好きな釣りは？

　バスフィッシング。1ヵ所でじっくり粘る釣りよりも、速いテンポで動き回るパワーフィッシングが好きなスタイルです。エリアトラウトのミノーイングも少々。

● 初めて釣った魚と場所

　小学生の時に千葉県木更津で釣ったハゼ。初バスは釣りを始めて4年後、群馬県神流湖の33cm。レンタルボートで釣れず、桟橋に戻りテキトーに投げたジグスピナーに奇跡的にヒット。

● 特に大切にしている釣り道具

　廃番になる時に大量に買い込み、大事に使っているスピナーベイト、SRフラッシュ。#8の巨大ブレードに付け替えるのが自分流。真冬の琵琶湖ロクマル（5kgオーバー）をはじめ、他の釣り場でも印象に残るバスを数多く釣っている自信ルアーです。

● 将来行きたい釣り場と釣りたい魚

　大学生の時に通っていた芦ノ湖。当時、超沖で遭遇した巨ゴイの群れの回遊最後尾にいた丸々太った緑色の魚（巨バス？）に、ミノーを食いちぎられた衝撃的な経験も。就職してから30年、一度も行っていないのでそろそろ。

● 現在乗っている車

　プラド。数年前までバスボートやアルミボートを牽引して、各地に釣行していました。

釣り具メーカー

(株)山元工房
代表取締役会長
ほか、ダイワ磯フィールドテスター、オーナーばりインストラクター

山元 八郎 やまもと はちろう 76歳

【最終学歴（論文・制作）】貞光中学校
【前職】プロパンガス会社

好きな釣りを研究し良品を作り続けて30数年になります

● (いつ)何歳で今の仕事を始めた
　30数年前、40歳の時。

● いつ頃どんな志望動機で目差そうと思った
　10歳で魚（釣り）と出会い、25歳で徳島つろう会入会。ハエ、アユ、キス、チヌ、グレなどを覚え、前記5魚種で全国大会優勝、今までにトータル36回の最多優勝。
　そんな釣り三昧人生の中、18歳で就職したプロパンガス会社が40歳の時に突然廃業し路頭に迷い、両親、親子6人の生活のために就職先を探していた。当時はグレ、アユ、キスなど全国大会で7回優勝し、こだわりの自作ウキやヒシャクを趣味で作っていた。すると釣具店から「山元ウキを作って」と注文を頂き、「芸は身を助ける」ということわざがあるが、まさに趣味で結果を残したことが仕事につながった。
　最初の1、2年間は不安だったが、自分が大会で優勝を続けるためにもウキやヒシャクの商品研究、思いついたら実行することが重要と考えた。寝ている間にアイデアや釣り方が浮かぶことも案外あり、ただ朝目が覚めると思い出せないことも多く、よいと思うことは「ひらめけばすぐ実行！」でメモするか、すぐに工房で手を動かした。しかし、自分が「これはよい」と思っても製品としてすぐには完成せず、数年後、ある部品を見た瞬間にひらめき工夫し完成する喜びもあった。

● 仕事の具体的な内容
　主にグレ釣りのウキやヒシャク、ほかさまざまな釣り小物類の開発・製造販売。商品を製作するには、まず素材から選び、原型を削り見えない部分までしっかり手を加えておかないと良品は出来ない。手間を惜しまず最後まで時間をかけて長く愛用してもらえる釣り具を目差している。
　このほか、地元新聞社でのカルチャーセンター釣り講座では、毎月1回2時間の講義と釣行の月2回を18年間続けた。徳島新聞社の連載記事「阿波の釣り美学」では、月に一度カメラマンが同行して写真撮影をしてもらう。釣り方や釣果などと、原稿に仕掛け図、写真を掲載してもらい終面を飾っている。徳島県立総合教育センターでのファミリー体験学習推進プロジェクト「みんなでフィッシング！」では、小学生とその家族と堤防でフカセ釣りの体験をしてもらうため、講習を行ない釣りのマナーや釣り体験などを指導し楽しんで頂いている。

● 仕事の魅力・やりがい
　弊社の大半は海釣り用の釣り具だが、他の魚種のトップトーナメンターと対戦しながらヒントを得て、商品開発をすることもある。「山元工房の商品を使うと非常に便利、手返しが早く最高、よく釣れそのうえ

数々の大会で優勝した実績と経験を注ぎ込んだ山元ウキ

釣りのおかげでここまで健康に過ごせている。そして今年（2024）、岐阜県長良川を会場につり人社が主催した「R70鮎釣りドリームマッチ」では優勝を果たすことができました

丈夫なので重宝している」と言って頂けるとやりがいを感じる。

●この仕事を目指す人へのアドバイス

　釣り具以外でもこだわりを持ち研究を重ね、よりグレードアップしていった。新製品は特に何度もテストを繰り返してよいものを作れば信頼も高まる。上手な人の話をよく聞くことも大切であり、また初心者の釣りからも便利なグッズを思いつくこともある。たとえばハリを飲み込まれて苦労している初心者のために、一発で外せる「なるほどハリ外し」を考案した。ハリを回収出来るだけでなく、手返しも早まり相手より有利に試合ができる。

●今後の抱負や夢

　山元工房が主催する八釣会の大会を通じて多くの釣り人が出会い、釣り技術の進歩や親睦、仲間たちと趣味を共有し釣り人生を楽しんでもらえればうれしく、また釣りの輪を広げていくことも商売につながる。

●この仕事に就いていなければ何をしていた

　会社の廃業がなければ定年までは続けていただろう。生活費を稼ぐためにどんな会社でどんな仕事をやっているか想像がつかないが、サラリーマンを続けながら休日の楽しい釣りだけは継続していたに違いない。趣味が高じて釣り具製造となったことには後悔はしてない。

●今、好きな釣りは？

　夏はアユが主体であり、秋冬はほとんどグレねらいで近場の磯や大会に参加している。春はチヌ、マダイのフカセ釣りも多く

なる。一年中釣りを楽しむことで体力も維持でき健康に過ごすことができた。

●初めて釣った魚と場所

　小学生の時に近くを流れている貞光川でハエ（ヤマベ）釣りをして遊び、その後はアユやウナギなどをねらった。18歳で徳島市内に就職し、突堤でチヌを釣った時の銀鱗光る美しい魚体が脳裏から離れず、以後どっぷりと釣り人生を歩んでいる。

●特に大切にしている釣り道具

　サオ、リールは高級品で大切に扱っている。もちろん魚を釣るための仕掛けに必要なウキや、ヒシャクやバッカンなどの道具類は、使った後の手入れも怠らないようにしている。

●将来行きたい釣り場と釣りたい魚

　グレの大ものねらいも豪快で大好きなので男女群島には毎年釣行しているが、年齢とともに磯での2泊は体力的に負担になるもことある。今後は宿で眠れて昼間でも尾長グレをねらえる釣り場への釣行も計画している。アユ釣りでは有名な河川は多々あり、これからも多くの場所へ出かけ楽しみながら釣り人生を全うしていきたい。

●現在乗っている車

　デリカとハイエース。乗車人数や釣行場所により乗り分けしているがほとんどデリカでの釣行である。数人での遠征はもちろん、大会の場合は机や椅子、景品などの荷物が多くなり、どうしても荷物を積める車が必要なため2台あると便利である。

YouTube 撮影時のひとコマ。商品開発は「作るまで」と「作った後」も両方大事

釣り具メーカー

(株)ささめ針
営業企画部販売促進課 主任
（ジャングルジムブランド・ブランドディレクター）

脇田　政男　わきだ　まさお
41歳

【最終学歴（論文・制作）】総合学園ヒューマンアカデミー大阪校 フィッシングカレッジ ビジネス専攻
【前職】なし

●(いつ)何歳で今の仕事を始めた

　専門学校を卒業後の2004年、21歳の時から。

●いつ頃どんな志望動機で目差そうと思った

　小さな頃から釣りが好きで専門学校も「釣り」の学校に行きました。高校卒業時には釣り業界で働ければいいなと漠然と考えていていましたが、ショップかメーカーかなどは具体的には決めておらず、専門学校在籍中たまたま学校にあった過去の求人一覧を見て、何となくでしたがメーカーに入ろうと思いました。

●仕事の具体的な内容

　社内にて自分で立ち上げたブランドの製品プロダクト、プロモーションや営業と幅広い業務に取り組んでいます。開発的なスタンスですがブランドのディレクションを行なっているようなイメージです。

　製品プロダクトでは、全国の釣具店様へ行ってはこれから流行りそうな釣りの情報や、今売れている物の情報をお店の担当者との話の中で収集します。それ以外にも、自分が実際に釣り場に出て釣りをすることで感じたことや、「こんなものが欲しい」といった潜在的な欲求を具体的に形にしていきます。試作段階でボツになることも多いですが、実際に形になったものは、なるべく多くの釣具店様や全国のアングラー様に知ってもらい使ってもらわないといけませんので、メディアなどを活用してプロモーションを行ないます。協力してもらっているフィールドスタッフ様にも力を借りてメディア露出を行ない、アイテムへの思いを語り、開発のストーリーを発信しています。

　そうしてプロモーションしたアイテムをお店に置いてもらうため、お店に足を運び釣具店の担当者様に営業をかけるのも私の仕事です。お客様が買いたくても釣具店になければ買えませんので、出来るだけ多くの釣具店様に商品が並ぶように営業活動をします。

●仕事の魅力・やりがい

　自分が欲しいと思ったものや、こういうものがあれば便利なんじゃないか？　はたまた誰かが欲しいと思っているアイテムをリリースし、実際に多くのアングラー様の共感を得て製品が売れるとすごくうれしいですね。時にはこれまで釣り業界にはなかったようなブームを自分の発信から作ることも出来たりするなど、得難い体験をさ

これまで世に送り出したアイテムたち(会社ショールーム内)

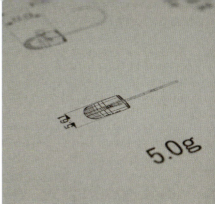

開発やプロモーションでは全国各地へ釣りに行きます

開発はいつも試行錯誤

せて頂いていると感じています。

　また、開発にあたり全国のいろいろな場所で釣りが出来るのも楽しみ（魅力）の1つです。そこで出会った人たちと交流し、また新たな情報を頂いたり、知識が増えたりすると釣りの引き出しがどんどん増えていきます。

　全国各地にはいろいろな海があり、魚がいます。そんな海を見て、感じて、そこにいる魚たちと出会えているのはイチ釣り人として幸せなことです。

●この仕事を目差す人へのアドバイス

　メーカーの開発は、釣りが好きで「今までにないこんなアイデアの製品を作りたい!!」という熱い思いのある人が向いていると思いますが、それに加えて釣りを俯瞰する目線を持つ力も必要となります。なぜなら、新しい製品を作る時は失敗の連続ということも多く、試行錯誤が必要な場面が多々あります。周りがたくさん釣っている中、新しいアイデアで出来た製品を試すというのは時として人より釣れない時間も多く要します。また釣れるか分からない状況でも、自分のアイデアを信じてその試作品を投げる勇気を持つ必要もあります。何よりそうやって試したアイデアを形にする推進力が必要です。そこには通常の釣り人にないエネルギーを使います。

　そういう意味では、メーカーに入れば「釣りがたくさん出来そう！」と、釣りがしたいという安易な思いだけでは現実とのギャップに悩むことになるかもしれません。普通の釣り人よりは「考えて」釣りをすることが多くなるため、そういった状況でも楽しめる人には向いていると思います。

●今後の抱負や夢

　地味でも誰かの役に立つアイテムや、自分が世に出したアイテムで多くの魚を手にする手助けがしたいです。

●この仕事に就いていなければ何をしていた

　食べることが好きなので飲食店をやっていたと思います。

●今、好きな釣りは？

　数年前から渓流のルアー釣りにハマっています。あとは本当にたまにする堤防でのタチウオのウキ釣りは昔から好きです。

●初めて釣った魚と場所

　実家の裏に川があり、そこで釣ったオイカワ。祖父が簡易な竹ザオを作ってくれて、それを持ってよく釣りをしていました。

●特に大切にしている釣り道具

　ライトゲームや渓流でも未だに現役で使っている13セルテート。

●将来行きたい釣り場と釣りたい魚

　北海道でキャンプ＆渓流をするのが夢なのでいつかそれがしたいです。そしてイトウやレインボー、オショロコマを釣ってみたいです。

●現在乗っている車

　キャンプも好きで乗ってみたいと思っていた、99年式ランドクルーザープラド。本当はもっと古いプラドが欲しい!!（笑）

バスプロとして日本最高峰のJB TOP50シリーズに参戦しています。写真は2024 JB TOP50 第4戦桧原湖の初日の魚

釣り具総合商社

(株)ツネミ プライベートブランドチーム

今泉 拓哉　いまいずみ　たくや　27歳

【最終学歴（論文・制作）】亜細亜大学経営学部経営学科
卒論「釣り業界の動向と行く末について」
【前職】なし

● **(いつ)何歳で今の仕事を始めた**
大学卒業の際に新卒で採用されました。

● **いつ頃どんな志望動機で目差そうと思った**
大学生の頃よりJB TOP50シリーズに参戦しつつ、就職活動を行なっていた最中で、内定は別であったものの、仕事をしながらJB TOP50シリーズへ参戦できる環境を整えて頂けるとオファーを頂き、自身のJB TOP50の経験を企画開発に生かすべく新卒で入社。

● **仕事の具体的な内容**
"釣用品総合商社"で問屋である弊社でオリジナルブランドの企画開発のお仕事をしつつ、バスプロとして日本最高峰のJB TOP50シリーズに参戦しています。

具体的には、自社のロッド、ルアー、釣り関連小物等の開発、広報、イベント出展、外部スタッフとの連携、テスト、取材等の釣り具メーカーで行なう業務全般を幅広く。

開発業務においてはロッドやルアーなどをゼロベースから考案し企画、そこから工場とのやり取り、サンプルのテスト、注文書作成、発売までの受注取り等、発案から発売までのすべての流れを業務として担っています。

目に見える部分だと現場でのテスト等に目が行きがちですが、社内ではパッケージの作成や、注文書を作るためにイラストレーターなどを駆使してデスクワークもあります。

BMC 第3戦のスタート前。集中力を高めて待ちます

広報では大規模なフィッシングショーのブース出展、運営もさることながら、小売店のイベントまで、さまざまなイベント出展や、各雑誌社、動画媒体の取材も受けております。私の場合はそこにTOP50の参戦による広報活動がプラスで追加されている形ですね。もちろんTOP50の場において得た経験を開発業務にもフィードバックして活かしています。

● **仕事の魅力・やりがい**
自社の看板的存在のブランド、そして部署であるため、開発ではよりよい製品作りを目差し、広報ではSNSからフィッシングショーまで宣伝を行ない、よりユーザー様の目に触れる仕事のため責任は重大ですが、そのぶん自身の製品が発売されて売れた時や、広報として大きな舞台で成功した時の達成感にはとてもやりがいを感じます。

またJB TOP50では常に成績を出しつつ、自社の知名度向上、製品訴求につなげるため日々努力をしており、結果が伴った

2024 JB TOP50 第4戦桧原湖の試合中

会社出社時は膨大な商品に囲まれてさまざまな業務を担当。タフな毎日です！

時にやりがいを感じます。

●この仕事を目差す人へのアドバイス

この仕事を目差す方へのアドバイスをするとすれば、私の仕事は通常では実現できないようなバスプロと会社員の両立という少し特殊な立場でお仕事をさせて頂いています。そのぶん、仕事にも試合にも人一倍努力が必要で、人一倍釣りが大好きで、人一倍負けず嫌いで、人一倍の気合と体力が必要となります。

最近の流行でいうところの二刀流を、会社員とバスプロという立場でやらせて頂いているわけです。

正直、JB TOP50シリーズに参戦するだけでも大変なことですので、誰にでも出来るような内容ではないとは思いますが、仕事でも試合の場面でも、どんな逆境があろうともくじけない心と誰にも負けない釣りに対するモチベーションと愛を持って、目差してください。

●今後の抱負や夢

仕事の場面では自身の監修開発アイテムの充実化、そして試合の場面ではJB TOP50シリーズでの優勝、そして年間総合優勝。それにより自社製品の認知度と訴求力を上げたいと思っております。最終目標はまだ道筋は不透明ですが、アメリカのBassmasterシリーズへ参戦し、優勝とAOY。

●この仕事に就いていなければ何をしていた

一般企業に勤めながら趣味で釣りをしていたか、海事関連の仕事に勤めていたかと思います。どんな仕事であろうと釣りは必ずしていたと思います。

●今、好きな釣りは？

1周回ってやっぱりバスフィッシング。海の釣りも大好きで、バチコンやカワハギ、ジギング、イカメタルなどいろいろな釣りにチャレンジしてきましたが、やはりバスフィッシングが好き。バスフィッシングは自身が釣りを仕事にしようと思ったきっかけでもあり原点だから。

●初めて釣った魚と場所

中禅寺湖にて父親と2人、エサ釣りで釣ったニジマス。

●特に大切にしている釣り道具

自社製品と妻にプレゼントしてもらったリール。

●将来行きたい釣り場と釣りたい魚

まずは本場アメリカのバスフィッシング。そして日本のまだ見ぬ魚、釣りもの、そして世界各国のゲームフィッシング。

●現在乗っている車

三菱パジェロ ロング スーパーエクシード。

こちらはトーナメントではなくロケ中のひとコマ

和歌山県沖でのティップラン

釣り具総合商社

(株)魚矢
ゼネラルマネージャー・商品課統括

天野 有二 (あまの ゆうじ) 43歳

【最終学歴(論文・制作)】総合学園ヒューマンアカデミー大阪校フィッシングカレッジ(3期生)
【前職】釣具店→釣り具メーカー→内装業を経て

●(いつ)何歳で今の仕事を始めた
　2009年春、28歳で正社員。

●いつ頃どんな志望動機で目差そうと思った
　私は高校生の頃から将来は釣り業界に携わりたいという意思が強く、どうすれば業界に入れるのかを常日頃から考えていました(もはやそれしか考えていませんでした。笑)。
　その思いが大きく前進したのは、釣りの専門学校であるヒューマン在校時と、釣り具メーカー在籍時代。当時は自分の釣りの実力を知りたくてトーナメント参戦しか興味がありませんでしたが、バストーナメントの現場で出会った方々、そして釣り具メーカー在籍時代は特に業界関係者の方との接触が増え、人と人とのつながりで今の自分があります。
　今もなお当時からお付き合いのある方々と変わりなく仕事ができていることに感謝です。当時は必死でしたが、思い返せばわりとナチュラルにこの業界で働ける環境が整っていったように感じています。
　いろいろな経験と体験をしてきて、最終的に自分が「ここにいたい」と思える場所が現職場です。

●仕事の具体的な内容
　"釣具総合商社"(問屋業)ですので、仕事の基本は、お得意先様(釣具店)からのご発注を手配準備して先方にお届けすることと商品管理です。
　弊社は、大きく分類すると国内営業課・海外課・商品課(仕入)・自社メーカー課・自社物流センター・広報課・システム課・総務課(経理・事務)があり、社員はそれぞれの課に属して仕事をしています。
　私は会社全体の中間管理職業務と、上記内の主に商品課の部分を担当しています。各お取引メーカー様と商談し、新しく仕入れるもの・生み出すものを決定し、小売店様に向けて注文のご案内、入荷後発送・各お得意先様に届けることが仕事内容です。

●仕事の魅力・やりがい
　有名なメーカー様とのお取引が多く、メーカー様と新しく出す商品の企画・選定をします。自分の目利きで仕入れた商品が売れて店頭に並び、ユーザー様に選んでもらえること、使ってもらえることが喜びであり、この仕事をしている魅力であるとともに、やりがいです。

●この仕事を目差す人へのアドバイス
　釣りが人一倍好きであれば趣味を仕事にできる職場です。そして、趣味レベルではあり得なかった多くの釣り具に囲まれて仕事をする環境になります。メディアに出ている方も出入りしますので心が高鳴るかもしれませんが、仕事は仕事、どんな職業でも同じです。
　もちろん、人に自慢できるような釣りの経験がなくても働くことは可能です。弊社は前記のとおり各セクションがあるので、トライしてみたい得意な分野で自分が持っているスキルを発揮できたり学ぶことが可能です。

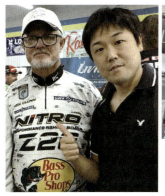
憧れの全米トップバスプロ、
リック・クラン氏と

弊社の本社エントランスです

東大阪にある弊社の物流
「東大阪センター第二」

●今後の抱負や夢
　今後も時代に合った面白い商品、釣れる商品等、使ってくださる方に喜んで頂けるものを提供し続けたいです。
●この仕事に就いていなければ何をしていた
　釣り業界以外で目差していたのは消防官で試験にチャレンジしていたと思います。
●今、好きな釣りは？
　イカ釣り（エギング・ティップラン・オモリグ）。
●初めて釣った魚と場所
　10歳の時、自転車でふらっと立ち寄った近所の漁港でサビキ釣りをしている方がおられ、イワシが鈴なりに釣れていました。そのようすを見て、「自分もやってみたい！」が釣りの始まりで、初めて釣った魚はイワシでした。
●特に大切にしている釣り道具
①KVD氏（ケビン・バンダム）が黄金期に直接サインを書いてくれたトーナメントジャージ。
②リック・クラン氏に直接サインをもらったクランクベイト。
③2012年にZoom社を訪問した折、創設者のウィリアムス・エド・チェンバース氏ご本人から直接頂いたサイン入りWECクランクE-1。
●将来行きたい釣り場と釣りたい魚
　中学生の時からの夢だった「バスフィッシングの本場アメリカ・フロリダ州でバスを釣る」は達成ずみなので、現在は南米アマゾン川奥地でピーコックバス（ツクナレ）を釣りたいですね。
●現在乗っている車
　軽自動車とミニバンです。

横浜の釣りフェスティバルで弊社ブース展示用としてNAMI氏に制作して頂いた絵画。現在も事務所を鮮やかに彩ってくれています

企画販売したキハダマグロのクッションと、左手前は新作の弊社オリジナルキーホルダー

タナゴザオのメンテナンス中。和ザオは正しく扱えば100年使えます

和竿師
和竿工房 竿中・中台泰夫(自営業)
ほか、江戸和竿組合 理事長、東京都伝統工芸士

中台 泰夫 なかだい やすお 65歳

【最終学歴(論文・制作)】高校中退
【前職】なし

●(いつ)何歳で今の仕事を始めた
　1976年、高校2年生の時。2001年6月に和竿師として独立し、竿銘を「竿中(さおなか)」として現在に至っております。

●いつ頃どんな志望動機で目差そうと思った
　幼い頃から竹やぶで遊んだり昼寝をしたりと竹を身近に感じて育ち、竹が風に吹かれる風景を見てきました。中学を卒業する頃には「竹にかかわる仕事をしたい」と考え、和竿師の道へ。釣りが大好きな"カタログ小僧"で、グラスザオ片手に自転車であちこち出掛けてはフナ、ハゼ、投げ釣りなどさんざんやっていたことも人生の選択に大きく影響しました。
　和竿師になるにはどこかの親方の元で修行しなければなりません。そこで17歳で千葉県松戸市の「竿かづ」に弟子入りし、高校は辞めました。
　ファンの間で当時「1万円から100万円のサオまで作れる」と称された竿かづ親方の元で和ザオ作りを一から学び、修行に励みました。そして、25年後の2001年には独立して千葉県市川市に工房を構え、竿中を名乗りました。

●仕事の具体的な内容
　江戸和竿の制作。現在需要が多いのはハゼ中通しザオ、フナザオ、タナゴザオなどですが、テンカラザオや、ヘチザオやシロギスザオにもコアなファンの方がいらしてご注文を頂きます。注文があればフライロッドやシーバスのルアーザオも作ります。

　私の場合、お客様から注文を受けて作るフルオーダーがほとんどです。昔は和竿師はそのような「注文ザオ」以外に、お店に卸す既製品の「お店(たな)もの」もたくさん作り、その中にも値の張る高級品から安価なものまで幾種類もグレードがありました。
　また和ザオ全盛の昭和時代には、和竿師は素材の竹を扱う業者＝竹屋さんから竹を買っていました。しかし和ザオ需要が減っていくにつれ竹屋さんも廃業し、現在では素材探しも大事な仕事の1つになっています。これはおもに虫の少ない寒い時期に良質な竹を求めて各地に出掛けています。さらに、お店ものではなく注文ザオが中心になったため販売も自らでとなり、原材料の調達から分業なしで塗りまでこなし、納品まですべて一人で行なうという、商売の形態としてはかなりまれなことになっています(笑)。

●仕事の魅力・やりがい
　出来上がったサオを初めて見てもらう時、オーダーされた方のお顔を見るのが一番楽しい瞬間です。満足してくれてるのかな？とか思いながら、お客さんが納得されたり感動しているような表情をされると和竿師としてうれしくなります。修業時代は釣具店さんからのオーダーが多かったので、実際にどんな方がサオを使ってくださるかは目に見えませんでした。今はそれが分かります。

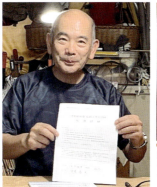

オカメタナゴと。釣りが好きで和竿師になったのになかなか釣りに行けないのはジレンマですね（笑）

2021年3月25日に東京都伝統工芸士として認定されました。また江戸和竿は国が定めた経済産業大臣指定伝統的工芸品であり、現在その伝統工芸士試験に挑戦中。江戸和竿師としては私が初のチャレンジとなります

タナゴザオと竿袋に仕舞った状態。この釣りに凝る方はどんどんサオが増えていくようです（笑）

●この仕事を目差す人へのアドバイス

　一から十まで全部自分で分業なしでやるので、注文をくださった方が魚を釣って喜んでくれることを思えば仕事としては楽しいですが、採算としては合わない。需要が少ない、そして和竿師も少ないので、普通の職業なら道具も売っていますが、今の和竿師はサオを中通しにするための錐やそのほか刃物、ハゼザオのイト巻きの棒杭も自分で作らないといけません。

　経済活動としてはとうに見放された職業で、映画『釣りキチ三平』でも渡瀬恒彦演じる和竿師の一平じいさんが、愛子役の香椎由宇さんに「経済社会の敗残者」とか言われています（笑）。ですから趣味の延長でやってみるとか……それでも本気でやるなら副業をどうするとか、マネージメントを何とかできる人にならおすすめします。

●今後の抱負や夢

　2023年11月、江戸和竿組合の新理事長に選出されました。現在は12名の組合員がいます。平均年齢は高いですが、理事長としては若手のためにもみんなが仕事としてやれるように一所懸命考えています。

　個人的には、現在弟子はいませんが技術を残していきたいという思いもあります。教えたいという希望、責任は感じています。昔のように住み込みで迎えるのは無理ですが、模索中です。

●この仕事に就いていなければ何をしていた

　早い時期に人生の向きを決めちゃったので想像できませんが、何にしても趣味を仕事にするとつらいところはあります。全く関係ないことをしていたかも。

●今、好きな釣りは？

　渓流釣りが一番好きです。しかも、実はルアー小僧だったのでルアー釣りです。自分用に作った和ザオのルアーロッドにベイトリールを組み合わせて楽しんでいます。同じタックルでクロダイのポッパーもやりますよ。

●初めて釣った魚と場所

　千葉港のハゼだと思います。

●特に大切にしている釣り道具

　自分の和ザオがやっぱり気に入っています。ほかには、小学校4年生の時に買ったアブ3000とかはまだ現役で使えます。アブのLTX-BF 8も気に入っています（両方ともベイトリール）。

●将来行きたい釣り場と釣りたい魚

　釣りが好きで和竿師になりましたが、仕事が忙しくて釣りにはなかなか行けていません。普段一番多いのは江戸川放水路で、行徳の水門までは自転車で15分です。仕事が詰まってきたり、座り仕事というのもあるので座りっぱなしは身体に悪いので、自転車にはよく乗るようにしています。

　基本的にあまり行けていないので、どこでも行きたいところだけ。特に山の釣りは行きたいですね。

●現在乗っている車

　スバル・サンバーとスズキ・ソリオ。

バンブーロッドビルダー
渋谷漆工房 川連漆器塗師伝統工芸士
漆塗竹竿 Kawatsura Rod(フライロッド)制作

ほか、ティムコプロスタッフ、雄勝漁業協同組合組合員

渋谷 直人　しぶや　なおと　53歳

【最終学歴（論文・制作）】秋田県立湯沢高等学校
【前職】地元の伝統工芸川連漆器の塗師を家業でこなしながら、飲食店（オーセンティックバー）を14年経営（21歳～34歳）

家業の漆塗り技術を生かしたバンブーロッド＆ランディングネットを制作しています

◉(いつ)何歳で今の仕事を始めた
　フライロッド制作を始めたのが2000年ですので、24年前の29歳頃で当時は家業の漆塗り・飲食店・サオ作りと3足の草鞋で活動していた。

◉いつ頃どんな志望動機で目差そうと思った
　フライフィッシングを中学時代から本格的にしており、将来に生かせないかと考えていたが、バンブーロッド作りに出会って自分の本業の漆塗りとの融合に結び付いた。当時は漆塗りの下請け業にも陰りが見えていたし、飲食店は時間的に釣りへ行くのに時間が合わなくなってきていた。父親が病気で長期入院したのをきっかけに、飲食店を閉めてサオ作りをじわじわとメインにしていった。

◉仕事の具体的な内容
　漆塗竹竿 Kawatsura Rod（フライロッド）をはじめ、ランディングネット、フライリールなどの制作・販売ほか、フィッシングガイドも行なっている。

希少で超高級な国産本漆を塗師の技術で刷毛塗りしていく

　自分でデザインしたアクションでフライロッドを竹で作り、漆のみでコーティングして仕上げている。完全注文生産で、ネットでのみ受注販売。フィッシングガイドのハイシーズンはサオ作りは休業し、ガイドやスクールなどに専念している。

◉仕事の魅力・やりがい
　釣り道具に自分の漆塗りが生かされることで、伝統技術も残しつつ釣り業界でも楽しさを多くの皆さんに伝えることができるようになったことが一番。自分としては本来屋内仕事よりも自然の中で活動することが好きなので、シーズン中はフィッシングガイド業に専念して5～9月をほぼ休みなくフィールドに出ている。
　サオ作りは12～3月に集中して休みなく行ない、9月半ばから11月いっぱいは完全オフにして連日キノコ採りに向かうのがここ10年以上のルーティンになっている。

◉この仕事を目差す人へのアドバイス
　何か技術を身につけていれば、趣味にも応用できることにつながるかもしれないので、遊びも仕事も手を抜かずしっかりとしたスキルを習得したい。お金になることと遊びは正反対なので、釣りのプロになるには釣りにしっかりと時間を割ける体制を作らないと難しい。フライロッドを作るには、まずしっかりとしたキャスティング技術や釣りのスキルが必要で、道具として釣り方に反映できるくらいの知識とセットでないと、売れるようなものにはならないと思う。

漆工房にて。Kawatsura Rod は天然塗料の漆でコーティングしたザ・ジャパニーズバンブーフライロッド

フライロッドのほか、ランディングネットやリールも制作・販売している。ネットのフレームも本漆仕上げ

●今後の抱負や夢

　フライフィッシング自体が人口減少とともに衰退しているので、海外からのゲストも増やして海外向けにも販路を作っていきたい。もちろん国内でもスクールなどでフライフィッシングの間口を広げて、新しく挑戦しやすいように継続していきたい。

●この仕事に就いていなければ何をしていた

　一度も勤めたことはないが、漆器業で何とかしていたかは疑問。飲食業を続けていたかもしれないし、コロナ禍を乗り切れずに廃業していたのかは分からない。常に次の世代を考えながら業態を変化させてきたので、この仕事に就いたという考え方をいまだにしていない。山菜やキノコを採って売る仕事を考えたことはある。

●今、好きな釣りは？

　フライフィッシングの中でもフライを水面で使うドライフライにしか興味がなく、今後も変わることはないと思う。ヤマメ、アマゴ、イワナ、ニジマス、アメマス、ブラウンなどドライフライで釣れるトラウトが一番楽しいと思う。

●初めて釣った魚と場所

　小学2年生くらいに父に連れていかれた釣り堀の脇の池で釣ったオイカワ。練りエサの粉を撒くと群れて湧くので、そこに手釣りでイトとハリだけの仕掛けのハリ先に小さく練りエサを付けてねらったところ、18cmくらいのエキゾチックなデカいオスが釣れたことが印象に残っている。

親子で伝統工芸士として認定されている

渓流釣りのハイシーズン中はフィッシングガイドで忙しい

●特に大切にしている釣り道具

　フライにのめり込むきっかけになった8フィート5番のグラファイトロッドとリール。

●将来行きたい釣り場と釣りたい魚

　日本中毎年行っているし、海外もそれなりに行ったので特にという釣り場はないが、唯一国内のトラウトであるイトウを釣っていないのでドライフライで釣るべく時間を割いていきたい。

●現在乗っている車

　ホンダの4輪駆動のSUV。

ハンドメイドルアー

ハンドメイドルアービルダー
KaihatsuCrank 代表

開発 学　かいはつ　まなぶ
54歳

【最終学歴（論文・制作）】高卒
【前職】PCエンジニア

塗装作業中。一見カメラ目線で笑顔ですが、一番気が抜けないし、時間も掛かる工程です

◉（いつ）何歳で今の仕事を始めた

　35歳のとき友人に「釣れるし売れるレベルだと思うから少しずつでも売ってみたら？」と後押しされ、友人行きつけのショップを紹介されたのが始まりで販売開始。

◉いつ頃どんな志望動機で目差そうと思った

　2004年1月、釣り関係の仕事でアメリカに3ヵ月行ける機会があり、10年間勤務した会社を退社し住んでいたアパートも解約して渡米。フロリダ州レイク・オキチョビやルイジアナ州アチャファラヤベイスン（アチャファラヤ川流域に広がる湿地帯）、テキサス州やテネシー州などを移動して現地のフィッシングショップを巡ったり、日本人、アメリカ人を問わずトーナメント参戦中のプロアングラーに、どんなクランクベイトが理想か聞き込み調査しました。トーナメントプロが実際に使っている場面を目の当たりにしたことは忘れられない思い出であり、これから作っていきたいルアーの方向性を見極める貴重な体験でした。

　実は、出発前は帰国後のことは何も考えていませんでした。でも行けるチャンスを逃して後悔するより行って後悔するほうが納得できると思ったのですが、すぐに職業として成り立つわけもなく、ほかの仕事をしながら少しずつ専業になった感じです。

◉仕事の具体的な内容

　まずはバルサ材という非常に軽い木材の材料集めからですが、同じバルサ材でも比重にばらつきがあり、一定の比重の物を選

ユーザーの方と直接お話し出来る機会が最高のフィードバックになるのでイベントには出来る限り参加しています

別することから始まります。バルサ板からの切り出し、整形加工、下地コーティング、塗装前のサンディング、塗装作業、部品取り付け、スイムテストを経てパッケージされます。塗装作業は28色のカラーラインナップがあるので一番気が抜けないし、時間も掛かります。ここ数年で老眼が進み老眼鏡が手放せませんが（笑）。

◉仕事の魅力・やりがい

　お客様から信じて使って頂いた釣果報告が制作者として何よりうれしいです。トーナメントで優勝ルアーになったり、よい釣果に恵まれたお客様から連絡があった時などですね。またSNSでのつながりや、イベント等で直接お話し出来る機会が最高のフィードバックになるので、出来る限りイベント等には参加しています。

　バスフィッシングに関係する仕事をしていなければ知り合うこともなかった人との出会いや、親友が出来たことも得難い喜びです。また、販売店様にオリジナルカラーのお話を頂き、入念な打ち合わせの後に苦労して塗装したカラーがお客様から高評価を頂き、納品した分が完売した時などは充

KaihatsuCrank 完成品。Chip、D-Chip、B-Tight SR & MR

SDG MARINE のイベントで、帰国中の大森貴洋さんとルアーの意見を交わしています

実感があります。

● この仕事を目差す人へのアドバイス

自身が作りたいルアーを制作、研究することに尽きると思います。一般的ではない職業ですが、お客様から認められる唯一無二のルアーを作り続けることが出来たら、販売店からの問い合わせも増えて職業として成り立つと思います。

工房や場所、工具類やエアーコンプレッサーなどそろえる物は膨大ですが、物作りが好きな方ならハードルは高くないのかもしれません。根気と手先の器用さが求められる場面もありますが、あきらめず継続することが出来れば成功すると思います。自分自身も成長途中ですが、いつも心掛けている教訓は「失敗は成功のもと」。この言葉を信じて恐れずいろいろ失敗しています。

● 今後の抱負や夢

サンデーアングラーからトーナメントアングラーまで信頼される最高のルアーを作ることが夢ですが、今後は作業スペースを拡大したいのと、フィールドに近い場所に移り住みたいですね。サンプルを作ったらすぐにテスト出来る環境が理想です。

● この仕事に就いていなければ何をしていた

それでもやっぱり物作り系の仕事をしていると思う。子供の頃のなりたい職業はなぜか大工でした。とにかく木材を使った仕事がしたかったのかも。

● 今、好きな釣りは？

もちろんクランクベイトを使ったバスフィッシング！ 簡単だけど難しいので永遠に突き詰め続けられる釣りです。

● 初めて釣った魚と場所

確か4歳くらいの時に家族で行ったニジマスの釣り堀で人生初フィッシュ。初バスは11歳の時に河口湖で。

● 特に大切にしている釣り道具

釣りを教えてくれた親父の形見の釣り道具数点です。あと中学2年生頃に買ったハンドメイドミノーの作り方の本『ザ・ミノー・メイキング』がバイブルで宝物。今でもお世話になっているHMKLの泉さんのルアーに憧れていました。

● 将来行きたい釣り場と釣りたい魚

子供の頃からアメリカでフロリダバスを釣りたいと思っていましたが、以前に達成してるので今は特にないですが、琵琶湖で世界記録のバスを釣りたいですね。

● 現在乗っている車

中古のTOYOTA SEQUOIA。現在の走行距離20万マイル(32万km)。アメリカ在住の友人の手助けでDallas～LAを1人で2500km、2日で横断して日本に輸入。

愛車のTOYOTA SEQUOIA。一緒にアメリカを旅して日本に連れ帰りました

両手に花ならぬ良型アマゴ（笑）

漁協
郡上漁業協同組合
代表理事組合長
ほか、ダイワ鮎フィールドテスター

白滝 治郎 66歳
しらたき じろう

【最終学歴（論文・制作）】近畿大学農学部水産学科
卒論「アユの種苗生産に関する基礎的事項」
【前職】なし

●(いつ)何歳で今の仕事を始めた
昭和55年4月、大学卒業と同時に職員として漁協に入職。38年間勤務の後定年退職して理事に就任、副組合長を務めた後、令和3年から組合長。

●いつ頃どんな志望動機で目差そうと思った
釣り好きが高じて魚の道へ進むと決めたのが中学か高校の頃。大学卒業後、郡上へ帰り、漁協が職員を求めているタイミングと合ったため就職しました。

●仕事の具体的な内容
現在、内水面漁協に課せられた役割は多岐にわたり、漁業生産の向上はもちろん漁場管理、資源管理を通じて本来あるべき河川の本質を見失うことなく、良好な漁場(釣り場)を提供することが、すべての出発点です。

たとえば長良川におけるアユ釣りを考えた時、天然アユ資源の増大を主軸として捉え、天然遡上アユ増加のための施策については手を緩めることなく推進していかなければなりません。具体的にはアユ受精卵の放流事業や、天然アユ資源増大に資するとされる海産系F1種苗を主軸とした継続的な種苗放流、さらには豊かな水資源を育むための植樹活動や、カワウ対策等を推進中。その他魚類についても最新の知見を取り入れながら、持続可能な資源管理に取り組んでいます。

長良川上流で獲れる「郡上鮎」については、天然アユとしては全国で最初に地域団体商標を取得、その後も河川産天然アユとして日本で唯一マリン・エコラベル認証を取得し、ブランド力の強化・販路拡大に努めています。

今後最も懸念されるのは漁業者や釣り人の高齢化問題と後継者不足です。これまで漁協単独で、あるいは教育機関や研修機関等とタイアップするなどさまざまな形でイベント等を実施し、新規参入者増大並びに後継者育成に取り組んできました。

以上の取り組みや考えをメディア出演や雑誌への投稿、新聞紙上コラム執筆、講演等を通じて発信するという仕事も近年増えてきています。

●仕事の魅力・やりがい
自然相手の仕事であり、努力がすぐに結果に結びつくわけではないが、自問自答しながら理想を追い求めることに魅力を感じます。そのためには自らの考えを示しながらも関係する人たちの意見に耳を傾け、理解を得ることが必要。ある意味大変ですが、少しずつでも成果が表われてきた時の喜びはなにものにも勝り、やりがいといってもよいのかな？

●この仕事を目差す人へのアドバイス
漁協職員の募集自体が極めてまれですが、自ら売り込むことも必要でしょう。ただし、内水面漁協というのは小さな組織が多く、充分な給与が期待できるかどうかは漁協によりますので、見極めてください。

漁協という組織は「少数精鋭の戦闘集団」といっても過言ではありません。ある程度マルチな人材が求められると思います。それゆえ時には自分が不得意とする仕事もや

釣ったアユを持ち込む釣り人で賑わう漁協出荷所

長良川源流の森林育成（植樹）も漁協の大切な事業の1つ

シーズンオフはエアライフルを用いたカワウ駆除も行なっています

らねばならないし、自身の考えが通用しないこともあるでしょう。これらにじっと耐えることも必要です。そのためにはそれなりの覚悟をもって仕事につき、向き合わなければなりません。これからこの世界へ足を踏み入れようとする人は常に自ら何ができ、何をすべきなのか自問自答し続けることが必要です。また、協同組合という組織の本質を見失うことなく、それでも改革改善姿勢を保ちながら仕事と向き合っていただきたい。そのためにも仲間や関係者は大切にしてください。

●今後の抱負や夢
　長良川とそこに集う釣り人の姿が途絶えることのないように、次代へつなぐことがすべて。このことを胸に刻みながら、「漁協は川の防人（さきもり）であり番人である」との意を強く持って精進していかなければならないと思っています。

●この仕事に就いていなければ何をしていた
　釣りはしていただろうからプロの釣り人（職漁師）かな？　あるいは漁協と並行して活動してきたダイワ・フィールドテスターのほうがメインになっていたでしょう。

●今、好きな釣りは？
　アユ釣り、渓流釣り。

●初めて釣った魚と場所
　小学校へ上がった年に自宅近くの長良川支流で釣ったアマゴ。

●特に大切にしている釣り道具
　自身が会得してきた郡上釣りのための郡上ザオや郡上ビクなど、父から受け継いだものも含めて大切にしてきましたが、中でも価値あるものについては一部を除いて官庁や展示施設等へ寄贈してきました。

●将来行きたい釣り場と釣りたい魚
　アユ、渓流についてはほぼ全国を歩いてきましたが、北海道で大もののサケ・マス類は近々にぜひねらってみたいと思っています。

●現在乗っている車
　スバル・レヴォーグ（過去に乗ってきた車のうち、その多くはスバル車でした）。

豊洲市場へと出荷される「郡上鮎」。マリン・エコラベル認証を取得したブランドアユ

漁協

両毛漁業協同組合
代表理事組合長

中島 淳志 (なかじま あつし) 52歳

【最終学歴（論文・制作）】奥羽大学文学部英語英文学科
卒論「冤罪について」
【前職】なし（ときどき小遣いかせぎで自営の縫製会社の手伝い）

漁協の存在価値や社会的地位の確立に日々努めています

● **(いつ)何歳で今の仕事を始めた**
1996年、24歳 組合員入会。
2008年、35歳 理事総務部長就任。
2011年、38歳 代表理事組合長就任（現在に至る）。

● **いつ頃どんな志望動機で目差そうと思った**
大学卒業後、帰郷してから仕事もせず釣りに明け暮れる毎日を送っていました。そんな中、幼少の頃から遊んでいた地元河川の水量や水生昆虫のハッチなど、釣りをしながら感じる変化を意識するようになりました。もともと河川環境には関心があったため地元漁協の組合員となり、放流や監視の手伝いをしたり、当時釣り雑誌で連載されていた川の問題点や、水産庁から発行されている資料を読んだり、ボランティアの河川清掃に参加したりと、自分なりに関心を深めてはいました。

一方、関心が深まると同時に、漁協の運営などにも多くの疑問点が浮かんできました。その原因や疑問の解決に努めているうちに組合の方々から理事に推薦され、総務部長を1期務め、その後組合長に推薦され、就任しました。

当時は釣りに行くことが何よりも優先で、中途半端な気持ちで引き受けることはできず悩みましたが、県の水産担当の方に「中島君は滅多にいない変人だよ（笑）。これからの漁協にとってゼロよりこの1は重要」と言われ、組合長になることを決意しました。38歳で内水面漁協では歴代最年少だったと聞いています。

魚道の新設工事

● **仕事の具体的な内容**
漁業権を免許された河川が釣り場として持続できるように管理と魚の増殖。今は魚の増殖一つとってもさまざまな考え方や手法のエビデンスがあります。それに関連して、カワウによる食害や外来魚への対策も実施しています。

治水・治山工事における関係機関との綿密な話し合いは極めて重要な仕事だと思っています。また、漁協の役割を知ってもらい、釣りの楽しさを通じて河川環境にも興味を持ってもらい、釣りのルールやマナーを学んでもらいたいという思いで、釣り教室や魚の放流体験などの環境学習にも力を入れて実施しています。

● **仕事の魅力・やりがい**
魚の増殖効果が得られたと実感できた時。釣り人に共感を得て喜んでもらえた時。河川工事や堰やダムに関わることに力を入れているため、機能していない魚道や河川横断構造物の改修ができたり、魚道が新設されたり、関係機関の方々に理解を得られ実行できた時の達成感は何ともいえないものがあります。

釣り教室や環境学習などのイベントに参加してくれた子どもたちや親御さんから手紙を頂いたりするとやりがいを感じます。また、

ヤマメの親魚放流後、禁漁期間案内看板の設置　　カワウ対策。ドローンを活用してのカワウコロニー繁殖抑制テープ張り

当時小学生だった子が大人になり、魚の放流や釣り教室を手伝ってくれており、つながりとなっていることに感動します。

●**この仕事を目指す人へのアドバイス**

今回の機会を頂き、昔のファイルなどを見返していたらこんなものが出てきました。

「渡良瀬川のカワウ問題から考えること（経緯調べ）（H14.6.5）」

「魚道、堰の改修要望（自分メモ H15）」

「現状、産卵遡上に好ましく思われる4つの支川、いずれも遡上できない、もしくはわずかな距離しか遡上できない状態であることから考えられること（自分用 H15）」

「両毛漁協釣り場のゾーニング管理の推奨と提案（H20 案 / 作成）」

「渡良瀬川キャッチ＆リリース区間設置においての釣り場のゾーニング管理と梅田湖の有効活用と冬季釣り場をする場合の案(H20 案 / 作成)」

昔からこんなことばかり考えていましたが、後に実現できていることや、現在もやり続けていることです。釣り場をどうにかした

いと思うことがあれば、まずは組合員になっていろいろな事業に参加することをお勧めします。信念をもってやり続ければ、きっと実現できると思います。

釣り愛、情熱、信念、地元愛、協調性、信頼関係は欠かせません。

●**今後の抱負や夢**

これまでも、これからも漁協の存在価値や社会的地位の確立に尽力したい。引き続き、放流だけで魚を増やすのではなく、禁漁区や C&R やバッグリミットなど、ルールによって持続的な釣り場にする部分もバランスよく作っていく。

今後漁協の発展を考えるなら、若い方が漁協の仕事で生計が立てられるような仕組みを作っていかなければならないと考えている。

●**この仕事に就いていなければ何をしていた**

子どもスポーツクラブ経営。

●**今、好きな釣りは？**

川でのフライフィッシング。

●**初めて釣った魚と場所**

幼稚園児の時、自宅の裏庭に隣接している川で、庭からサオをだして釣ったウグイ。

●**特に大切にしている釣り道具**

釣り仲間に作ってもらったバンブーフライロッド。

●**将来行きたい釣り場と釣りたい魚**

山岳渓流、源流で行ったことのない所には行けるだけイワナ釣りに行きたい。

●**現在乗っている車**

デリカ D5。

小学校でのESD環境教育プログラムで講師を務めることも

朱鞠内湖で漁協とNPOの仕事を両立して行なっています

漁協

朱鞠内湖淡水漁業協同組合
組合長代理 理事
ほか、NPO法人シュマリナイ湖ワールドセンター 理事長

中野 信之 なかの のぶゆき 49歳

【最終学歴(論文・制作)】大阪府立城東工業高校(北海道大学の学生が私の活動を卒論に書いてくれました。「朱鞠内湖における希少魚の持続的利用と地域振興」インターネットで見られます！)

【前職】ログビルダー

●(いつ)何歳で今の仕事を始めた

1997年冬、23歳でアルバイトからスタート。1年後に正職員になれたが漁協では初めての職員としての採用で、私1人だけ。現在は役員として活動中。

2010年春、36歳でNPO法人シュマリナイ湖ワールドセンター設立。隣接する宿泊施設、キャンプ場、体験学習施設、漁業組合の管理運営を1つにまとめ、移住定住者を引き込み、イトウを中心とした、ワイズユースの考え方を共有し活動を行なう。

●いつ頃どんな志望動機で目差そうと思った

子供の頃、図鑑を見て「世界には大きくてかっこいいサケ科の魚がいるけど日本は小さいな〜、でも北海道には幻といわれるサケ科最強最大の淡水魚がいる！」と、レア感満載のイトウに憧れを持っていました。

高校生の時、友人に誘われバイクで北海道を旅するも釣りをしない友人に「釣り禁止ね」と念押しされ、北海道をフェリーで離れる時「また来たい！ 今度は釣りで！」という思いが脳裏に焼きつきました。

私の年代はバブルが崩壊した就職氷河期世代です。定職にもつけず、将来何がしたいのか見つけられず、自分探しの旅に出ようと19歳の冬、北海道のニセコでペンションに居候し夏はログハウスの仕事をしていました。その間にイトウの現状を知る機会が増え、23歳の時に朱鞠内湖に出会い、「イトウの保護、釣り場の管理をしないとこのままではイトウがいなくなってしまう」と勝手に思い、ただ使命感だけでイトウを中心に生きようと覚悟ができました。

●仕事の具体的な内容

漁協の仕事では組合運営、イトウ調査、河川湖沼の環境復元、増殖(イトウの採卵、飼育・放流)漁業や釣りのルール作り。NPOでは釣り人向けの宿泊施設の運営、釣りガイド、ワカサギ漁、ヒグマ対策などです。

●仕事の魅力・やりがい

何といってもイトウをはじめとする魚たちと触れ合える環境にいること。 シーズン中は釣り客とお酒を飲みながら釣り談義、専門家とイトウを守る方策について話し合う。ガイド業ではゲストと一緒にポイントへ向かい、イトウが釣れた時は子供のように喜び合える瞬間が最高です。

内水面漁場管理委員会や水産試験場、大学などと関わる機会も増え、北海道の内水面を考える一員であることにも、やりがいを感じています。

●この仕事を目差す人へのアドバイス

内水面漁協はほとんど中小零細業で職員の募集は積極的にしていないと思います。でもその川や湖が好きで魚が好きでと強い思いがあるなら、関わることが可能だと思います。その熱意を維持して現地に移住し、たとえば釣り宿とガイド業や周辺のアルバイトを組み合わせれば、生活はできます。でも、ほとんど休みはありません。

朱鞠内湖。この湖をメーターオーバーのイトウが悠々と泳ぐかつての状態に戻したい

宿泊施設のバー。夜はイトウ談義が絶えない

ゲストと喜びを分かち合えるのがガイドの仕事の醍醐味

● 今後の抱負や夢

　朱鞠内湖では50年くらい前には3〜4尺（90〜120㎝）のイトウが悠々と泳いでいたと聞きます。当時釣れた125㎝の剥製が飾ってあり、本当にいるんだー！と胸弾みましたが、私が朱鞠内湖に関わり始めた時には90㎝が年に1尾釣れるか釣れないかで、湖沼型サクラマスの湖というイメージでした。

　あれから4半世紀。釣り人の協力もあり、ルール改正や環境保全に力を注いできた結果、近年は115㎝を筆頭に1mを超えるイトウが年に数尾釣れ、数も比較的出る湖になりました。逆にサクラマスはなかなか釣れなくなっています。今後も課題は山積みですが、1mを超えるイトウが悠々と泳ぐ、かつての朱鞠内湖の環境に戻したい思いです。

　北海道最大河川の石狩川にはかつて大きなイトウが生息し、旭川のカムイコタン（アイヌ語で神の住む場所）にはチョウザメもいたといいます。松浦武四郎の資料からも、特に朱鞠内湖下流の雨竜川は道内有数のイトウの生息場所だったはずです。そんな夢のような環境を少しでも取り戻そうと、大人たちが集まりイトウの話で熱くなり、国が中心になって朱鞠内湖の下流、雨竜川と石狩川で「イトウをシンボルとした協議会（仮）」の準備を進めています。その委員として活動に関わらせて頂いていることにも胸弾む思いでいます。

● この仕事に就いていなければ何をしていた

　どこかで漁師。

● 今、好きな釣りは？

　シングルハンドでバスバグや大きなフライを何とか投げて表層でねらう釣りと、湖に立ち込み、ダブルハンドで遠くへ投げてキャスティングを楽しみながらの釣りです。

● 初めて釣った魚と場所

　母親の故郷である奈良県天川村の洞川で釣れたアメノウオ（アマゴ）。幼少期〜中学までの夏休みは、天川村で毎日釣りをしていました。

● 特に大切にしている釣り道具

　お客さんからプレゼントしていただいたもの。

● 将来行きたい釣り場と釣りたい魚

　サハリン、国後、択捉島、カムチャツカ、アムールやロシア極東沿岸の河川湖沼。かつての北海道の姿がまだあるかもという思いがあり、機会があれば行きたい場所です。

● 現在乗っている車

　4WDのディーゼル車。北海道でもトップクラスに雪深く、最低気温記録地として知られる朱鞠内は、たびたびTVの天気ニュースで報道される地域。ここでこの仕事をするなら車はトルクのあるディーゼルで、タフで頑丈なのが条件。50㎝を超える雪が積もってもラッセルして走る時は最高です。メンテ地獄ですが、1,000,000kmは乗りたいですね。

2018年9月、ロシア国境近くのモンゴル、シシキッド・リバーで釣ったタイメン（アムールイトウ）の思い出

漁協

物部川漁業協同組合
代表理事組合長

松浦 秀俊　まつうら ひでとし　68歳

【最終学歴（論文・制作）】京都大学農学部水産学科
卒論「美山川におけるコイ科底生魚4種（ニゴイ、ズナガニゴイ、カマツカ、ムギツク）の棲みわけについて」／

【前職】高知県水産試験場、内水面漁業センター、漁業管理課等に勤務し、定年退職

●（いつ）何歳で今の仕事を始めた
2017年春、61歳から就任。現在3期目。

●いつ頃どんな志望動機で目差そうと思った
別になりたいと思ったわけではありませんが、漁協の先輩方からお声がかかって。

●仕事の具体的な内容
漁協には漁業法に基づいて知事から、アユ、アマゴ等の漁業を営む漁業権が与えられています。その権利を適正に行使するために、それらの魚種について増殖義務が課せられており、放流をはじめさまざまな増殖事業を行なっています。

近年では、冷水病やカワウの食害、河川環境の悪化等により、放流に頼るだけではなかなか資源の維持・増殖が困難となり、アユの産卵場造成やカワウの駆除対策、それに資源動向を把握するための生息状況調査等、幅広く増殖事業を行なっていかなければなりません。

それに加えて、遊漁者も含めて、アユやアマゴを"うまく捕りながら、増やす"ために、また時代のニーズに合うように、規則を適正に改正していくことも大事な役割です。

また、近年子供たちの川離れが進むなかで、流域の子供たちを川に呼び戻すために、釣り体験教室や川遊びのイベント等を主催して、組合員の後継者を育てています。

こうしたことがうまく進むためにも組合員や遊漁者だけでなく、流域の関係者の理解と協力が不可欠で、さまざまな機会を捉えて、漁協の社会的認知度を高めていくことも必要です。

●仕事の魅力・やりがい
私も現役時代、県の水産技術職員として資源管理や放流技術の普及等さまざまな施策に関わってきましたが、いつももどかしさを感じていたのは、その土台となる河川環境の改善に対しては、組織の縦割りの弊害もあり、開発部局に対して話が届きにくかったことです。

しかし、漁協は河川環境の改善について、河川管理者や水利権者、それに流域自治体に対して、漁業権という正当な法的権限をもって、話し合ことができます。また、規則についても、漁協の中で協議を進め、組合員の理解を得ることができれば、時代に沿ったように適正に改正していくことができるのです。こうしたことは、自ら関わることによる大変さもありますが、県庁時代とは違ったやりがいもあります。

●この仕事を目差す人へのアドバイス
今、遊漁券を買って川や湖へ釣りに行かれる方は、そこを管轄する漁協に対して、さまざまな思いを持っていると思います。そうした思いを実現する一番の近道は、自らが漁協の組合員となり、執行部に関わることです。漁協も組合員の高齢化や減少が進み、程度の差はあってもどこも、核となる増殖事業等の継続が困難となってきてい

アユの産卵場見学に訪れた地元小学生。毎年11月初旬に下流部にアユの人工産卵場を造成し、地元の子供たちに親アユの産卵のようすや、産卵を終えて死んでいくアユ、産み付けられた卵、ふ化したばかりのアユの仔魚を見てもらい、命のつながりを感じ取ってもらっています

漁協事務所。物部川の河口から7km付近の堤防のすぐ下にあります。アユシーズン中はオトリアユの販売も行なっています

ます。組合員になるために、まずは地域の漁協に問い合わせてみてください。

◉今後の抱負や夢

物部川は、全長71kmの間に3つのダムがあり、さらに上流部には発電用の取水堰堤、下流部には灌漑堰堤もあって、濁水の長期化や漁場荒廃、河川流量の不安定さ等、河川環境面で多くの課題を抱える"課題先進河川"です。それらの課題解決に向けて関係者と粘り強く、話し合いながら協力を求め、かつての澄み切った水がとうとうと流れ、河口まで大石が転がり、アユをはじめ、川魚で満ちあふれた物部川を次の世代にバトンタッチしてあげたいと思います。

◉この仕事に就いていなければ何をしていた

退職後は、もちろん釣り三昧の生活をしていたと思います（今とあまり変わらないか……）。

◉今、好きな釣りは？

アユの友釣りとアマゴのエサ釣り、フライフィッシング。

◉初めて釣った魚と場所

「釣りはフナに始まり……」の格言どおり、牧野富太郎先生生誕地である佐川町を流れる仁淀川支流の春日川でのフナ釣り。

◉特に大切にしている釣り道具

道具にはあまりこだわりはなく、あえていえば今使っている道具ということでしょうか。

◉将来行きたい釣り場と釣りたい魚

以前はあちこちの川を巡ってアユやトラウトを釣ってみたいと思っていましたが、6年前に友人に誘われて、モンゴルでタイメン（アムールイトウ）を釣り、もういいかなという感じで、ひたすら地元の物部川に通っています。

◉現在乗っている車

デリカ・スターワゴン、30年間で52万km釣り場を巡りました。漁協事務所の写真に写っているダークグリーンのデリカ・スターワゴンが私の車です。この車のよさは、何といっても川原や山道を走る際の安心感が違うということです。それに加えて、釣り道具を満載でき、車中泊も余裕のスペースがあり、その割には、意外と小回りも利きます。

昭和38年、私が小学2年の頃、佐川町を流れる春日川でフナ釣りのひとコマ。子供も気軽に釣りを楽しめる河川環境を次世代へつないでいきたい

米代川でヒットしたサクラマス。秋田が誇る貴重な遊漁資源

漁協
鷹巣漁業協同組合
代表理事組合長

ほか、秋田県内水面漁業協同組合連合会 代表理事会長。
米代川水系サクラマス協議会 会長　本業＝鷹松堂 代表

湊屋 啓二　みなとや けいじ
67歳

【最終学歴（論文・制作）】早稲田大学文学部心理専攻
卒論「母子関係における子供の性格形成について」【前職】なし

伝統漁法（アユのヤナ漁）体験

●(いつ)何歳で今の仕事を始めた

1994年5月、鷹巣漁協に加入し副組合長に就任。1998年5月代表理事組合長に就任。

●いつ頃どんな志望動機で目差そうと思った

大学卒業後、家業の菓子店を継ぐため東京都内の洋菓子店で3年間修業し郷里秋田に戻り事業継承する。釣りは子供のころから好きで川釣りを主に行なっていました。帰郷してからは小型船舶1級の免許を取得し、海で船釣りをメインに十和田湖でヒメマスのトローリング、ダム湖でサクラマスのトローリングなどをし、たまに渓流釣りも楽しんでいました。

ある時、取引先の社長から鷹巣漁協（内水面）に入ることを強く勧められ、興味は全くありませんでしたが組合員になりました。

●仕事の具体的な内容

組合長として漁協運営全般にわたる業務を遂行していますが、財務的に厳しい経営を強いられておりますので事務作業も行ない、代表兼雑用係といったところです。

内水面漁協は秋田県知事から免許されているすべての魚種について増殖義務があるため、アユ、イワナ、ヤマメ、サクラマス、コイの放流、ウグイの産卵床造成を毎年実施しています。また河川環境保全のため米代川や支流の小猿部川の河川清掃、堤防除草を複数回行なっています。未来の組合員になってほしいという願いを込めて26年前から「史上最大の魚つかみ取り」を子供、市民向け事業として毎年欠かさず開催しており、年々参加者が増加傾向で地元では夏の風物詩になっています。日常的には遊漁者への漁業監視（安全指導、遊漁券確認、密漁防止）、近年生息数と行動範囲の拡大を続けて魚に大きな食害をもたらしているカワウの調査、駆除、追い払いを積極的に実施しています。

また啓発活動として、2022年に米代川水系サクラマス協議会主催で持続可能なサクラマス釣りのために「全国サクラマスサミット2022 in 米代川」を開催しました。サクラマス釣り大会も毎年県外からの多くの参加者を迎え釣り技術の向上、釣り人の交流を目的に実施しています。

そのほか、組合員の高齢化による減少に歯止めをかけるため、年々人気が上昇しているサクラマス釣りやアユのルアー釣りを楽しんでいる若い遊漁者をターゲットに組合の加入促進を図っています。また、米代川支流の小猿部川において秋田県初となる河床耕耘を2年間実施し、アユのみならず多くの魚種が増加することを実証しました。

●仕事の魅力・やりがい

秋田の自然豊かな川でアユの友釣りやサクラマス、渓流釣りを心の底から楽しんでいる組合員や遊漁者を見聞きすると喜びを

26年前から続けている「史上最大の魚つかみ取り」は大人気イベント

河床耕耘（かしょうこううん）作業。文字どおり河床を耕すことでアユの産卵環境を作る自然再生方法

感じます。私たち漁協が河川環境を守り、各魚種の増殖を行なうことで、県外からも多く訪れる釣り客が思う存分楽しめるわけですから、これからも身を引き締め努力していきたいと思います。漁協がなくなれば川は無法地帯となり、密漁者の横行や河川工事による環境の悪化、カワウの増加などにより、川自体の荒廃につながることは想像に難くありません。

●この仕事を目差す人へのアドバイス

　内水面漁業協同組合（いわゆる川や湖沼の漁協）の組合員は、漁業で生計を立てている人は極々少数であり、純粋に釣りや網漁が好きで組合員となり川に親しみたい人が簡単な資格審査を受けて加入しています。私の所属する漁協では、漁業権魚種であるアユ、イワナ、ヤマメ、サクラマス、コイ、フナ、ウグイを対象としていますが、全国的にはニジマス、ヤツメウナギ、モクズガニ、カジカ、ヒマメス、ブラウントラウトなど各漁協により対象魚種が違いますので、釣りに行かれる遊漁者の方は都度当該漁協におたずねください。

　組合員になるメリットとしては、遊漁者として釣券（遊漁券）を購入するよりも、年間の組合費の納入により安い料金で各魚種の釣りが可能となるケースが大半であることや、漁協の総会において、議決権を行使できるなど経営に組合員として参画できることです。また漁協が主催する釣り大会、魚のつかみ取り大会、河川環境保全活動（クリーンアップ、草刈りなど）、交流事業などに参加できます。

　内水面漁協の組合員は、単純に釣りや川が好きで生業としてではなく、ボランティア精神で増殖活動や河川環境の保全活動を通じて末永く釣りを楽しみ、次世代に美しい川を引き継いでいくため自らの手で川を守り育てていく集団です。組合員の高齢化により急激な減少にある全国の内水面漁協への加入を、釣り好きの皆様に心よりお願い致します。

●今後の抱負や夢

　自然豊かな川で大好きな釣りを楽しむことは非日常であり、身も心もリフレッシュできる素敵な行為です。自分の人生をも豊かにしてくれます。もっと多くの方々に釣りの持つポテンシャルを知って頂きたいと思います。

●この仕事に就いていなければ何をしていた

　高校教諭またはジャズ倶楽部オーナー。

●今、好きな釣りは？

　アユの友釣り、サクラマスのルアー釣り。

●初めて釣った魚と場所

　小学校1年生の時、おじいさんとウグイ釣りに行った近くの綴子川（秋田県北秋田市）。

●特に大切にしている釣り道具

　アユザオ：ダイワ　銀影競技スペシャルMT、スペシャルT、スペシャルS。
　サクラマスザオ：ヤマガ　ルーパスサクラ。

●将来行きたい釣り場と釣りたい魚

　尺アユねらいで熊本県球磨川。

●現在乗っている車

　トヨタ　アクア　ハイブリッド。

同じ大学研究室の後輩、長島祐馬君（右。月刊『つり人』副編集長）と

漁協

日野川水系漁業協同組合 種苗生産場 場長

森下 尊士　もりした たかお　50歳

【最終学歴（論文・制作）】高知大学
卒論「高知県安田川におけるアユのナワバリ性の季節的・日周的動態に関する研究」修論「アユの効果的種苗放流に関する生態学的研究」

【前職】鳥取県栽培漁業センター（臨時職員）

● **(いつ)何歳で今の仕事を始めた**
26歳で就職。

● **いつ頃どんな志望動機で目差そうと思った**
栽培センターの試験に落ち、途方に暮れているところを、当時の栽培センター長の口利きで面接のみで就職決定。

● **仕事の具体的な内容**
アユの種苗生産と、これらの放流が主な仕事です。山陰地方を流れる日野川ですが、昭和40年代後半には自家生産したアユ種苗を放流するという事業を開始しています。この結果、日野川には湖産アユや他の海産系種苗の遺伝的形質が入り込むことなく、現在に至っております。

また、10月から11月にかけてシロザケの特別採捕を行ない、人工孵化事業も行なっています。日野川はシロザケの自然産卵が毎年確認できる河川として日本の南限にあたる貴重な河川であるということなので、孵化事業を行なうと同時に、自然産卵がきちんと行なえるように河川環境を整えることを意識しています。

● **仕事の魅力・やりがい**
日野川に遡上してくる「一番アユ」を親魚にした純海産系アユ種苗を育苗し、「釣れればよい」だけではなく、漁獲されなかった個体が親魚としての機能も果たしてくれるように、遺伝的管理された種苗を作出することを目標としています。野性味豊かな育てにくい種苗を、さまざまな工夫で育て放流していることを釣友に評価して頂けている現状そのものがやりがいであり、魅力でもあります。

● **この仕事を目差す人へのアドバイス**
よほどのもの好きでないと無理だと思う……ですが、本当に魚のことが好きなら、やりがいのある仕事です。自分の好き度と適正を見極めてこの道に進んでください。

● **今後の抱負や夢**
今、日本のアユの遺伝子型は乱れていると思っています。純血の海産系アユが泳ぐ本来の姿を取り戻すことができたらなあと、夢見ています

これまで、順風満帆とはいえない（むしろ紆余曲折の連続）人生でしたが、結果的には自分の得意分野が活かせる世界でご飯を食べることができている現在に感謝しています。これからも日本の内水面漁業を、見えないところで支え続けるような存在でいようと思っています。

● **この仕事に就いていなければ何をしていた**
渓流魚の釣り堀の番人。実際、実家近くにあるヤマメの養殖場兼管理釣り場に住み込みで働かせてもらうつもりでいました。もちろん、雇ってもらえる確証は1つもなかった（笑）。

● **今、好きな釣りは？**
職業柄、アユの友釣り、渓流とサクラマスのルアー、フライフィッシング。

● **初めて釣った魚と場所**

孵化直後のサケの仔魚

産卵場整備した場所へ放流するF1親魚のメスアユ

直射日光にさらされると死んでしまう仔魚期の飼育施設内

子供の頃（たしか4歳）、ニジマス釣り大会の時に父親に持たせてもらったサオでタカハヤが釣れたのが最初の1尾。

● 特に大切にしている釣り道具

小学3年の時に生まれて初めて買ったダイワのグラスロッド「深山」。中学2年の時に元ザオが縦に裂けて使えなくなった後もずっと持っていて、大学時代も一緒に高知に連れていきました。

実は深山購入時には裏話がありまして……近所の釣具店で購入したのですが、その日の夜遅くにお店から電話があり、「今日、たかおくんが高価なサオを買って帰ったけどホントに売ってよかったのか？」と。どうやら親に内緒で買いに来たのか、はたまた家の金を盗んで買いに来たのかと心配されたみたいで（汗）。親が「小遣い貯めて買いに行ったみたいですよ〜」と話したら安心されたとか。

壊れてしまった深山ですが、あきらめきれず高知大学時代にバイトしていた釣具店に来たダイワの営業さんに修理依頼をするも、さすがに断られました……。代わりに華厳のF1SPECIALが深山の代わりに嫁入りしてくれました。このバイト時にアユの友釣りで有名な有岡只祐君と知り合い、卒論で安田川に調査で通っていた時には彼の実家を旅館代わりさせてもらい、河川環境調査をお仕事にされている高橋勇夫さんには潜水調査のイロハを教わるなど濃密な大学時代でした。

● 将来行きたい釣り場と釣りたい魚

「三平くん（『釣りキチ三平』）みたいにカナダでキングサーモンを釣りたい」と小学6年の時の卒業文集に書いたのが僕の夢で、現実的には北海道のオショロコマか、今まで釣りに行った中でもう一度行きたいと思えた友釣りマンの聖地・郡上八幡の吉田川。

● 現在乗っている車

スバルインプレッサSTI スペックC。前を走る車をすべて抜いて（法令は順守ですよ）一番にポイントへ入渓するために必要な車です。

自作タックル（グリップ周りやランディングネット）での釣果。サケ投網に比べればネットの手編み作業は楽勝（笑）

研究・行政－水産庁（国家公務員）

水産庁漁港漁場整備部 防災漁村課 課長

櫻井 政和 さくらい まさかず 57歳

【最終学歴（論文・制作）】東京水産大学（現・東京海洋大学）大学院修士課程修了　修士論文「内水面漁業衰退過程の社会史」
【前職】なし

釣りは近年、江戸和ザオで小ブナやヤマベと遊んでいます

◉（いつ）何歳で今の仕事を始めた

修士課程在学中に国家公務員試験（水産職）に合格し、1992年に24歳で水産庁に奉職しました。

◉いつ頃どんな志望動機で目差そうと思った

就活中の1991年、まだ世の中はバブル経済の渦中にある感じでしたが、個人的には民間企業への就職に興味が湧かず、公務員として魚や水産業と関わって暮らしていこうと考えました。

当時、すでに研究職には向かないと自己分析しており、霞ヶ関で働く行政職を選びました。

◉仕事の具体的な内容

水産庁は、水産物の安定供給から水産資源管理、水産業の発展等をミッションとして水産に関する幅広い業務を扱っています。

具体的には、水産行政に関する基本的な政策の立案、水産物の高付加価値への対応、水産資源管理の推進、沿岸や内水面漁業の指導・調整、遊漁船業の指導、捕鯨業の指導監督、水産業に関する試験・研究の推進、水産資源の資源評価などに関する調査・研究、養殖業の振興、希少な海洋生物の保全、漁港を活用した海業の推進などです。

これらの業務の中には、釣りに関係する仕事もあります。たとえば、釣人専門官による、釣り人や関係業界に向けての情報発信や連絡調整です。釣人専門官は、「常に釣り人側に立って業務に当たる」こととされており、釣り人と各種の水産施策を結ぶ接点となるような役回りです。2004年にこのポストができた際、私が初代として任命され、業務の宣伝も兼ねて全国を飛び回り、釣り施策の話題提供や情報交換にと、楽しく働いたことを思い出します。

◉仕事の魅力・やりがい

各種の制度や予算措置などを通じて、漁業・水産業を振興するという政策目標に、直接的に関わる仕事ができることです。現場や業態があっての水産行政であり、関係者が多く調整の手間もかかりますが、前向きに進もうとする漁業者や釣り人たちをサポートしているのだと日々、感じられるのがやりがいです。

ちなみに、近くにいた職員にも聞いたところ、「皆さんの日々の暮らしを食や環境、漁村というさまざまな観点から支えること、衣食住にダイレクトに影響を及ぼせること、また"日本の美味しい魚を食べ続けたい！"という自分の欲に直結した仕事ができることです」との回答でした。

◉この仕事を目差す人へのアドバイス

公務員試験対策として、教養分野や専門分野の知識が必要ですが、それとは別に何か好きなことを徹底的にやってみる、というのも大事だと思います。たとえば、釣りとか……（本当！）。

◉今後の抱負や夢

この10年は、「釣りの未来」や「釣りの持続性」を強く意識するようになり、水産

課内では、入省年次や役職に捉われない活発な議論が行なわれています

漁業取締りの最前線で活躍！ 水産庁では、外国漁船等が違法操業を行なうことがないよう、漁業取締りを実施しています

庁の仕事として、政策的な観点から「釣りの未来、持続性」を考える・確保するといったことを手がけてみたいと思っています。

● この仕事に就いていなければ何をしていた

高校生の一時期、獣医になりたいと思っていました。が、哺乳類が流す鮮血（ここが魚と違うところ！）を見ると頭がクラクラし、身体の力が抜けてしまうことに気づいて方針転換しました。

● 今、好きな釣りは？

1人（独身）で、2人（夫婦）で、子供を連れてと、釣りのスタイルや釣り場、対象魚も移り変わってきました。とにかく釣りをしていれば楽しい、というタイプです。

子供を連れての釣りから卒業した最近は、1人で行く和ザオのヤマベ（オイカワ）釣りや小ブナ釣りが多くなりました。

● 初めて釣った魚と場所

小学校4年生くらいの時に、電車で多摩川（都内）へ出かけて、テトラ護岸の脇でクチボソ釣りをした記憶があります。はじめから魚や釣り場を求めて、さまよい歩く釣りライフです。

● 特に大切にしている釣り道具

江戸和竿、特に「竿治」や「竿しば」など和竿師の親方が鬼籍に入り、新しく作ってもらうことができなくなったものを大切にしていますが、道具なので飾っておくのはいかんと思い、釣り場で普通に使っています。釣り曲がりやサオ先のリリアンの破損などは、現役の和竿師さんにメンテ、修理をお願いしており、末永く使い続けていくつもりです。

● 将来行きたい釣り場と釣りたい魚

夫婦で南の島（奄美〜八重山諸島）を再訪し、リーフに立ち込んでフライやルアーを投げて、ミーバイ（ハタの仲間）やフエダイの類いなんかと遊びたいです。

2人で暮らしていた頃は、大型連休や夏休みに南の島への遠征によく出かけたものです。今でも珊瑚礁は健在で、魚たちはフライに飛びついてくれるのでしょうか。

● 現在乗っている車

小型のミニバンですが、車は釣りに行くための移動の道具と割り切って使っており、趣味性を求めていません。

WebやSNSでの広報・広聴に加え、釣り人向けのパンフレットも作っています

研究・行政―大学教員（研究者）

国立大学法人 高知大学
農林海洋科学部 教授

関 伸吾 <small>せき しんご</small>
64歳

【最終学歴（論文制作）】愛媛大学大学院博士後期課程　博士論文「アユの集団遺伝学的研究」
【前職】なし

愛媛県愛南町武者泊にてカサゴのサンプリング中に超大もの（オヤビッチャ）を釣り、ご満悦の私

● **(いつ)何歳で今の仕事を始めた**

29歳。

● **いつ頃どんな志望動機で目差そうと思った**

小学生の頃から釣りが好きで、魚に触れられる仕事がしたかったから。

● **仕事の具体的な内容**

養殖用として成長のよい魚や病気に強い魚を作り出すことを目的として、魚介類の遺伝に関する研究を行なっています。その研究を進めていく過程で、同じ種であっても地域によって性質に違いがあることに興味を持ち始めました（たとえば海産アユと琵琶湖産の陸封型アユでは温度感受性に違いがあります）。20年ほど前からは、同一種の性質の地域間差（"地理的分化"といいます）についても研究を進め、在来集団の保全（地理的分化を考慮した保全）に関わるデータを集めています。それに加え、「外来種を放流することが在来種にどのような影響を及ぼすのか」という視点から、外来種問題にも取り組んでいます。

● **仕事の魅力・やりがい**

自分の興味が持てる研究を、自分のペースで進めていけることが魅力です。実験魚の採集については、現場に出て自分で採集することにこだわったおかげで、どのような生き物がどのような場所にいるのか、水中でどのような行動をするのかなど、自然環境に関する知識も深まりました。

得られた情報を人々に公開することも楽しみの1つです。対話の中で、皆さんが「自然」に興味を持っていただくことで、私自身の喜びになります

● **この仕事を目差す人へのアドバイス**

大学教員になるためには研究の実績を積むことが必要です。博士課程まで進学し「博士号」を取得している場合が多いですね。「博士号」だけでなく、その間に論文等をたくさん書いて実績を残していくことも、教員になるための近道となります。

大学教員の生活は「研究」と「教育」の2本柱です。「研究」は、自分一人だけでできるものではなく、周囲の人との協力で成り立つものです。協力者が学生であれば、指導する「教育」の能力も必要です。また、「研究」を「教育」につなげていくためには、人に分かりやすく伝えるプレゼンテーション能力も身につける必要があります。積極的に人と話し、結果を公表する機会を作ることも重要な仕事です。自分だけの殻に閉じこもらず、積極的に人と対話できる能力は必要ですね（子どものころ引っ込み思案だった私でも何とかやってきています）。尻込みせず、積極的に経験を積み重ねていこうとする意識を持つことです。

なお、広い視野を持つことが研究に関するアイデアの広がりと将来の研究の伸びにつながります。直観力を養うために積極的に外に出てさまざまな実体験を積み重ねるとともに、文系理系の分野を問わず本を乱読し多くの知識を身につけるようにしま

魚介類の遺伝子を調べるための実験室。机の右端にある機械はDNAを増やすために用いられるサーマルサイクラーです。魚のDNAはヒレさえ得られれば抽出できます。現場でヒレだけを採取し、魚を殺さずに再放流することも可能です

高知県南国市にて玉網・サデ網による実験魚（雑魚）の採集。小さな魚の採集については玉網やサデ網を活用します。どのような場所にどのような魚が生息しているか、川の流れに伴って魚がどのように逃げるかを理解すれば、玉網などでの採集の際に効率よく目的の魚を採集することができます

しょう（哲学の知識も大事）。

●今後の抱負や夢

退職してからも、自分の経験・知識を還元できるような機会・場所を提供できればと思っています。あとは、山に籠（こも）って釣り三昧の生活かな？

●この仕事に就いていなければ何をしていた

高校までは、進路の希望は水産系か文系の2択でした。もしかしたら、文系に進んで小説家を目差していたかもしれません。でも、文系に進めば自分の文才のなさで挫折していたでしょうから、水産系を選択したことは正解だったでしょうね。

●今、好きな釣りは？

大学の初めころまでは磯釣り・防波堤釣り中心でした。その後、研究の一環としてアユ釣りを始め、20代後半からは渓流釣り中心です。源流域を1人で歩き回るのが好きです。

●初めて釣った魚と場所

防波堤でアジを釣ったのが、初めての釣りらしい釣りです（小学3年くらい）。水中から水面にキラキラしながら上がってくるマアジの画像は、目を閉じれば今でも鮮明に浮かんできます。

●特に大切にしている釣り道具

つい最近使用不能となりましたが、がまかつの渓流ザオ（「流技」硬調5.3m）を20年ほど使い続けていました。今は思い出の"オブジェ"となっています（捨てられない！）。

●将来行きたい釣り場と釣りたい魚

やはり渓流ですね。軽装で源流に入り、アマゴやイワナの姿を見るのが至福の時です。退職後はあまり遠出を考えず、気楽に四国内の源流をウロウロすることにします。

●現在乗っている車

トヨタVOXY、14年目です（15万km超え）。今は調査のため、人がたくさん乗れて荷物がたくさん積める車が必要ですが、退職したら林道にも入りやすい小型SUV車に乗り換えるつもりです。

和歌山県熊野川にて釣りによる実験魚（タカハヤ）の採集風景。地理的分化を調べるためには、さまざまな河川を回り、それぞれの地点で実験魚を採集します

大分県別府市にて釣りによる実験魚（ティラピア）の採集風景。各地で外来魚を採集し、その由来・遺伝的多様性を評価します。遺伝子を調べれば、その集団がどこから来たか、その由来を推察することも可能です

栃木県黒川でのアユ、渓流魚調査のひとコマ（左が私、真ん中は職場の後輩である竹中さん、右は同漁協支部の星野さん）

研究・行政－県職員（水産職）

栃木県水産試験場
主任

高木 優也 <small>たかぎ ゆうや</small> 36歳

【最終学歴（論文・制作）】東北大学大学院生命科学研究科 修論「浅い湖沼における物質循環」
【前職】なし

●(いつ)何歳で今の仕事を始めた

2012年春、24歳。前年の東日本大震災で地元（福島県）の採用がほぼゼロになってしまい、となりの栃木県に就職しました。

●いつ頃どんな志望動機で目差そうと思った

子どもの頃から釣りが好きで、中学生の頃は漁師を目差していました。しかし、私の短い釣り歴の中でも、川ではヤマメ・イワナ、海ではメバル・アイナメといった魚が年々釣れなくなっていきました。それもあって、高校生の頃には、魚を増やす仕事はないかなあと考えるようになりました。

大学では川や湖、海の生き物を研究している研究室に入りました。当時は水族館、水産庁、大学の研究者くらいしか魚を増やす仕事を思いつきませんでしたが、研究室の先輩で宮城県の水産職に就職した方がいて、そういう職業があることを知りました。福島県の水産職になろうかなあと思っていたら、あの震災が起こったわけです。

●仕事の具体的な内容

どこかへ行きたいと思った時、スマホで調べて時間や費用を考慮してルートを選ぶ人が多いと思います。同じように、魚を増やしたい、釣らせたい、魚を養殖してたくさん売りたい、美味しく食べてほしい、そういった漁協や養殖業者などの思いに対してデータに基づいたオススメプランを提案し、一緒に実現していくことで、魚でハッピーな人を増やす、そういった仕事です。

たとえば、たくさんアユが釣れると釣り

「2024 アユの放流と友釣りを考える会 in 鬼怒川」。毎年、各県の研究者が集まり懇親アユ釣り大会を行なっています。他県の水産職と仲がよいのも、この仕事の特徴です

人がハッピー、釣り人が増えると漁協、オトリ店、養殖業者、地域の旅館やコンビニもハッピーになるのは想像に難くないと思います。栃木県の場合、天然遡上アユだけでは安定した漁場をつくることは難しいので、放流アユでどれだけ釣らせられるかも重要です。しかし、いつ、どこに、どんな大きさ、種類のアユを放流するかなど、考えることは非常に多く、近年の異常気象も相まって、勘と経験だけで最適な方策を選ぶのはなかなか難しいものです。

そこで、解禁日の回収率（釣れた尾数／放流した尾数）を調査しています。ある漁協では、放流するアユの種類とサイズを変えることで解禁日の回収率が5.2％から8.9％へとUPしました。この3.7％の増加がどれくらいの数字かというと、10万尾放流なら3700尾、100万尾放流なら3.7万尾も解禁日の釣果がUPすることになります。このように客観的な数字に基づいて評価することで、来年の放流をどうするかという合意形成がやりやすくなります。

潜ってアユを数えます！

漁協、釣り人、水試、みんなで協力して放流するアユに標識をして、移動や釣れ具合を調査しています。さまざまな関係者との協力が欠かせません

鬼怒川解禁を祝うコンビニ。アユが釣れると、地域が盛り上がります

◉仕事の魅力・やりがい

釣り人としての立場では「何か釣れなくなってきたなあ」と思っていただけでしたが、水産職になったことで、その原因について調査し、釣れる釣り場にするためのアクションを関係者と一緒に実行することができるようになりました。

また、関われる仕事の範囲が広いことも魅力です。アユ放流でいえば、放流する種苗の生産にも関わりますし、放流にも参加し、放流後は川に潜って生き残りを調べ、解禁日には釣り人の釣果を調べます。

一方で、水産試験場が直接的に漁場を運営したりしているわけではありません。漁協や養殖業者、そして利用者である釣り人に行動を変えてもらうことで間接的に釣れる釣り場をつくっていくことになります。つまり、話を聞いてもらえる、信頼してもらえる、協力してもらえる関係性を構築できないと、何もできません。

◉この仕事を目差す人へのアドバイス

水産職の募集人数は県によって異なりますが、倍率は年々低下しており、定員割れしている県もあります。必ずしも水産系の学部を卒業している必要はなく、私も大学は理学部でした。やる気さえあれば、職につくことは難しくないと思います。

ただし、公務員なので、希望どおりの仕事の担当に就けるとは限らず、水産以外の部署へ異動になることもあります。私の場合は、水産試験場に7年務めたのち、農業振興の部署に4年、昨年からふたたび水産試験場に戻ってきました。

◉今後の抱負や夢

それぞれの地元で楽しい釣りができる栃木県にしていきたいです。それは地元の川を大切にすることにつながりますし、魅力ある漁場が維持されれば、県外、海外からもお客さんが来てくれると思っています。

◉この仕事に就いていなければ何をしていた

理科の先生（高校理科の免許持ってます）。

◉今、好きな釣りは？

高校生の頃からアユ釣りにハマって、今も継続中です。

◉初めて釣った魚と場所

私は覚えていないのですが、4歳くらいの時に福島県の堤防でアジを釣っている写真が残っています。

◉特に大切にしている釣り道具

高校生の時お小遣いをためて買ったシマノの時雨という当時6万円くらいのアユザオです。10年以上これ1本で釣っていたので、いろんな思い出があります。今考えると重いサオで、シーズン終わりには右腕だけ太くなってました。捨てるのも売るのも忍びなく、アユ釣り初心者にあげました。

◉将来行きたい釣り場と釣りたい魚

毎年1河川は、初めての川でアユ釣りするのを目標にしています。

◉現在乗っている車

スズキのハスラーに乗っています。

研究・行政－独立系の研究者/技術者（自営業）

たかはし河川生物調査事務所
（人と、川・アユの関係研究所）代表

高橋 勇夫　67歳
（たかはし いさお）

【最終学歴（論文・制作）】長崎大学水産学部卒業。農学博士（東京大学）
博士論文「四万十川河口域におけるアユの初期生活史に関する研究」
【前職】民間の環境系コンサルタント会社社員

「50歳になった時、会社に頼らない生き方ができる力を持とう」と考えて、この道へ

◉（いつ）何歳で今の仕事を始めた
2003年10月、45歳。

◉いつ頃どんな志望動機で目差そうと思った
2000年頃（40歳を過ぎた頃）、博士論文を書いている最中に「自分の研究は『アユを知ること』には役に立っているが、アユを守る、増やすためにはそれに加えて『具体化する技術』が必要」と気がついたため。その頃、会社勤めにも嫌気がさしていました。

◉仕事の具体的な内容
アユの生活史の基礎研究をベースに、天然アユを増やすための技術開発と情報発信（論文、本、講演、HP）を行ない、全国各地の河川で地元の皆さんと天然アユを増やす活動を展開しています。ベースとなっている基礎研究は、フィールドで調査を続ける中で不思議に感じたことをテーマとしています。

問題は資金です。生活費だけではなく研究費も自分で稼がなければなりません。私の場合は、天然アユを守る・増やすための調査や技術指導がお金を稼ぐための「仕事」となっています。依頼主は漁協、行政、電力会社、コンサルタント会社、NPO法人等々、多様です。

近年多い依頼は、「川の健康診断」的な調査で、川の問題点を調べ、アユが減っていることとの因果関係を明らかにして、具体的な対策まで提示します。

◉仕事の魅力・やりがい
仕事上で嫌なことはほぼありません（嫌なことはしません）。私にとって、川に潜って、アユに触れることは何よりも楽しいことです。仕事の成果が上がる＝天然のアユが増えると、喜んでいただけます。とても励みになります。趣味の釣りや体力維持のためのランニングの時間が確保しやすいことも魅力ですね。

◉この仕事を目差す人へのアドバイス
独立系の専門家（研究者/技術者）を続けるにあたっての課題は、狭くてもよいので卓越した専門知識や技術を身につけることです。それがないことには、資金を稼ぐための仕事の依頼もありません（下請けで終わります）。専門的知識や技術を獲得するには、地道なトレーニングが必要です。修行といってもよいかもしれません。私の場合は、前職の調査会社でオンザジョブで経験を積みましたし、並行して、自主的な基礎研究（アユの生態研究）を20年ほど続けました。

いきさつは省きますが、20代後半には「50歳になった時、会社に頼らない生き方ができる力を持とう」と考えていました。それがモチベーションとなって、会社員時代は仕事も研究も自分の実力を養うために真剣に取り組みました。今思えば、20代で覚悟のようなものが芽生えたことが、人生のターニングポイントだったような気がします。

周りの人からの応援も重要です。私が独立した時、周りの人がさまざまなチャン

事務所の外観。静かな環境で仕事（研究）に打ち込めます

著作による情報発信や啓発も積極的に行なってきました

ス（執筆、講演等々）を作ってくれました。こういった周りの人の援助がなければ、今のような活動はできていないと思います。どうすれば周りの応援を得られるのか？ノウハウといったものはないと思います。1つだけいえるとすれば、自分のやりたいことを明確にし、それに向かって努力していると、周りの人は見てくれています。

見落としがちなのは「体力維持」です。フィールドワークを続けるには何よりも体力です。私の場合、筋トレとストレッチ、ランニングは習慣づけていますし、67歳の今もフルマラソンを4時間前後で完走する体力を維持しています。

●今後の抱負や夢

60歳になれば、仕事を3日、釣りを3日、休息を1日で1週間を回していきたいと夢想していました。現実は甘くありません。今も夢のままです。

●この仕事に就いていなければ何をしていた

前職のような環境系のコンサルタント会社に勤めているような気がします。

●今、好きな釣りは？

アユの友釣り、磯のグレ釣り、キスのチョイ投げ。この3つで1年間楽しめます。

●初めて釣った魚と場所

小学生低学年の頃、近くのため池でフナを釣ったのが最初。

●特に大切にしている釣り道具

釣り道具は全部大切にしていますが、これといったこだわりはありません。

私にとって、川に潜って、アユに触れることは何よりも楽しいことです

●将来行きたい釣り場と釣りたい魚

アユと磯に関しては、行きたいところはだいたい行きました。歳も歳なので、無理せず近場で美味しい魚が釣れるところを選んでいます。

●現在乗っている車

フィットRS。満タンで1000km走れること、コンパクトな割に荷物が積めるというのが気に入っています。大学生の頃に初代シビックRSに憧れていたことも理由になっていますね。

鬼怒川で釣った40cmのヤマメの思い出

研究・行政－研究者

国立研究開発法人
水産研究・教育機構
水産技術研究所

坪井 潤一　つぼい じゅんいち　45歳

【最終学歴（論文・制作）】北海道大学大学院水産科学研究科 修士課程修了
卒論「キャッチアンドリリースされたイワナの成長・生残・釣られやすさ」
【前職】山梨県水産技術センター

●(いつ)何歳で今の仕事を始めた

県職員採用試験に合格し、大学の修士課程を修了後に山梨県に入庁。10年後、34歳より現職。

●いつ頃どんな志望動機で目差そうと思った

北海道大学水産学部4年生の頃、ご指導いただいた先輩（森田健太郎さん、現・東京大学教授）から、魚釣りが研究対象になることを教わったため。

●仕事の具体的な内容

川や湖など、実際のフィールドに出かけて、データを取得し、それを研究所で解析し、論文として発表しています。研究スタイルは人それぞれですが、私の場合、漁業協同組合の組合員や、釣り人のみなさんと議論するなかで、研究課題を見つける場合がほとんどです。現場での問題、課題を解決するような研究、技術開発を行なって、それを普及させていくのが仕事です。2011年から世界釣り学会（World Recreational Fishing Conference）の科学委員を務めていて、国内外の研究者と交流を深めながら、共同研究を進めています。最近では、YouTubeなどいろいろな媒体を使って、釣り人のみなさんに、研究成果を積極的に公表するようにしています。

●仕事の魅力・やりがい

開発した技術が、各地で普及しているのを実感した時にやりがいを感じます。たとえば、釣りバリを飲み込んだ時、無理に外すよりも、イトを切ってリリースするほうがリリース後の生存率がはるかに高いことを、北海道のイワナを対象とした野外実験で明らかにしました。現在では、国内外でこのエビデンスが使われて、イト切りリリースがレギュレーションとして定着しています。また、マグロはえ縄漁で混獲されるウミガメでも、イト切りリリースは常識となっているようです。私は亀を助けるために研究したつもりはありませんでしたが、思わぬところで役に立って、とてもうれしく思っています。

●この仕事を目差す人へのアドバイス

魚釣りは遊漁ともよばれます。確かにレジャー、遊びであることは確かなのですが、それだけに、漁師さんが行なう商業漁業と比べると、軽視されがちでした。しかし、今、クロマグロの漁獲規制にみられるよう

世界釣り学会でRobert Arlinghaus教授と

研究室にて

日川（山梨県）で継続している釣り人参加型の渓流魚調査。左端が私

に、魚釣りが魚類に大きなインパクトを与えることが明らかになってきて、魚釣りが商業漁業と同等に扱われるようになりつつあります。今後、魚釣りや釣り人の行動に関する研究の重要性は、どんどん増していくと考えられます。ぜひ魚釣りの研究を一緒にしましょう！

　もう少し広い視点でのアドバイスとしては、英語を磨きまくってください。自分の可能性が確実に広がります。

● 今後の抱負や夢

　魚釣りを真剣に研究する研究者をもっと増やしたいと思っています。また、最近は「市民科学」という言葉がいろいろな分野で使われます。たくさんの釣り人とコラボレーションして、魚釣りの研究を展開していければと思っています。

● この仕事に就いていなければ何をしていた

　ツアーコンダクター。就職活動の際、本気で迷っていました。人に伝えることが好きなのかもしれません。

● 今、好きな釣りは？

　アユの友釣り。一つテンヤマダイ。

● 初めて釣った魚と場所

　5歳の頃、実家（愛知県豊山町）の近所の用水路で釣ったマブナ。

● 特に大切にしている釣り道具

　友人手づくりのランディングネット。

● 将来行きたい釣り場と釣りたい魚

　100年前にタイムスリップして、球磨川で尺アユの入れ掛かりを楽しみたいです。

イトを切ってリリースされたイワナのX線写真。下の個体ほど、リリースされてからの時間が長く、平均で50日ほどで体外に排出された

● 現在乗っている車

　デリカD5。20年ほど前、山梨県の公用車（カローラバン）で沢を渡ろうとしてスタック。それ以降は、マイカーで調査に行けるように、ハイラックスサーフ、CX5などのSUVに乗っています。

アラスカ・ジュノーにてコーホサーモンと

研究・行政－大学教員（研究者）

国立大学法人 宮城教育大学 教授
ほか、オレゴン州立大学 Courtesy faculty

棟方 有宗 むなかた ありむね 52歳

【最終学歴（論文・制作）】東京大学農学生命科学研究科 博士課程
学位論文「サクラマスの通し回遊行動における性ホルモンの役割」
【前職】日本学術振興会 特別研究員PD

●（いつ）何歳で今の仕事を始めた

学生時代に中禅寺湖畔の養殖研究所（当時）でサクラマスの研究を始め、その後、特別研究員、大学教員へと進んだので、サクラマスの研究を始めたのが20代前半、職業として研究職に就いたのが20代後半ということになります。

●いつ頃どんな志望動機で目差そうと思った

小学2年生の頃から放課後は2mの竹ザオを自転車にくくりつけ、近所の川に通い詰めていました。中学生の頃は体面上、陸上部に入りましたが夏休みの朝練の後は顧問に車を出してもらってそのままヤマメを釣りに行っていました。

高校生の頃、同級生がやれ銀行だ、メーカーだと騒いでいた時、私はどうしたら魚（と釣り）で飯が食えるだろうかと、密かに思案していました。それは現実的にはほぼ無理で、日本でその高みへと到達したのは故人の開高健氏と西山徹氏くらいだろうと思っていましたが、ある日、いつものように仲間とラーメンを食べて昼寝をしに行った図書館の書架で『回遊魚の生物学』（学会出版センター）に出会い、現実にサケのことを調べて飯を食っている人たち（研究者）がいることを発見し、一気に眠気が吹き飛びました。

その数年後、この本の編者である故・会田勝美先生の研究室に潜り込むことに成功しました。折しも当時はDNAのクローニングやウナギの研究に火が付いた時期でしたが、私はブームに逆行してサクラマスの行動研究に没頭しました。日光の研究所にこもっていると学生的には情報弱者となり、学位の取得もおぼつかないといわれましたが、その後は何とか研究者として魚の研究ができるようになり、気が付けば今に至っている、というのが実感です。

●仕事の具体的な内容

大学の教員は、大学人と研究者の2つの顔を持ちます。大学人的には授業や卒論の指導、入試業務などがあり、これらが全仕事量の半分を占めます。一方、研究者としては、国内外の大学や研究所、学会との関わりの中で仕事が進められます。

現在はライフワークとしているサクラマスの研究のほか、東日本大震災で被災したメダカや希少タナゴ類であるアカヒレタビラの保全、ニホンウナギのライフサイクルの解明、切り欠き魚道の開発などに取り組んでいます。こうして見ると、サクラマスの研究のウエイトは全仕事量の約1割といった状況です。

●仕事の魅力・やりがい

私のこれまでの研究者人生は、多くの魚たちの尊い命の犠牲の上に成り立っています。その事実に向き合う時、自分が背負っている責任の重さに押しつぶされそうになりますが、かといって途中で立ち止まってしまうのは魚たちに対して最も礼を失する行為になると、自分を戒めています。たとえ今は道半ばだとしても、自身の研究成果を未来の魚たちの生息環境の改善につなげることができればそれに勝る幸福はないと信じ、少しずつでも

広瀬川に設置した切り欠き魚道（林田寿文撮影）

発信機をつけたヤマメをアンテナで追跡（宮城県広瀬川）

国際学会で、北米の恩師の先生方と再会を果たす

台湾サーモンの保全共同研究もライフワークの1つ

歩を進めたいと思っています。

●**この仕事を目差す人へのアドバイス**

　魚類研究者になるためには大学の学部によらず、魚類の研究をアクティブに行なう研究室の門を叩くのが最短ルートです。研究職は大きく分けて国や県などの公務員系と、国公私立の大学系にわかれており、基本的に前者は筆記（と面接）試験によって、また大学では論文や学会発表などの研究業績に基づいて採用されます。なお、上記以外にも水族館や博物館、科学館で研究部門が置かれている機関もあります。

●**今後の抱負や夢**

　大きな夢は、私を救ってくれた魚たちへの恩返しとして彼らの生息環境を持続可能なものにすることですが、その実現のためにも職種の垣根を取りはらって魚好きや釣り人が大きなチームとなり、これまで以上に英知を寄せ合えるようになることを願っています。

●**この仕事に就いていなければ何をしていた**

　一級建築士になって個人邸を設計し、ゆくゆくは自分も渓流沿いに事務所兼自宅を建てる、というのが別の夢でしたが、実際には相当困難な道のりだろうと思い、早々にあきらめました。

●**今、好きな釣りは？**

　山と人里の境界領域（里川〜都市河川）に棲むヤマメと対峙しながら、彼らの声が聞けるようになればよいなと思っています。

●**初めて釣った魚と場所**

　たぶん山梨の釣り堀のニジマスです。自然河川では小学2年生の頃に東京の多摩川の支流で釣ったオイカワです。

●**特に大切にしている釣り道具**

　ルアー、フライ、エサ釣りをするので宝物もさまざまです。ABU ambassadeur・C4、Hardy St. George Jr.、I's3、紀州へラザオ、和歌山の湖山徹作の漆塗りのランディングネット、など。

●**将来行きたい釣り場と釣りたい魚**

　仙台では春のヤマメ釣りが難しいので早春から活性が高い九州の川を歩き回ってみたいです。それと、往年のヒカリ釣りの銘川・気仙川が完全復活したら1年のうち何ヵ月かは住みたいです。

●**現在乗っている車**

　スバル（アウトバック）も大好きでしたが、2024年から三菱（アウトランダーPHEV）に乗り換えました。理由は、駐車中も電池でエアコンが回せるから。半分はマユ（愛犬）のためです。

近隣河川にて。釣りと魚の観察が大好きな趣味です

水族館
標津サーモン科学館
学芸員

仁科 斎 (にしな いつき) 32歳

【最終学歴（論文・制作）】八洲学園大学（卒業見込み）
【前職】西日本旅客鉄道（株）

●(いつ)何歳で今の仕事を始めた

2019年、26歳の時に標津町地域おこし協力隊の嘱託職員としてこの仕事を始め、3年の任期後2022年に正職員になりました。

●いつ頃どんな志望動機で目差そうと思った

話せば長くなるのですが……。昔から生き物が好きだったので漠然と生物関係の仕事に就きたいと思っていました。そのため大学で生物の勉強をしたかったのですが、諸事情あり高校卒業後は進学せずに就職しました。

その後、ある程度お金がたまり「やっぱり生物関係の仕事をしたい」と思い会社を辞め東京の専門学校へ入学し、在学中にサーモン科学館を知りました。サケの仲間が大好きだったのものあり、1年生の秋に学校を3週間ほど休学しサーモン科学館へ実習に行きました。本格的にサケの仕事をしたいと思ったのはこの時です。専門学校1年生の冬に嘱託職員でサーモン科学館の求人が出ていたので「卒業まで待っていたら就職のチャンスはないかも……」と思い採用試験を受け、ご縁あり合格したので専門学校を中退し就職しました。

●仕事の具体的な内容

業務内容は多岐にわたりますがメインは飼育管理で、給餌や水槽清掃のほか、人工授精などもします。そのほかにお客様案内、館内展示の企画や作成、実習生の指導、河川調査や採集などフィールドワーク、研究、絵本やイラストの監修、情報発信、設備管理などさまざまな仕事をします。

●仕事の魅力・やりがい

やはり自分の好きなサケの仲間と関われることはやりがいです。仕事で毎日魚を見るので日々気づきがあり、それを趣味の釣りや魚の観察などに活かせます。そして趣味の釣りや観察で得た経験をお客様への案内や展示物作成などの仕事に役立てることもできます。仕事と趣味がシームレスなことは「人生すべてがサケ・マス中心」と言え、サケの仲間が好きな私にとって大きな魅力です。

また、私は自分の好きなものを他者にも好きになってもらうことに喜びを感じるので、私の話を通して魚に興味を持ってくれるお客様がいることは大きなやりがいです。お客様から「面白かった」「勉強になった」「また来たい」という感想をもらえた時はとてもうれしいです。

●この仕事を目差す人へのアドバイス

水族館にはさまざまなお客様が訪れるので、人とコミュニケーションをとれることは重要です。お客様の知識量や熱量に合わせ、適切な言葉や話題を選んで説明する能力が求められます。たとえば魚にあまり興味のない人へ魚の生態を熱弁しても空回りしてしまいます。そのような人には身近な食の話題から始め、少しずつ興味をそそる話し方をするなど、コミュニケーションの引き出しは多いほうがよいです。

好きな生き物をさまざまな角度から見ることも大切です。本書の読者は釣りの好きな方が多いと思いますが、ぜひより多くの

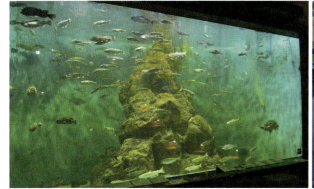

当館で一番大きな海水の大水槽。サケの仲間を中心に周辺に生息するさまざまな魚を展示しています

受精卵の管理。大きな衝撃を与えると生きている卵が死んでしまうため、繊細な飼育業務です

水槽の心臓部、濾過槽とポンプ。毎日確認やメンテナンスをします。生き物と直接関わらない設備の管理も大切な仕事です

角度から生き物と関わってみてください。釣り・飼育・漁業・研究・食用・被写体などなど。同じ種の魚でも関わる立ち位置が変われば見え方も変わるので、他者と話をする際に違う立場の人の考えや意見も考慮できるようになります。そうすることで、最初にお伝えした「さまざまなお客様」に対応できるコミュニケーション能力も身につけることができます。

　生き物は知れば知るほどに不思議ですし、最新の研究から得られる情報もあります。そのため知識を得ることに貪欲であることも大切です。私もより専門的な知識を身につけたいと思い、働きながら通信大学で学習し学芸員の資格を取得しました。

　いうまでもなく、命を預かる仕事なので責任感や誠実性は必須です。時には生き物と向き合う上での葛藤や重労働もあるので心身共にタフであることも重要です。

● **今後の抱負や夢**
　生き物や自然について酸いも甘いも噛み分けて語れる人になることです。
● **この仕事に就いていなければ何をしていた**
　全く見当がつきませんが楽しく生きていると思います。
● **今、好きな釣りは？**
　川のアメマス釣りです。
● **初めて釣った魚と場所**
　子どもの頃に亡くなった祖父と近所の桟橋でメバルを釣りました。
● **特に大切にしている釣り道具**
　ミヤベイワナカラーのリフレインです。シマノトラウトコレクション2023の賞で頂いた世界に1つのミノーで宝物です。
● **将来行きたい釣り場と釣りたい魚**
　山陰の高津川でカイオと呼ばれるゴギを釣ってみたいです。
● **現在乗っている車**
　軽のホットハッチです。

当館外観。周囲に高い建物がなく展望タワーが目を引きます

NPO・公益法人
NPO法人ジャパンゲームフィッシュ協会(JGFA)事務局

井上 拓也 (いのうえ たくや) 39歳

【最終学歴（論文・制作）】東京農業大学生物産業学部生物生産学科水圏生物科学研究室　卒論「網走川水系の魚類相」
【前職】リゾートホテルスタッフ→スーパーの店員

デスクワークがメインですがイベントで外に出ることも

●(いつ)何歳で今の仕事を始めた
2022年11月、37歳の時にスタート。

●いつ頃どんな志望動機で目差そうと思った
2022年の夏、大学の恩師に人生相談したところ今の仕事を紹介されました。自然や、地球環境保全などに関わる仕事に就きたいと思っていたところ、当協会の「いい釣りをいつまでも」のモットーにひかれ、入局を決意いたしました。

●仕事の具体的な内容
JGFAは「いい釣りをいつまでも」をスローガンに掲げ1979年に設立されました。主に3つの事業があり、その他イヤーブックの製作や、行政・研究機関との連携もあります。

【日本記録の認定】
アメリカ・フロリダにあるIGFA(インターナショナル・ゲームフィッシュ協会)の考えに賛同し、日本で唯一、IGFAルールで釣った魚の日本記録認定、また世界記録認定の斡旋をしています。主に重量の記録認定ですが、長さの部門もあります。日本記録で検索すると一番にヒットすると思います。

【タグ＆リリース活動】
1985年10月より日本で唯一ゲームフィッシュを対象とした総括的なタグアンドリリース（標識放流・T&R）活動を行なっており、釣魚の成長や移動などを解明することにより保全に活かし、いい釣りを維持する活動をしています。得られたデータは各研究機関に提供することもあり、貴重な

子供たちの笑顔がはじける親子釣り教室

データとなっています。

【いい釣りのためのイベント開催】
一年を通じて魚とのフェアなファイトを推奨するIGFAルールを用い、さまざまなイベントを開催しています。

・国際カジキ釣り大会（JIBT）：静岡県下田を舞台に100チーム以上が参加する日本最大のカジキ釣り大会です。歴史と品格のあるこの大会を目差し、全国のビルフィッシャーが集まります。

・沖釣りサーキット：遊漁船と協力しバッグリミット（持ち帰り制限）を守りながら釣りを楽しみ、併せてIGFAルールに親しむ沖釣り大会です。

・親子釣り教室：初心者の子供やそのご家族を対象に、管理釣り場のトラウトや簡単な沖釣りを体験してもらい、インストラクターが釣りの楽しさ、ルールやマナーを伝えます。

●仕事の魅力・やりがい
一番の魅力は、釣り好きに出会えること

タグ&リリースは魚を生きたまま返すことが重要です

国際カジキ釣り大会表彰台

です。その中でも釣りの未来を考え、ともに行動できる仲間と出会えることが一番のやりがいにつながります。メモリアルフィッシュが日本記録になる、釣りのイベントで子供が楽しそうに釣りをする、同じ志の仲間とお酒を飲む、準備は大変ですがその人の釣り人生の一翼を担い、同時に魚や環境との共存を目差せることが素敵だと思います。

●この仕事を目差す人へのアドバイス

特に資格や経験が必要なわけではありませんし、釣りが上手い必要もありません。ただ私が人からの紹介であったように、人とのつながりが人生に与える影響は大きいので、情報収集と発信のほか、リアルなお付き合いを大事にしてください。もちろん釣り好きだとなおいいです。

●今後の抱負や夢

時代の移り変わりとともに、JGFAに求められている役割も変わってきています。今求められている形にJGFAをブラッシュアップすること。その結果「いい釣りをいつまでも」を実現することが目標です。身近なところでは、自分の子供も自然好きになってくれるとうれしいです。

●この仕事に就いていなければ何をしていた

そのままスーパーの店員か、ラフティングガイドをしていたかも（清流が好きなので）。

●今、好きな釣りは？

サケ・マスのルアーフィッシング。最近クロダイ、スズキ、カジキ釣りを体験しました。どれも面白い！

●初めて釣った魚と場所

父親の実家が荒川（埼玉）のすぐ近くで、遊びに行ってはウグイやオイカワを釣っていました。たまにヤマメやニジマスが釣れて、びっくりしたことを覚えています。

●特に大切にしている釣り道具

大学時代サケ釣りにはまって、その時の道具は青春です！

●将来行きたい釣り場と釣りたい魚

サケ・マスを求めて世界を！とはいいませんが、北海道に住んでのんびり釣りライフが夢ですね。お勧めされたモンゴル釣行も気になります。

●現在乗っている車

ファミリーカーのセレナ。いつかは4駆。

日本記録審査会の様子。メンバー全員でチェックします

NPO・公益法人

NPO法人北海道トラウトフィッシング協会 理事長
（然別湖の釣り場管理）

田畑 貴章　たばた たかあき

【最終学歴（論文・制作）】私立静岡学園高等学校
【前職】IT関連企業

釣り人が然別湖の貴重な環境で安心して釣りを楽しめるようサポートすることが私たちの使命です

◉（いつ）何歳で今の仕事を始めた
2005年、43歳でNPO法人として地元行政から委託を受けて然別湖の運営管理業務を行なう。

◉いつ頃どんな志望動機で目差そうと思った
30代の頃、私は釣り旅でアメリカのイエローストーン国立公園からニューメキシコ州まで広大なエリアを約50日間巡り、またニュージーランドでも南島の美しい湖や河川でフライフィッシングを楽しみました。
そこで目にしたのは、豊かな自然に囲まれ、驚くほど多くのトラウトが生息する美しいフィッシングフィールドでした。地域や河川ごとにフィッシングライセンス制度があり、釣りバリの規制やキャッチアンドリリースなどの厳しい遊漁規則が設けられ、自然を大切にしながら釣りを楽しむ光景が広がっていました。そして、これらの釣り場が観光資源として地域経済に大きな効果をもたらしている事実に強く心を動かされました。
長期の海外釣行を終えて北海道十勝に移住すると、地元NPO法人での勤務を通じ、トラウトフィッシング先進国の事例を活かしつつ、然別湖の釣り場を再生し、地元経済にも貢献できると考え始めました。
こうして然別湖を世界基準のフィッシングフィールドとして再生する提案を地元行政に行ない、2005年に「グレートフィッシング然別湖」として夢の一歩を踏み出すことができました。

◉仕事の具体的な内容
「グレートフィッシング然別湖」は、1年間のうち初夏と秋の50日間、1日50名限定で開催されます。この特別解禁の企画・運営が主な仕事です。
具体的な業務としては、年間スケジュールの決定後にウェブサイトの更新、ポスター、ポストカードを制作し、プロモーション活動を行ないます。また、予約管理やお問い合わせへの対応、開催期間中は受付業務、お客様（釣り人）へのサポート、安全管理、湖上の安全パトロールを実施しています。さらに、1日1組限定のガイドフィッシングツアーや、各種フィッシングスクールの運営、専門学生のインターンシップの受入事業も行なっています。

◉仕事の魅力・やりがい
然別湖は、大雪山国立公園の標高約800mに位置し、自然の美しさが残る環境に囲まれています。この湖は日本で唯一、ミヤベイワナが生息する特別な場所であり、その希少性から全国の釣り人が訪れる人気スポットです。
私たちの使命は、釣り人がこの貴重な環境で安心して釣りを楽しめるようサポートすることにあります。スタッフ一同、自然環境を守りながら、釣り人たちが笑顔で湖を満喫する姿に喜びを感じています。
また、このフィールドでは釣りを通じて自然の大切さを学ぶ場を提供し、全国から集まる釣り人との交流も楽しみの1つです。

刻一刻と表情を変えていく然別湖の自然は釣り人を魅了する

日本で唯一、然別湖に生息するミヤベイワナ

● **この仕事を目差す人へのアドバイス**

　釣り場の運営管理は、釣りの経験や技術も重要ですが、何よりもお客様が楽しい時間を過ごし、また訪れたいと思っていただけるようなサービスを提供することが大切です。自然と向き合い、釣りの魅力を伝えながら、人々の心に残る体験を創り出す役割は非常に価値があります。

　さらに、仲間を大切にし、協力して業務を進める姿勢も必要です。また、自分自身も釣りに対して向上心を持ち、学び続ける姿勢がこの仕事の充実感を高めます。自然と人をつなぎ、釣りを愛する人々に貴重な体験を提供できる仕事です。

● **今後の抱負や夢**

　私は、然別湖をさらに魅力的なフィッシングフィールドにするために、いくつかの新しい取り組みを行ないたいと考えています。まず、もっと初心者に優しい釣り場を目差し、湖での釣りの楽しさを伝えるプログラムを作りたいです。釣り経験者向けにはトラウトフィッシングの奥深さを楽しめるようなプログラムも考えています。

　さらに、世界中の釣り人を迎え入れ、魚の数や大きさを競わず、自然を尊重しながら釣りを楽しむ新しいイベントも夢の1つです。

● **この仕事に就いていなければ何をしていた**

　イベントプランナー、旅行プランナー。

● **今、好きな釣りは？**

　本流のフライフィッシング。

● **初めて釣った魚と場所**

　小学3年生の時に友だちと2人で安倍川（静岡）に行って蚊バリでアユを釣りました。

● **特に大切にしている釣り道具**

　30代の頃に初めて購入したアメリカ製のフライロッド、R.L.Winston IM6 #6。

● **将来行きたい釣り場と釣りたい魚**

　1998年に訪れたイエローストーン国立公園を再訪して、カットスロートトラウトとレインボートラウトをもう一度釣りたいです。

● **現在乗っている車**

　ゴルフとプロボックス。

「グレートフィッシング然別湖」は、1年間のうち初夏と秋の50日間、1日50名限定で開催されます

オフィスにて仕事風景

NPO・公益法人
公益財団法人 日本釣振興会 事務局長
三村 達矢 （みむら たつや） 61歳

【最終学歴（論文・制作）】東海大学海洋学部
卒論「田子の浦湾における汚濁指標種による汚染調査」
【前職】マルキユー（株）（釣りエサの製造販売）営業部

● (いつ)何歳で今の仕事を始めた
　60歳の定年退職後すぐに日本釣振興会入社。

● いつ頃どんな志望動機で目差そうと思った
　前職在社中に初心者育成チームのリーダーをしており、釣りを普及させることに対して熱意を持ってやっていた。マルキユーの練りエサを使用して簡単に釣りが出来る仕組みを考案したり、初心者でも触りやすくてよく釣れる人工の虫エサや、いつでもどこでも簡単に使えるサビキ釣り用のエサの普及も率先して行なっていた。
　また、日本釣振興会の水際線有効活用委員会副委員長、普及振興委員会委員に任命されており、国土交通省港湾局と協力して「釣り文化振興モデル港」の設置に携わり、全国の防波堤の釣り場としての開放や日本釣振興会50周年記念イベントである多摩川フィッシングフェスティバル等釣り人育成に協力していたことから。

● 仕事の具体的な内容
（日本釣用品工業会LOVE BLUEの協力も含めて）
①. 魚族資源の保護増殖。
　放流活動（淡水海水含めて約15魚種・120ヵ所、年間約47万尾放流）。アオリイカ・コイ・ヤマベの産卵床設置。魚道の設置。
②. 水辺環境の美化保全。
　水中清掃（全国で約30ヵ所/年間）。釣り場清掃。マナー看板の設置。防波堤等釣り場の開放活動。
③. 釣りの普及振興活動。
　全国的に釣り教室、釣りイベントの実施。救命具の寄贈、無料貸し出し。小学校等に釣りを通じた環境学習。
　そのほか、釣り環境を取り巻くさまざまな問題点に対しての対応を行なっている。淡水魚の大幅な減少に対して主たる原因であるかもしれない農薬・ネオニコチノイドの影響に関して全国で調査を行なったり、遊漁船の安全対策に対して国土交通省海事局との会議、沖防波堤渡船禁止に対して水産庁との交渉、全国で起きている釣り人のマナー違反による漁港の立ち入り禁止等、現在日本の釣り界が抱えている大きな問題を解決するために事務局として全体をまとめ、全国の釣り人が安心安全に楽しい釣りが出来るような環境を作るため活動を行なっている。

● 仕事の魅力・やりがい
　メーカーの垣根を越えて、会長以下、理事の方々、会員の方々と釣りの楽しさを体験してもらえるイベントや施策を行なっている。その1つである釣り教室などを通じて、子供たちが魚を初めて釣った時に満面の笑顔で大喜びしている姿を見られること。また、放流等を通じて生きた魚に触れて命の大切さを教えられたり、釣りの文化を環境学習で授業として教えたりすることが出来る環境にあること。

● この仕事を目差す人へのアドバイス

釣り場の確保（防波堤開放等）の一環として、福島県相馬漁港南防波堤開放にむけての試釣

"身近な水辺で「釣りっていいね！」を体験しよう"を合言葉に開催している「多摩川フィッシングフェスティバル」。写真は青海市釜の淵公園でのピストン釣り教室

　釣りの楽しさを多くの方に伝えたいという気持ちがあればぜひ目差して頂きたい。
●今後の抱負や夢
　自然環境が刻一刻と変化している中、楽しく安心安全に釣りが出来る環境を整え、1人でも多くの方に楽しい釣りを体験して頂く機会を提供して釣りファンを増やしていきたい。そして素晴らしい日本の釣り文化を後世まで伝えていきたい。
　最終的に釣り人口1000万人超えを目差す。
●この仕事に就いていなければ何をしていた
　どこかの南の島で漁師をしながら民宿の経営をしていた。
●今、好きな釣りは？
　淡水の小魚とナマズ釣り、船釣り（キハダマグロ、マゴチ、ヒラメ、マダイ、フグ等）、のんびり防波堤での釣り。
●初めて釣った魚と場所
　幼稚園の頃、父と行った茨城県涸沼川でのマブナ。
●特に大切にしている釣り道具
　父の形見のアユの竹ザオ。
●将来行きたい釣り場と釣りたい魚
　アラスカでのオヒョウ釣り、玄界灘のクエ釣り、ベヨネーズ列岩のイシダイ釣り。
●現在乗っている車
　昨年買い換えたばかりのトヨタ・ノア。電源がたくさんあり何でも充電できる。また安全運転装置がついて高速の運転が楽になったので非常に使い勝手がよい。

福島県沖でのヒラメ稚魚放流

水中清掃（神奈川県江之浦漁港）

東条湖（兵庫県）でのひとコマ。バスはもちろん、釣りは何でも面白いし楽しいです

釣り専門校

総合学園ヒューマンアカデミー大阪心斎橋校フィッシングカレッジ 専任講師／教務副主任

花野 誠次 （はなの せいじ） 49歳

【最終学歴（論文・制作）】総合学園ヒューマンアカデミー大阪校フィッシングカレッジ

【前職】歯科技工士（高校卒⇒歯科技工士専門学校卒⇒歯科技工所／就職⇒退職⇒フィッシングカレッジ入学⇒ヒューマンアカデミー講師契約）

⦿（いつ）何歳で今の仕事を始めた

2000年入社、25歳。

⦿いつ頃どんな志望動機で目差そうと思った

専門校の2年次の夏頃、当時のルアーメイキング講師の方から声をかけて頂いたからです。元々教育に興味があったわけでもなく、どちらかといえば人とコミュニケーションをとることを避けて、物作りに没頭したいなと考えていました。また、先生と呼ばれる人も苦手だったのでまさか自分が教育に携わる仕事をするとは思っていませんでした。それでも長く今の仕事に携われているのは父が短大の講師、母が元幼稚園教諭といったことも素養としてはあったのかなと思っています。続けていられるのは関わって頂いている周りの皆さまのおかげです。

⦿仕事の具体的な内容

大阪心斎橋校フィッシングカレッジの運営（カリキュラム策定、実習企画運営、講師・授業運営管理、機材管理、担任業務、就職活動支援、保護者対応、学生の悩み相談など）。学生たちが在籍中に力をつけて、社会に出ていく準備ができるように努めています。1人では抱えきれないので、周りの皆さんに頼りながら仕事をしています。

ルアーメイキング授業。ハンドメイドでのルアー作りの基礎基本を教えています。今や企業でのルアー作りは3DCADですが、物作りの基本は手です。手と頭の感覚を持っていることが大切だと考えています。

大阪心斎橋校教務副主任業務（校舎運営の補助、13学科の専任講師の取りまとめなどの世話役です）。

壊れたものの修理（校舎内で、ものが壊れたり修理があればとりあえず私のところに依頼がきます……）。

⦿仕事の魅力・やりがい

学生たちのためにできることの裁量は比較的多く持たせてもらっているので、実習の企画をしたり授業の内容を工夫できたりするのが魅力です。また私がいる校舎は13のカレッジ（学科）があります。それぞれのプロフェッショナルの先生方と一緒に仕事ができることや、さまざまな業界へ学生たちが出ていくので、人のつながりが広いのも大きな魅力です。

やりがいは、「卒業式に感謝の言葉を頂けた時」と「卒業生が結婚して子供ができたと報告を受けた時」です。卒業式は2年間やり切ったことへの気持ちですし、結婚や子供は卒業して彼らが頑張って生活ができているからこそのことだからです。好きなことを仕事にできているのだなと実感が持て、やりがいになります。

⦿この仕事を目差す人へのアドバイス

知識と技術だけ教えればよいとはいえません。人と人の心をつなぐこと、釣りの心を伝えること、生き物の命を大切にすること、環境を大切にすること、人のニーズを

雪景色の富士山をバックに。自然を観察し、自然を感じて楽しめるのも釣りの魅力です

26、27期生の生徒たちと。若さとは無限の可能性

くみ取ること、人の心のケアもすることがあること、人の命を預かっている自覚を持つこと、など。深く人に関わる仕事で、これだけ出来ればよいといったゴールも見えにくい業務になります。

　私の仕事は絶滅危惧種的な位置づけと思っており、この仕事を目差す人はほとんどいないはず。釣りの専門校の先生ですから働ける場所がほとんどないですし……。

　それでも卒業生の先生もたくさんいますので、まずはご入学お待ちしています。

● 今後の抱負や夢

　将来の夢は、天候に関係なくいつでも誰でも気軽に遊べるような、また自分の釣り欲を満足させられる、小さな室内釣堀を作りたいです。

● この仕事に就いていなければ何をしていた

　実は専門校の1年次に関東の某有名ルアーメーカー（現在はありません）の内々定も頂いている状態でしたので、そちらで働いていたかもです。

● 今、好きな釣りは？

　魚種は問いません。ミニマルな釣り具での釣り。釣りは何でも面白いです。

● 初めて釣った魚と場所

　はっきりと記憶にあるのは小学校3年、30cmのブラックバスをラパラフローティング9cmで、琵琶湖近江八幡周辺で釣りました。それ以前も父や兄と釣りについて行ってはいましたが、釣りというより虫を取ったり、野草をかじったりしていました。

● 特に大切にしている釣り道具

　ABUの500シリーズです。スピンキャスト、クローズドフェイスタイプのリールに惹かれ続けています。

● 将来行きたい釣り場と釣りたい魚

　カザフスタンのヨーロッパオオナマズです。どんな魚も大好きなのですが、特にマナマズ。その超大型の姿は私の憧れです。

● 現在乗っている車

　1986年製 HONDA TRAIL110（北米仕様のカブ）です。

2023年度卒業式にて。「卒業式に感謝の言葉を頂けた時」と「卒業生が結婚して子供ができたと報告を受けた時」が私のやりがいです

愛車のTRAIL110と

深海五目で釣りあげたアラ

遊漁船
丸十丸 船長

小菅 結香 こすげ ゆか 27歳

【最終学歴（論文・制作）】神奈川県立海洋科学高等学校　船舶運航コースの機械科を専攻しており、3年生の時には3ヵ月の遠洋航海に行きました
【前職】水商売（キャバ嬢）

●(いつ)何歳で今の仕事を始めた

2021年1月2日から始めました。23歳の時です。

●いつ頃どんな志望動機で目差そうと思った

22歳の頃に「1つのことを極めたい」と思い、小さい頃から身近にあった海の仕事に戻ってきました。キャバ嬢時代に、3姉妹（姉、私、三女）で釣りに行くというテレビ（バラエティー番組）の企画があり、協力してほしいという話がありました。その時、私は実家を出ていましたし、そういったメディア出演の話があっても断っていました。しかし、その番組ディレクターは私が勤めていた店まで、わざわざ説得しに来たんです。その説得に負け、久々に釣りをすると「海って楽しいかも」と思ったんです。

それがきっかけで本格的に家業を手伝おうと思ったのですが、何せ父と仲が悪く口も利いていない状態だったため、丸十丸の初営業日である1月2日、新年の初釣りのどさくさにまぎれ、しれっと中乗りからスタートしました。中乗りとして1年間修業したのち、船長として舵を握るようになりました。

●仕事の具体的な内容

遊漁船の仕事は、簡単にいえば、お客様を船に乗せ、釣り場を案内して1日の釣りを楽しんでもらうことが主な内容です。

丸十丸の釣りものは、カワハギ、アマダイ、ヒラメの3魚種が代表的なターゲットです。お客様は、女性や子供などの初心者から釣り歴数十年のベテランまで、さまざまな人が訪れます。どのお客様にも分け隔てなく目配りし、安全管理はもちろん、釣り方のアドバイスをしたりもします。特に釣りを初めて体験する人は、「楽しい思い出」になるよう、釣りのノウハウをていねいにレクチャーすることを心がけています。

釣れた時は「ナイスー!!」と喜びを共有し、なかなか釣果が出ない時でも「最後まであきらめずに頑張ろう！」と、船全体のモチベーションを高められるよう、キャバ嬢で培ったコミュニケーション能力を最大限生かしてます！（笑）

私が家業を手伝うようになってから、SNSでの釣果発信に力を入れ始めました。主にインスタグラムやFacebookで発信しています。特に写真の撮り方は、こだわっているので、投稿を見た人が「楽しそうな釣り船だなあ」と思ってくれていたらうれしいです。

モットーは、お客様にとって最高の思い出を作ること

有名な釣り人や常連さんに日々、支えられています

結香船長オリジナルステッカーがデザインされたパーカー

沖釣り初経験の方でも楽しんで頂けるようていねいなアドバイスを心掛けています

●仕事の魅力・やりがい

　お客様に非日常を提供できることが魅力ですね。魚が釣れた喜びや、逆に釣れなかった時の悔しさなど、「一喜一憂」を共有して、お客様の思い出に残る釣り体験を作ることを、常に心掛けています。

●この仕事を目差す人へのアドバイス

　楽しいこともたくさんありますが、自然相手なので思いどおりにならないことも多いです。釣り場に行ってみないと、その日の潮や魚の活性も分かりません。昨日までよかったポイント（漁場）でも、その日の状況で釣れなくなったりします。もちろん釣果を上げることに全力を注ぎますが、結果がうまく出せない時もあります。

　ただ、どんな状況も自分がポジティブな気持ちで楽しむことで、周りの雰囲気を高めることを意識しています。まずは自分が楽しむことが大切だと思います。

●今後の抱負や夢

　船釣りは初心者にとって敷居が高いイメージを持たれがちですが、初めての方もチャレンジしやすいように、アットホームな環境を作りたいです。

　その人にとって、忘れられないドラマを作りたい‼

●この仕事に就いていなければ何をしていた

　人との話すことが好きなので水商売か、乗り物が好きなので車関係の仕事に就きたいです。

●今、好きな釣りは？

　カワハギ釣りです。

●初めて釣った魚と場所

　小さい頃はそこまで釣りが好きというわけではなかったので、あまり覚えていないですね……。

●特に大切にしている釣り道具

　今は亡き長谷川勝一師匠（横浜皮はぎ釣り研究会・前会長）に譲っていただいた、鶺鴒（せきれい）さんのカワハギ和ザオです。

●将来行きたい釣り場と釣りたい魚

　特にありません。

●現在乗っている車

　プリウス。

釣り人の夢を乗せて出航！

遊漁船

慧樹丸 船長

ほか、ダイワ・ソルトウォーターオフショアフィールドテスター

住澤 慧樹
すみざわ けいじゅ
24歳

【最終学歴(論文・制作)】三重県立三重水産高等学校
【前職】カツオ一本釣り漁船

自分自身の釣り人としての活動も交えて、遊漁船情報をどんどん発信していきたいです

● (いつ)何歳で今の仕事を始めた
2023年9月30日、23歳。

● いつ頃どんな志望動機で目差そうと思った
父の影響で3歳の時に釣り船に乗ったのがきっかけで、遊漁船の船長になりたいとずっと思っていました。その後、いろんな方から「趣味を仕事にするのは難しいよ」と言われてきましたが、一方では「実現できたらうらやましい」とも言われ、必ず実現すると決めていました！

高校卒業後、まずお金を貯めようとカツオ漁船で働きましたが、給料＝漁獲量直結でカツオが獲れない船はお金もたくさんもらえず、貯金できない現実に直面しました。

そこで、父がフィールドテスターをしていたダイワの社員の方から、自分も高校時代2回行ったことがある福岡の遊漁船をご紹介頂き、中乗りの修行を半年ほどさせて頂きました。その時に接客はもちろん、船の計器の見方や操船、ポイントにどうやって入っていくか、潮の見方なども学びました。

地元の三重に戻ると釣りでお世話になっていた船で、ここでも半年ほど中乗りの仕事をさせて頂きました。その後、少し間が空きますが、今の石倉渡船の社長さんに「錦(大紀町)行ってみるか」とお話をもらい、錦の漁協組合長にも「うちは大歓迎！」と言って頂き、組合に入って漁業をスタートさせて遊漁船業の土台を築きました。

● 仕事の具体的な内容
お客さんを乗せて楽しく釣りをしてもらうだけではなく、安全第一で事故や怪我なく釣りをしてもらうのが仕事です。

● 仕事の魅力・やりがい
自分の思っていたポイントで、ねらいどおりにお客さんに魚やイカを釣ってもらえた時。特に初心者の方の場合は、レクチャーさせて頂いたことが釣果に結びつくと、やりがいを感じます。そして釣りのキャリアを問わず、いろんな方の笑顔を見られることが、僕にとってのこの仕事の魅力だと思います。

● この仕事を目差す人へのアドバイス
「ただこの仕事がしたい！」だけでは出来ない仕事だと思います。釣りが好きで、船が好きで、お客さんを大切にできる方じゃないと続かないと思います

いくら釣りが好きでも、お客さんが乗っている時には自分はサオをだせません。釣りたい気持ちを我慢して、お客さんに合わせて的確なアドバイスが出来ること。また出航前には船の安全点検を充分にしておかないと、沖に出て何かトラブルが起きてからでは間に合いませんし、決してお客さんには迷惑をかけられません。

大自然が相手の遊びですから、天候や海況次第では中止もあり得ます。そんな時は相手の気持ちを第一に考え、お客さんが気分を損ねることなくまた来て頂けるように相手の立場になって言葉を選び、対応できる人間力も求められます。

お客さん第一＝安全第一、これが大前提ですがそのうえで、万が一にも気持ちを傷つ

慧樹丸。「いつかは新造船」が夢です

お客さんの釣果。イカメタルやティップランに力を入れています

けてしまったらもう二度と来てもらえませんから、そこだけは要注意ですね！

●今後の抱負や夢
もっと多くの方に僕の船を知って頂き、いろんな方に乗船してもらいたいです！　まだまだ始めたばかりで知らない方も多いと思うので、宣伝もどんどんしていきます。そして夢は、やはり自分の思いどおりの船を作ること。これも昔からの夢で、とにかく船が大好きなので一度は新船を作ってみたいです。

●この仕事に就いていなければ何をしていた
自分では想像がつきません（笑）。今まで僕の身近には釣りしかなく、休みの時は必ず釣り。1週間に1回釣りをしないと、何に対してなのか分かりませんが不安になります（笑）。

●今、好きな釣りは？
落とし込みにハマっています。今まで経験がない釣りをするのもとても面白いです。しかしながらやはりオフショアゲームには勝てません！

●初めて釣った魚と場所
アオリイカで、場所は今もお世話になっている石倉渡船さんです。父に連れられ初めて遊漁船に乗ったのは3歳ですが、初めて船に乗って釣りをしたのは1歳7ヵ月の時、石倉渡船さんのレンタルボートでした。まだ物心もついておらず覚えていませんが、父から聞いた話だとアオリイカをその時に釣ったそうです。

●特に大切にしている釣り道具
すべて大事にしていますが、その中でも特に大切にしているのは中学卒業と高校合格祝いに頂いた15イグジスト。お世話になっている方から「卒業と合格祝いで釣り道具送るから」と言われ、届いた荷物を開封するとまさかのイグジスト！　本当にびっくりしたのと同時に、喜びがあふれたのを今でも鮮明に覚えています。もちろん今でも現役で使っています。

●将来行きたい釣り場と釣りたい魚
大間のクロマグロ。最近流行りのクロマグロですが、やはり一度は大間に行って仕留めてみたいです。

●現在乗っている車
サンバー（軽トラ）です。仕事の車に日常でも乗っています。

オフショアの釣りが大好きです。今後もさまざまな可能性を追求していきます

遊漁船

遊漁船Wingar 船長

ほか、メジャークラフト(株)、(株)ハヤブサ、(株)キザクラとのイカ関係の商品開発デザインを担当契約

薗田　隆次　そのだ　りゅうじ　52歳

【最終学歴（論文・制作）】九州産業大学芸術学部工業デザイン科　卒業制作では好きなことをしようと思い、EVA素材でマジックテープ式のロッドホルダーを制作して最優秀賞？を受賞（何の賞か覚えていません）。

釣り具と釣りへの探究心が遊漁船への転職の原動力でした

EVA素材のため加工しやすく量産も可能で、持ち運ぶ際は丸め、部屋の壁には伸ばしてマジックテープで固定しインテリアとしても使えるロッドホルダーでした。

【前職】23歳で某釣り具メーカーに就職し2019年まで商品開発を担当。代表的な商品としてエギ（EZ-Qシリーズ、アオリーQシリーズ、パタパタQシリーズ）や、スッテ（EZシリーズ、鉛スッテ四つ目）、フカセウキ（TGシリーズ、ピースマスター、プリサイス、グレシード）などを開発・デザイン。

●（いつ）何歳で今の仕事を始めた
　2019年、47歳。

●いつ頃どんな志望動機で目差そうと思った
　某釣り具メーカー勤務時代にパタパタが大ヒットしその後も新製品ラッシュが続いたことから、時間の関係上、現場（釣り場）のテスト釣行を削る日々が続いた。自分の中ではパタパタを超えるモノができそうな感覚があり、モヤモヤしながら数年が経つ。また仕事で全国の遊漁船さんのお世話になることもよくあり、もっと現場に出て商品開発を学ばなければ、あの時の感覚は戻らないと強く感じたため、退社し遊漁船をスタート。

●仕事の具体的な内容
　遊漁船ではお客さんを船に乗せて釣りを安全に楽しんでもらうことが第一ですが、お客さんからご予約頂いたターゲット（魚やイカ）に対して、ターゲットの性格やくせなどをお伝えし、ルアー選びや釣り方、やりとりまでをサポートしています。
　初めての方にはレンタルタックルもあり、色の使い分けや釣り方からやりとりまでをサポートいたしております。たとえ釣れなくても次につながるように、ウィンガーでいろんなことを得てもらいたいと思っています。
　契約メーカーとの商品デザインの内容は、メーカーの得意とする部分を生かしたデザインを心掛けております。商品デザインから設計、パッケージデザイン、商品名、キャッチコピーや売り方などの提案も含み、釣具店の店頭イベントもさせていただいております。

●仕事の魅力・やりがい
　お客さんの満足した素敵な笑顔が見られた時はこの仕事にやりがいを感じます。また、海の風と眺める景色はとても気持ちいいです。

●この仕事を目差す人へのアドバイス
　基本的に、遊漁船の仕事ではお客さんの命を預かっているので安全には特に気を遣います。また天気に左右される仕事のためいろいろと不安定で大変です。

●今後の抱負や夢
　新しい釣り具や釣り方を開発すること。ターゲットがいても食わない状況はよくあります。そんな時こそターゲットのことを調べ、よく観察し、思い込みや常識を疑うこともします。唯一無二の商品や釣り方ができた時は最高ですし、そういうことを考えてモノを

遊漁船の仕事は安全第一が大前提

ターゲットに応じてさまざまなアドバイス、サポートを行ない、お客さんの満足した素敵な笑顔が見られた時は船長としてやりがいを感じます

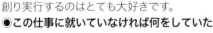

創り実行するのはとても大好きです。

●この仕事に就いていなければ何をしていた

夢はカーデザイナー、プロゴルファー、建築デザイナー、工業デザイナーなどありましたが、基本的にモノを創るのが好きな性格のため、何かの開発やデザインをしていると思います。

●今、好きな釣りは？

現在ハマっているのはヒラマサのジギング。あとは釣れるパターンを探求すること。一度ハマったらとことんやってしまう性格のため、釣り具も一気に増え、その経験をもとに釣り方やルアー選び、ルアーの性格なども研究して、自ら見つけたパターンにハマった時の感触はとても気持ちがいいですね。

このような性格のため、ゴルフ、ドラクエ、アユ釣りはキケンなのでやらないと決めています（笑）。

●初めて釣った魚と場所

実家の鹿児島でのオイカワとウナギ。オイカワはウキ釣りや毛バリで。ウナギは夕方に仕掛け翌朝回収する方法や穴釣りでつかまえていました。

●特に大切にしている釣り道具

現在はシマノのオシアジガー（ベイトリール）です。

●将来行きたい釣り場と釣りたい魚

海外で、日本では釣れない魚、キングサーモンも釣ってみたい。

過去に、アメリカではボートでフロリダバス、陸っぱりでイカ、ボートでインショア（河口）のキャスティングとオフショアのジギングを経験しました。ヨーロッパでも、陸っぱり、インショア、オフショアとさまざまなソルトフィッシングを経験しました。

海外の釣りは日本では想像もしないことの連続で、特にアメリカではターゲットの数の多さにびっくり。バスは朝イチはポッパーやペンシル、日が上るにつれミノー、クランクと、昔本で見た教科書どおりの釣り方で面白いように釣れ、オフショアのジギングではジグが底に着くことがないくらい途中で魚がヒットする。日本では考えられない経験をさせてもらいました。

●現在乗っている車

ワンボックス。

遊漁船

福の神丸
船長（漁師と兼業）

田村 信彦 （たむら のぶひこ） 61歳

【最終学歴（論文・制作）】江戸川学園取手高等学校
【前職】NEC 日本電気（株）。高校卒業後入社

大企業のサラリーマンから漁師兼遊漁船の船長へ

● (いつ)何歳で今の仕事を始めた

　30歳で脱サラ、その年に船舶の免許を取得し、秋から一本釣りでシーバス・クロダイ・メバル・カサゴを釣り、漁港に魚を卸す漁師となりました。魚釣りに関わり今年（2024）で31年目となります。

● いつ頃どんな志望動機で目差そうと思った

　お恥ずかしい話ですが、日本記録のクロダイを釣るため、脱サラし漁師となりました。アハハ……。

　釣り船の仕事は平成16年（2004年）に始め、今年で20年目。バブル景気が終わり市場で取引される魚の価格が下落し収入が年々落ちていった時、釣り仲間から「釣り船を始めれば生活が楽になるのでは？」と話をもらいました。調べてみると、小型の釣り船で予約乗合や貸し切り（チャーター船）などで営業しているところがたくさんあり、乗船料金は私の感覚からすると信じられないほど高価でした。そこで私もやってみるかと、低料金で始めたのが福の神丸となります。

● 仕事の具体的な内容

　漁師の仕事と兼業で遊漁船（完全予約制のチャーター船）を経営しています。一年を通してねらう魚種はシーバス（スズキ）で、クロダイは釣れる時期が限られます。1～2月末まではシーバスのみ、3～9月末まではシーバスとクロダイ、10～12月はシーバスと青もの。シーバスと青ものはルアー、クロダイは船からの落し込み釣り（ボートクロダイ）で、短ザオ（2.7m前後）またはルアーロッドを使用します。

　当船ではお客様の乗船料金を安くするため、お持ち帰りにならない魚を漁港に卸し、その利益をお客様に還元することで、お一人様でも安い料金で乗船できるサービスを提供しています。魚が釣れなかった時には微々たる収入となりますが、「お越しになったお客様に数多くの魚を釣らせることができなかった時は船頭の責任」と自分の不甲斐なさを反省します。

　お客様には、数を釣るための秘訣や、ポイント毎に高確率でヒットするポイントなどのアドバイスを親切丁寧に行なっています。私は元々サラリーマンで客商売をしていたので、生まれついての漁師のようなベランメエ口調では話しませんのでご安心ください。

● 仕事の魅力・やりがい

　大好きなシーバスとクロダイを、お客様と一緒にサオをだしねらうことができるので、こんな幸せな仕事はほかにはないと思います。ただ私がサオをだせる条件はルアーのシーバスでは多めですが、クロダイでは微妙な操船を必要とするので、よほど釣りやすいポイント以外では滅多にサオをだせないのが難点です。

　遊漁船の仕事で一番大変なことは、魚が釣れなかった時の対応です。自然相手の釣りなので、出船すればねらいの魚種が確実に釣れる保証はなく、釣果にばらつきがあります。このため当船ではご予約を頂いたお客さまには当日予想できる釣果を説明

シーバスは通年、クロダイは限られたシーズンでご案内しています

お客様には親切丁寧なアドバイスと、リーズナブルに遊んでいただけるサービスをご提供しています

し、出船するか中止（予約をキャンセル）するかの判断をして頂いております。

●この仕事を目差す人へのアドバイス

遊漁船の仕事を始めてからは、「乗船したお客様に魚を釣らせるのは大変！」と感じました。たとえばシーバスねらいで、私がルアーを2回キャストすればバイトする好条件の時、お客様が6回以上キャストしてもバイトがないことがよくあります。船頭はお客様に魚を釣らせるのが仕事なのでアドバイスをしつつ、お客様がねらった後に魚をヒットさせると、「エ〜、マジか！」と驚かれます。そこで「やだな〜、お客さん、魚いるのに！」と笑いながら言葉をかけると皆さん気合が入ります。

船頭は時には魚を釣り、魚が釣れるポイントをきちんとねらっていることをアピールする必要があります。

●今後の抱負や夢

特にこれといった事柄はありませんが、年々魚のキャッチ数が減っています。

原因は温暖化の影響以外に、2020年の東京オリンピックの年から、岸壁に付着していたカラス貝（ムラサキイガイ）が全くといっていいほど付着しなくなったことにより、魚が付きやすいポイントから魚が姿を消しました。原因はいろいろとあるようですが、昔のように魚がいっぱい集まる東京湾に戻ってほしいと思っています。

●この仕事に就いていなければ何をしていた

たぶん、会社を辞めることなく、好きな女性と結婚し子供を作り、休みは家族サービスと釣りを楽しんでいたと思います。

●今、好きな釣りは？

昔から変わらずシーバスとクロダイ。

●初めて釣った魚と場所

小学1年の時、父と一緒に近所の水元公園で赤虫をエサにクチボソ釣りを体験。

●特に大切にしている釣り道具

大切にしているとはいえませんが、お気に入りのルアーロッドがあります。シマノの初代スコーピオン（20年以上昔の商品）のスピニングモデルでバットの部分が長いタイプです。

●将来行きたい釣り場と釣りたい魚

サラリーマン時代はクロダイの落とし込み釣りで地方遠征したいと考えていましたが、東京港でバンバン釣ってしまうとその魅力がなくなりました。遠征好きの釣り仲間から、「地方遠征は東京よりも数は釣れるけどサイズが小さい。東京湾ほど大型のクロダイが数釣れる場所はなかった！」と聞いたことも影響しています。

●現在乗っている車

今は軽自動車、スバル・サンバー。座席を倒すとフラットシートになるので荷物を運ぶのに最適です。そろそろ別の車種に変えたいがお金なし。涙。

遊漁船

瀬渡し船 OASIS
船長

藤田 優雅
ふじた　ゆうが
40歳

【最終学歴（論文・制作）】大阪府立貝塚高校
【前職】現場作業員（防水工事）

結婚を機にそれまでの仕事を辞め、五島列島に移住してこの仕事を始めました

◉（いつ）何歳で今の仕事を始めた

2012年1月、27歳の時より。

◉いつ頃どんな志望動機で目差そうと思った

20代半ばから、当時していた仕事が嫌ではなかったけれど、一生この仕事で生計を立てて、この仕事が自分自身の日常の大半を占めることになると考えた時、本当にこれでよいのか？という疑問が沸き起こり、長い期間悩まされていました。

そして転機となる2011年11月、結婚を機に思い切ってそれまでの仕事を辞め、長崎県五島列島に移住して、好きなことと直結する仕事を一生すると決意現在に至ります。

◉仕事の具体的な内容

私の仕事は渡船業で、五島列島の福江島西側に位置する大瀬崎灯台付近や島山島、嵯峨ノ島や玉之浦湾内の岩礁に、お客様の希望する対象魚に合わせたポイント選択をして釣り場まで船で案内するガイドのような仕事です。

天候に左右される仕事なので、当日の天気予報（有料の天気予報サイト）を確認するだけではなく、前日の天気予報と海況を照らし合わせ、翌日の天気予報も多少参考にしながら出船するかどうかを判断しております。

正しい判断でお客様の安全を確保することを最優先に日々仕事をさせて頂いておりますが、瀬渡し後、釣りをしている間はお客様一人ひとりがご自分で身の安全を確保しなければなりません。そのため、ライフジャケットや磯靴の着用は大前提として、

磯に上がってからの状況判断や安全面の確保についても必要に応じてアドバイスをさせて頂いております。

また、近年急増しているショアからルアーフィッシングを楽しまれるお客様の中にはビギナーの方も多く、その方たちには必要最小限の荷物で磯へ渡るように勧めたり、ベテランの方には渡礁・離礁時に荷物の受け渡しをお願いすることもあります。

磯釣りはとても魅力的で面白い遊びですが、危険が伴うことは間違いありません。お客様の安全面の確保が一番大切な仕事内容でもあります。

◉仕事の魅力・やりがい

自分が選択したポイントで、お客様がよい釣果を出して喜んで頂けることが何よりのやりがいです。

そして、五島列島のように田舎で自然以外には何もない場所に、魚釣りという遊びを通じて日本全国から、さらには台湾、香港、マカオ、韓国、中国といろいろな国や地域から釣り人が訪れてくださる。これからもアジアを中心に世界中の釣り人に向けて、日本の釣りのよさ、五島列島という素晴らしいフィールドの魅力を発信し続けていくことで、世界中の釣り人とつながる可能性が無限にあるところに、この仕事の魅力を感じています。

◉この仕事を目差す人へのアドバイス

渡船業には、以前の仕事では感じられなかったうれしさや喜びがあり、反対に恐怖や

瀬渡し船はお客様の安全面確保が一番大切な仕事。渡礁・離礁時には特に気を遣います

つらさももちろんありますが、すべてをひっくるめても私自身は喜びやうれしさが勝るので、とてもよい仕事だと思っています。興味がある方はぜひやってみてほしいです。

◉今後の抱負や夢

2022年から渡船業と並行して釣り人が快適に過ごせる宿もスタートさせることができました。次なる目標は、最高の釣り場まで快適に航海できる理想的な船を手に入れて、語学を学び、世界中から釣り人を呼べる環境をここ五島列島で作りたいと思っています。

◉この仕事に就いていなければ何をしていた

たぶん大阪でしていた現場仕事をしていると思います。

◉今、好きな釣りは？

磯釣り。中でもフカセ釣りが一番好きですが、仕事上磯釣りができる回数が激減したので、仕事の合間に船からキャスティングをしているうちにそっちにハマってしまいました。

◉初めて釣った魚と場所

生まれも育ちも大阪府で、小学生になる前に近所の港で釣ったアジが初めて釣った魚です。

◉特に大切にしている釣り道具

けっこう人にあげてしまうタイプですが、磯釣りの道具はすべて大切に持っています。

◉将来行きたい釣り場と釣りたい魚

海外。釣り以外で全く行く用事がないような場所で、釣ったことのない魚を釣ってみたいです。アルゼンチンのキングサーモンとか興味ありますね。

◉現在乗っている車

お客様を空港やフェリーターミナルから宿まで送迎するために10人乗りと5人乗りのハイエース2台と軽トラ1台を所有しています。普段乗っているのは軽トラが多いです。この場所では軽トラ最強です。

大好きな磯釣りの思い出。現在は仕事の都合上、船からのキャスティングが増えました

アジを釣って泳がせてイヤゴハタが釣れた

遊漁船

福将丸 女将

眞野 有理 まの ゆり

【最終学歴(論文・制作)】昭和音楽大学短期大学部器楽科 卒業演奏「ドビュッシーの『塔』」
【前職】会社員1年（製造系）。さらにその前はピアノ教師12年

● (いつ)何歳で今の仕事を始めた
　2000年4月から。
● いつ頃どんな志望動機で目差そうと思った
　船長と結婚したら自動的におかみさんになりました。この職になりたくてなった、というわけではなく。転がり流れ着いて気が付けばこのお仕事をしていました。なんのこっちゃ、というお話なのですが、なかなか珍しい人生体験なのかなあとは思います。皆さんはマネしないでくださいね？
　音楽大学の短大を卒業後は、ピアノの先生をしていました。幼稚園生から大人の方までさまざまな生徒さんと、日々わいわい歌って弾いて音にあふれた生活をしていましたが、27歳の冬に交通事故に遭いました。国道を走行中、一旦停止をしない車に横から追突され私の車は横転。救急車で運ばれ2ヵ月入院しましたが、打ち所が悪かったということで手に力が入らなくなり、ピアノが弾けなくなってしまいました。木の鍵盤のピアノは弾くのに力がいるため「あーこれはちゃんとした演奏が無理な身体になってしまったな」と。
　ピアノの発表会で講師演奏ができないという、「ピアノの先生」として生きていくことが無理になった瞬間でした。
　1年リハビリをしてもよくならず、事故の相手を恨んでもピアノを弾くことができない腕は戻ってこないという現実を受け入れることが、とても苦しかったです。
　それでも生きていかねばならないということで、気分転換にハローワークにお仕事を探しに行ったら、ほいほいっと転職が決まり会社員になりました。大きな会社で、福利厚生で「釣りクラブ」がありました。そのとき会社の仲間に連れてきてもらったのが福将丸です。釣りは25歳頃から女子高時代のお友達に誘われて、バス釣りやエギングなどをオカッパリから楽しんでいたのですが、事故後は「ぶん投げ」ができなくなりまして。
　力が入らずサオを振れない！　なんで投げられないのと、芦ノ湖の畔でぼけーっとしていたら、ボート屋さんに「遠くに投げられないなら、自分が魚に近づけばいいじゃない」とアドバイスされ、パァァッと日が射したというか、ガァァンという衝撃を受けたというか。そっか、自分がお魚に近づけばいいのか、と。
　その年、最後の小型船舶5級の試験があり（現在は改正され1級2級のみ）思い切って試験を受けてみました。事故に遭ってから手が動かず車も廃車になり、今まで当たり前に出来たことが出来なくなるという「マイナスになってしまった自分」がとても嫌だったんですが、やっとプラスに進めたなあと感じた出来事でしたね。
　船長と結婚する前に小型船舶免許5級の有効期限が切れそうだったので、思い切って小型船舶1級を取得しました。
　釣りが仕事になるなんて思ってもいませんでしたね。

福将丸一家全員集合！

使用後のレンタルロッド洗浄も大事な仕事の１つ

お客様の「初めて」に日々立ち会えるのは本当に素敵なこと

福将丸。遊漁船の女将になるとは思ってもいなかったけれど、今、とても楽しいです

●仕事の具体的な内容

・乗船予約の受付（お電話やオンライン予約、LINE、メールなどの返信）。
・乗船の受付。お代を頂いたりレンタル品をご用意します。帰港後はお魚を見せてもらい釣果をまとめ、お魚の計量をします。
・SNSやブログの更新。その日に釣れたお魚のお話やお客様とお話しした小ネタなどをご紹介。毎日更新を心がけています。
・釣りガイドとツアーの開催。初心者さん向けの手ぶらで参加できる釣りのツアーを釣具店さんと企画・開催しています。深海魚釣りが人気です。船に乗ったことがない方も「最初は誰でも初めて」ですからお気軽に挑戦していただけたらうれしいなと思っています。初めての船釣りの手伝いができたらうれしいです。伝えるための言葉のカードがたくさんないと、伝わりにくいことがありますが、ピアノを教えていた時の経験がここで生きるとは思いませんでした。
・経理全般。確定申告も税理士さんとやりとりして私が計算をしています。

●仕事の魅力・やりがい

やはりお客様と対面でお会いできること、ですね。釣りが初めて、船が初めてというお子さんが、帰港後に「たくさん釣れたよ楽しかったよ」と、笑顔でお魚を見せてくれること。「初めて」は一生に一度しかないので。
初めてに立ち会えるって本当に素敵なことだと思います。

●この仕事を目差す人へのアドバイス

毎日同じことを繰り返しているようで毎日違うドラマがあります。自然のやさしさや厳しさを肌で感じて生きてみたい方にお勧めです。

●今後の抱負や夢

本格的な動画を作れるようになりたいです。この歳からですが動画ソフト（Adobeのpremiere pro）の勉強をしています。

●この仕事に就いていなければ何をしていた

会社員を続けていたかもしれません。

●今、好きな釣りは？

秋（原稿執筆時）ですので、オカッパリから投げるエギングですね。船の下にコロッケサイズより大きいアオリイカが見えるとエギを投げたくなっちゃいます。

●初めて釣った魚と場所

小学生の頃、父と近所の小さな川でハヤやウグイを釣って遊んでいました。

●特に大切にしている釣り道具

小型船舶5級を取得した時に、ブラックバス釣りのお友達からいただいたサオ（DaiwaのTDトルネード）。オカッパリからのアオリイカ釣りには今でもこのサオを使っています。

●将来行きたい釣り場と釣りたい魚

金洲のカツオ釣り。太平洋まで遠いですが行ってみたい場所です。

●現在乗っている車

トヨタNOAH。

レンタルボート店

のむらボートハウス
代表

野村 友行 のむら ともゆき
47歳

【最終学歴（論文・制作）】国際トラベル＆ホテル専門学校
【前職】電気工事士

バス釣りを通じて人の輪が広がっていくのを実感できる今の仕事が大好きです

● (いつ)何歳で今の仕事を始めた

　専門学校を卒業して金融機関の仕事に就きましたが2年ほどで退職し、22歳で実家のボート店を手伝い始めました。その後24歳で電気工事士の資格を取得するため電気工事店に入社し、第二種電気工事士免許を取得した後に退社、27歳でボート店に帰ってきて今に至ります。

● いつ頃どんな志望動機で目差そうと思った

　実家がボート店で手伝ったりしているうちに、もともと釣りが好きなこともあってバス釣りにどっぷりハマり、好きなことを仕事に出来るなんて何てラッキーだと思い27歳の時にボート屋を継ぎたいと思いました。

● 仕事の具体的な内容

　釣りボートのレンタル業務がほとんどを占めています。内容は、ボートの予約受付業務、当日の受付業務、SNS等での釣果

「ELECTRIC ANOTHER DIMENSIONS BASSFISHING CHALLENGE2024」。約150名もの参加者が集まり盛大に開催されました

情報更新、予約ボートのエレキのセッティング、使用後のボート清掃、ボートやエレキの修理やメンテナンス、店舗販売物の仕入れや在庫管理、店舗清掃、経理業務、店舗周辺や駐車場の整備草刈り、桟橋修繕などです。

　また漁協のお手伝い(放流作業等)、台風や大雨で湖面に大量の流木などが発生した時はその流木撤去作業や湖面清掃作業、大会やイベント開催時の主催者との企画打ち合わせ、紅葉の時期は紅葉狩りクルーズ船の運航なども行ないます。

● 仕事の魅力・やりがい

　バスフィッシングという共通の趣味を持った職業や年代の違う方々と話をしているだけでも楽しいですし、いろいろな方との輪が広がり、普段の生活では絶対に知り合えないような方(芸能人・プロスポーツ選手等)と知り合えたり、何より釣り場で知り合ったお客さんたちが楽しそうに話を

ここから皆さん亀山湖へ出船!!

店舗外観。今年（2024）5月、常連の職人さんたちに外壁をリフォームして頂ききれいになりました

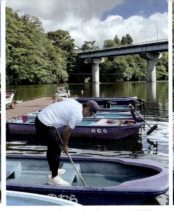
帰ってきたボートをブラシでお掃除、これが一番の重労働なんですが、きれいなボートで釣りに出てもらいたいのでその日のうちに洗います

ボート屋さんといえばこのスタイルが皆さんにはお馴染みかも

して盛り上がっているのを見ていると、そういう場を提供出来ている仕事っていいなと思います。

　また、エリアや釣り方などをアドバイスして、お客さんが「釣れました」ってうれしそうに報告してくれた時はこっちもうれしくなりますね。

　そして、ブラックバスがいなくなってしまっては成り立たない仕事なので、ブラックバスは大切にしなければならない資源です。その資源維持のために湖の環境などを整えることで魚が増えたり、コンディションのよい魚が釣れたりする。自然相手の仕事ではあるけれど、どのように環境を整えていくことが今いるバスにとってよい環境なのか？　最近は自然環境の変化が激しい中で、人間が出来るのはちっぽけなことかもしれませんが、手をかけ続けていかなければいけない魚だと思っています。そのために試行錯誤をして釣り場の環境を整えるのは大変ですが、終わりのないやりがいのある仕事でもあります。

●この仕事を目差す人へのアドバイス

　土日、GW、お盆、年末年始など多くの方が休みの時こそ忙しい仕事なので、休みが少なかったり、毎朝の早起きなど結構大変ですが、それでも好きなことを仕事にするならまずアルバイトなどで実際に体験してみるのがよいと思います。力仕事も多いので体力に自信がある方、あと船舶免許は必須ですよ！

●今後の抱負や夢

　皆さんが休日を楽しく過ごせるように、釣れるフィールド、安心して過ごせるフィールドを目差していろいろと新しいことにもチャレンジしていきたいと思います。ブラックバスは、悪い印象を持っている方がまだまだ多い魚なので、観光資源としてもバスフィッシングは人を集め経済効果も高いレジャーなんだということをアピールしたいです。

　また、亀山湖ではワカサギを放流しているのですが、なかなか釣果につながらないのが最近の傾向です。漁協と協力しながら亀山に合った放流方法を研究し、冬季はワカサギ釣りで賑わうような釣り場にもしたいと思っています。

●この仕事に就いていなければ何をしていた

　とにかく身体を動かすことが好きなので、消防士になりたいと思ったことはありました。

●今、好きな釣りは？

　どんな釣りも好きですが、やっぱりバスフィッシングかな。

●初めて釣った魚と場所

　近所の貯水池でフナ。

●特に大切にしている釣り道具

　大会で数々のキッカーフィッシュを釣ったロッド(ミミポン)。

●将来行きたい釣り場と釣りたい魚

　大間のマグロ一本釣り。

●現在乗っている車

　アルファード。

バスボートメカニック

(株)マッスルマリン
契約メカニック

小島 宏 こじま ひろし 53歳

【最終学歴（論文・制作）】大阪国際大学経営情報学部
【前職】バスプロ

私の場合は五十の手習いですが、本気で目差したいなら若いうちからのスタートをおすすめします！

●(いつ)何歳で今の仕事を始めた

2023年10月末から、52歳にして新米の見習いスタート。

●いつ頃どんな志望動機で目差そうと思った

20〜30代に日本でのバスプロ活動を経て、長年の夢であったアメリカでトーナメントに参戦するため渡米。自己所有のバスボートが壊れて、資金不足もあり独学で分解してレストアしたり鉄材を溶接してボートトレーラーを自作した。その後、約20年のアメリカ生活に終止符を打ち帰国したタイミングでよい仕事が見つからず困っていたところ、以前から知り合いだったマッスルマリンの長谷川社長に「うちで仕事してみる？」と誘っていただいたのが始まり。

●仕事の具体的な内容

バスボートのメンテナンスと修理。最も多いメンテナンスは船外機のオイル交換。多い修理はエレクトリックモーターの電気系トラブルによる部品交換。

トレーラーの整備や部品交換は自動車整備にやや近いかな？　バスボートはほぼすべてがアメリカ製の乗り物なので、車でいうとアメ車なみによく壊れます（笑）。インチ・ポンド規格の理解や英語の説明書を読んで理解できるほうがよいです。魚探やGPSなどもほぼすべてアメリカ製です。

エンジンの載せ替えや分解に伴う取り外しなどは、重量物を扱う建設か物流の仕事にやや近いかも？　外した後の修理内容は機械整備ですが。

FRPをレジンで積層する作業は、建築や塗装の仕事に近いかも？　アセトンなどの危険物も取り扱うので健康にも注意。

●仕事の魅力・やりがい

バスボートオーナーが人生で行なうDIYのバスボートメンテでは、個人レベルなら1艇、多くても4〜5艇あたりかと思われますが、整備士になると日替わりで新旧取り混ぜありとあらゆる機種が入庫してくるため、数多くの異なるバスボートに触れることができます。

●この仕事を目差す人へのアドバイス

私を例に挙げると、アメリカ時代に個人的なDIY作業で趣味レベルの経験値こそあったものの、所詮はたった2台の自己所有ボートを触ったのみの経験だったわけです。

ですがプロのバスボートメカニックは、ありとあらゆるメーカー・機種のメンテナンスをやらなければなりません。個人レベルのDIYとは必要な知識量や経験値に雲泥の差があることを、恥ずかしながら実際に体験して思い知らされました。

自動車整備のように指示書や教本がある

マイボートのレストア中

ギアオイルの交換

トレーラーを自作しています

わけでもなく（船外機のサービスマニュアルなどはありますが）、基本的にはバスボートの整備ノウハウを身に付ける方法は、先輩方から教えて頂きつつ、自分の経験を現場でコツコツと積み上げていくしかありません。

おそらく一人前のバスボートメカニックを目差すには10〜20年のスパンで学んでいく覚悟が必要だろうと思います。つまり50代にしていきなり見習いでこの世界に飛び込んだ私は、残された時間と体力的な壁を考慮すると、残念ながら時間切れのような気もします。諸先輩方へのアシスト的な立場で自分にできる範囲のことを精一杯頑張ろう、というマインドです。

そんな私からのアドバイスは、もしこの職業を本気で目差してやってみたいと思うなら、とにかく若いうちからスタートするべきです。他業種の機械整備の経験や、バスボート以外のボート整備の経験はそれほど必要ないというか、むしろ特殊なバスボートの世界においては先入観がないほうがよい気もします。重要なのは若さと体力・記憶力です。

●今後の抱負や夢

バスルアー作り。

●この仕事に就いていなければ何をしていた

約20年ぶりにアメリカから突如日本へ帰国しましたので……どうなっていたか、見当もつきません。

●今、好きな釣りは？

若い時からずっと変わらず、動力船を自分で操縦してのバスフィッシングのみ。

船艇のFRP修理前（上）→修理後（下）

●初めて釣った魚と場所

小学校低学年、兵庫県の武庫川でエサ釣りで釣ったオイカワ。

●特に大切にしている釣り道具

アメリカに住んでいた約20年の間に現地で収集した、ハンドメイド品や廃番モデルの希少なバスルアー。

●将来行きたい釣り場と釣りたい魚

行きたいというか「戻りたい」釣り場……死ぬまでにまた、アラバマのユーファウラ湖やフロリダのオキチョビー湖でバスボートを運転してラージマウスバスを釣れたらいいなあ。

●現在乗っている車

ヤフオクで10万円で落札した軽バン・スズキエブリイ。11年落ち17万km。とりあえずの足で買ったがあまりにも便利すぎて、ずっと乗っています。

アメリカのB.A.S.S.に参戦後は日本のトーナメントに復帰し、JBTOP50を主戦場に試合に参加しています

バスプロ

日本バスプロ協会 JB/NBC 所属
プロフェッショナルバスアングラー

ほか（株）DSTYLE 代表

青木 大介
あおき　だいすけ
42歳

【最終学歴（論文・制作）】総合学園ヒューマンアカデミー 旧東京校フィッシングカレッジ トーナメントプロ専攻
【前職】なし

釣り具はもちろん、一番大切な道具はボート、そして車です。写真の車はプライベートな釣りや遠征で使っているキャンピングカーで、通常のトレイルではランドクルーザーに乗っています

◉(いつ)何歳で今の仕事を始めた

　20歳から。この年にJB Ⅱ山中湖シリーズという初のプロ戦に出場しました。年間5位に入ったことを覚えています。プロ戦出場のために12ftのアルミボートを新艇で購入したのですが運ぶための車がなく、実家の車に無断でキャリアをつけて父に大激怒された記憶があります。結果的に家族会議のすえに車を買ってもらいました。
　その後はJBマスターズやTOP50などのカテゴリーに昇格し試合に出続ける日々が始まりました。

◉いつ頃どんな志望動機で目差そうと思った

　小学6年生の頃に初めてバスフィッシングと出会いそこからです。初めてのバスを釣ったのは神奈川県の震生湖。ルアーはクラッピーグラブの細長いモデルのノーシンカーでした。中学時代はバドミントンに打ち込みつつ、丹沢湖や芦ノ湖、霞ヶ浦にバスを釣りに行っていました。

◉仕事の具体的な内容

　プロトーナメント（バスプロが出場する大会）に20歳から出場し続けています。プロトーナメントは規模にもよりますが50〜100名のバスプロが出場し、1〜4日間（試合によって異なる）の競技で誰が一番釣ったかを競います。
　20歳から30歳台なかばまでは国内のJB（日本バスプロ協会）で戦い、その後数年間はアメリカのB.A.S.S.というトーナメントに出場しました。バスフィッシングはアメリカで生まれた釣りで、アメリカの試合は賞金額や規模感が大きいのが特徴です。自分の場合、最初からアメリカを意識していたわけではありませんが、日本のタイトルを獲っていくうちにふとアメリカで戦ってみたいという気持ちが芽生えました。
　現在は拠点をふたたび日本に移し、JBのトーナメント（マスターズやTOP50、河口湖シリーズなど）に出場しています。
　トーナメントで活躍することで賞金が獲得できますし、契約メーカーの商品のプロモーションにもつながります。また、自身のメーカーでルアーを開発するために欠かせない「こんなルアーがほしい」というアイデアが湧く原動力になります。何よりトーナメントで戦うことは生きがいのひとつです。
　また、自分で立ち上げたルアーメーカー「DSTYLE」でルアーを開発・販売しています。「自分が使いたいもの。トーナメントで勝つために必要なもの」を作るのが基本的なコンセプトです。
　そのほか、映像や雑誌、WEB記事など

ボートでのバスフィッシングは、必ず魚のいる場所までアクセスでき、だからこそ「魚が沖にいてルアーが届かない」といった言い訳ができません。それこそが魅力でもあります

フルタイムのトーナメントプロとして食っていくには体力や金銭的な壁はありますが、まず何よりも「バスフィッシングが好き」という気持ちが自分を支えてくれます

に出演し釣りをすることも多いです。たとえば YouTube チャンネル「D-Chan」ではカメラマンとともに日本全国のバスフィールドで釣りをしてそのようすを映像にしています。そういった場での発信を通じてバスフィッシングの魅力を伝えるとともに、自分で開発したルアーの意図や使い方を紹介することを心がけています。

◉**仕事の魅力・やりがい**

バスフィッシングがとにかく好きです。本当にたくさんの種類の釣りがあるなかで、バスフィッシングは特に釣り方のバリエーションが多い特徴があります。つまり、どんな状況であっても必ずどこかに正解はあり、自分次第で必ずバスに辿り着くことができるということです。また、海の釣りと違い、湖という限られた範囲でボートを駆るバスフィッシングは自分の動き方次第で必ず魚がいる場所に辿りつくことができます。つまり、結果が出ない時はすべて自分に責任があり、言い訳がつかないところがバスフィッシングの魅力のひとつです。

◉**この仕事を目差す人へのアドバイス**

「誰よりもバスフィッシングが好き」という気持ちが一番大事だと思います。そのうえでフィールド（釣り場）に出続けることも重要です。釣り場でバスに向き合わないことにはアイデアが出てきません。

◉**今後の抱負や夢**

正直、自分がやりたかったバスフィッシングの大半を経験することができました。そのうえで、さらにバスフィッシングと深く関わるためにはどういう方法があるのか？　今はそれを模索しているところです。

◉**この仕事に就いていなければ何をしていた**

この仕事以外は考えられません。

◉**今、好きな釣りは？**

釣りはどんな釣りでも好きです。バスフィッシングが大好きですが、時には遠征してアカメなど海の魚に挑戦することもあります。

◉**初めて釣った魚と場所**

たしか相模川河口でハゼだったような気がします。

◉**特に大切にしている釣り道具**

ボート。これがないと始まりませんから。

◉**将来行きたい釣り場と釣りたい魚**

今はアカメを釣ることを目標にしています。

◉**現在乗っている車**

ランドクルーザー 300。バスボートを牽引するパワーのある車が必要なので、長年ランクルのお世話になっています。

帰国後はキャンピングカーでいろいろなフィールドで釣りを楽しむことも増えました。パソコンは携帯していますが、YouTube ばかり見ています（笑）

バスプロ

W.B.S.、BMC 所属
プロフェッショナルバスアングラー

赤羽 修弥　あかばね　しゅうや
58歳

【最終学歴（論文・制作）】中央学院大学法学部
【前職】製造業会社役員

権威ある大会「Basser オールスタークラシック」の歴代優勝者のみが参加できる「King of Kings」で優勝することができました

●(いつ)何歳で今の仕事を始めた
26歳より W.B.S. プロトーナメントに参戦し、30歳でロッドメーカー、ラインメーカー等とスポンサー契約し、パートタイムプロとしてスタート。

●いつ頃どんな志望動機で目差そうと思った
バス釣りが好きで、大学生の頃からアマチュアのトーナメントに参戦し、その頃からアメリカの雑誌、バスマスターマガジンを見たりして B.A.S.S. トーナメントに憧れ、いつかはアメリカのトーナメントプロのように釣りで生活がしたいと思い、W.B.S. プロトーナメントに参戦するようになった。

●仕事の具体的な内容
プロトーナメントへの参戦、製品のテストなどフィールドから得た情報を釣り具メーカーにフィードバックするほか、監修商品の開発やアドバイス、動画撮影や釣り関連メディアへの出演が主な仕事になります。トーナメントでの活躍や自身の SNS、メディアでの発信を通じて商品の魅力をPRすることも重要な役割です。またフィッシングガイドとして釣りのアドバイスやバス釣りの楽しさを伝えたりしています。

●仕事の魅力・やりがい
トーナメントシーンで優勝した時の感動は別格で、それまでの練習の辛さが一気に吹き飛ぶくらいの気持ちよさがあります。さらに BASSER ALL STAR CLASSIC のような大きな大会での優勝はプライスレス（2008〜2010年は3連覇することができました）。

プライベートやロケはもちろん、生活や名誉を懸けたトーナメント中に釣ったビッグフィッシュは生涯の記憶になります

その後の釣り人生を変えるくらいのインパクトを経験することができます。また、商品開発の仕事では自ら監修したルアーやロッドを多くのユーザーさんが使用し魚を釣ってくれ、SNS に上がったり、直接お声がけを頂いたりするとほっこりします。

●この仕事を目差す人へのアドバイス
釣りを仕事にすると釣りばかりして一見、楽しそうに見えますが、早朝から夕方までのフィールドワークは体力的にキツさもあります。タフであることは第一条件です。また、トーナメントを戦うとなると精神的にも強くないと試合で勝つことが難しくなります。練習段階から釣れていない時は焦りが生まれることもありますし、試合本番で上手くいかないとなおさらだからです。

さらに金銭的な負担も大きいので、スタートはガイドやパートタイムプロとして活動しながら体力面、精神面を鍛えてフルタイムプロを目差すのがよいかもしれません。スキル的な面ではトーナメントで全国をトレイルする試合もあるので、フルサイズのバスボートのけん引となると普通免許のほかにけん引免許も必要になります。さらに自分のスキルアッ

霞ヶ浦で開催されているプロトーナメント団体「W.B.S.」に所属し長年参戦しています

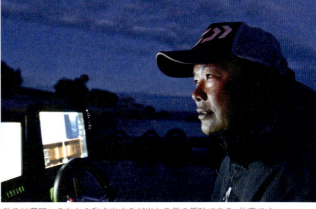
釣りは薄暗いうちから動き出すのが当たり前の趣味であり、仕事です。体力が重要になってきます

プも兼ねてガイド業を営む場合、ガイドを行なう湖にもよりますが、琵琶湖や霞ヶ浦、北浦および外浪逆浦等では他の内水面の湖とは違い遊漁船の登録も必要になります。ゲストに釣ってもらうためには、その湖や釣り方への深い理解が不可欠なことはいうまでもありません。

　それと語学力。特に英語は先々アメリカでのトーナメントを視野に入れた場合はマストですし（ミーティングや運営とのコミュニケーションはすべて英語で行なわれます）、英語ができるとバスに関わるさまざまな情報を入手しやすいです。

　また、釣り好きとタフさが基本ですが、そのほかにコミュニケーション能力も大事になります。サポートメーカーとのコミュニケーションから、セミナーやガイド等で一般の方とも触れ合う機会が多々ある仕事のため、フレンドリーさも大事なところです。

●今後の抱負や夢
　トーナメントアングラーを引退し、のんびり毎日好きなバス釣りを好きな釣り方で楽しむのが夢です。

●この仕事に就いていなければ何をしていた
　釣り関連の仕事をしたかったので、プロショップの店員かバスボート関連の仕事をしていたと思います。

●今、好きな釣りは？
　バス釣りが一番好きですが、夏のカバーでのライギョ釣りも大好きです。ただ近年はよいフィールドに巡り合えず少々ご無沙汰気味です。

●初めて釣った魚と場所
　小学生の低学年時に父に連れて行ってもらった近県の小川で、クチボソやフナ釣りをしたのが初めての釣りでした。

●特に大切にしている釣り道具
　バス釣りに夢中になり始めて数年が経った頃にお年玉で購入した Ambassdeur のリールや Heddon のルアーなど。

●将来行きたい釣り場と釣りたい魚
　四国のアカメ釣り。普段ソルトの釣りはほぼしないのですが、アカメだけは近い将来にチャレンジしたいです。バスタックルでは手に負えないので、アカメ用タックルを徐々に揃えています。

●現在乗っている車
　ランドクルーザー200。バスボートをけん引しての長距離移動を考慮するとどうしても車選びの選択肢が狭くランクルに。すでに走行距離は24万kmを超えたもののほぼノートラブルで安心して乗れる車です。

いつまでトーナメントを続けるかは分かりませんが、引退後も大好きなバスフィッシングを続けたいし、アカメ釣りなどにも挑戦したいです

バスプロ

B.A.S.S. ELITE series
professional angler

ほか、マルキユー㈱所属

伊藤 巧　いとう　たくみ　37歳

【最終学歴（論文・制作）】麗澤大学国際経済学部

2024 Bassmaster Classic メディアデイのひとコマ。試合前日、200名を超えるメディアに対応する一日が設けられる

◉（いつ）何歳で今の仕事を始めた

2019年、32歳からアメリカに挑戦。世界一の歴史を持つバスフィッシングトーナメント「Bassmaster」のオープンシリーズという、誰でも参加可能なトーナメントで年間4位の成績を収め、初年度でトップカテゴリーのエリートシリーズに昇格。以来、6年目の今でもエリートシリーズの賞金をはじめ、スポンサーワークなどで生計を立てています。

また、マルキユー（株）には国内外での活動を全面的にサポートしてもらっています。僕一人の夢をここまでサポートして頂ける会社はマルキユー以外ないのでは？本当に感謝しています。

◉いつ頃どんな志望動機で目差そうと思った

小学校低学年の頃、アメリカのスターフィッシュ社が発売したバスマスターが舞台となるスーパーファミコンのゲーム「スーパーブラックバス2」をやって、バス釣りにハマり、アメリカのバスマスタートーナメントを目差す（2021にはXBOX、プレステ5のテレビゲーム「BASSMASTER FISHING 2022」のキャラクターとしてデビューする）。

◉仕事の具体的な内容

B.A.S.S が運営する BASSMASTER ELITE SERIES で年間9戦のトーナメントに参戦し、賞金を稼ぐ。また並行してスポンサーワーク、プロモーション活動、各社のプロデュース製品の開発など。

◉仕事の魅力・やりがい

バスフィッシングの本場アメリカでトップカテゴリーに位置する選手たちと競い合う場所にいることで、常に100パーセントの気持ちでバス釣りに向き合い、1日1日を戦い抜く。喜怒哀楽を全面に出し、思いっきり試合にぶつけられるのは、お酒やタバコの依存性と同じ？と思うくらい、やめられない仕事です。もし、現役選手ではなくなった時、どこにこの刺激を求めればよいか不安になるほど（なお、本人はタバコは吸ったことはありません）。

◉この仕事を目差す人へのアドバイス

常にフィールドと向き合い、常に人よりも「釣る」ことを貪欲に求めることが大切かと思います。自分1人の力ではできないことも多いので、支えてくれる周りの方々や人間関係を大切にして、アメリカのトーナメント参戦を実現してほしいです。そして、人生において何度かチャンスが訪れると思います。たとえば、転職や人生において分岐点となる仕事の話をもらえる瞬間。そのチャンスを絶対に逃さないでください。そのチャンスを一つ一つつかんでいけば、どこかで必ずアメリカ挑戦のキッカケが巡ってくると思います。

夢をあきらめるといいますが、あきらめる人はだいたい自分が夢をあきらめているのかと思います。夢は逃げません。逃げるのはいつも自分かなと。

◉今後の抱負や夢

2023 Bassmaster Classic ウエイイン。釣りをしたフィールドからスタジアムへ移動し、大勢の観客の前でウエイインショーが行なわれる

2024 Bassmaster Classic のウエイイン。3日間の合計48lb-5ozで10位入賞し、$20,000の賞金を獲得

　バスマスタークラシック優勝を一生の夢として追い続けます。バスマスタークラシックを優勝したら、アメリカでの試合を引退するかもしれません。そのくらいの気持ちで戦っています。

●この仕事に就いていなければ何をしていた
　蜂の巣駆除の会社で働きたかった。特にオオスズメバチの駆除業者。理由は蜂という生き物にカッコよさと、怖さがあり、すごく魅力的だからです。今からでも遅くないですが、とりあえずアメリカでのトーナメントがあるので、今はあきらめています。

●今、好きな釣りは？
　バスフィッシング以外はしません。唯一やるのはパンコイくらい。なぜかというと、現役でアメリカのトップカテゴリーを戦っている以上、365日バス釣りから意識を離したくないからです。　ヘラブナ釣りは大好きだからやりたいけど、ハマりそうなので控えています。

●初めて釣った魚と場所
　4歳か5歳くらいの頃、利根運河という場所でミミズでフナを釣ったことかな？定かではありませんが……。

●特に大切にしている釣り道具
　初めて父親に買ってもらったダイワのプロキャスターSのサオとリール。お年玉を貯めて買ったTD Xのサオとリール。

●将来行きたい釣り場と釣りたい魚
　アマゾンのでっかい魚やカッコいい魚。

●現在乗っている車
　日本＝ランドクルーザー 106FLEX Renoca。アメリカ＝トヨタ タンドラ 1794 edision。

2024 Bassmaster Classic 朝のフライト。毎試合、国旗掲揚と国歌斉唱から始まり気が引き締まるとともに外国で戦っていることを実感

2024 Bassmaster Classic 朝のフライト。大勢の観客に見送られながら試合に臨む

2024年は初めての著作『1日10尾からのステップアップ　最先端の鮎釣り遊学』を上梓しました

フィールドテスター・プロアングラー
ダイワ 鮎フィールドテスター

本業＝農業（施設園芸茄子農家）。(株)安田ミネラル会 取締役

有岡 只祐 (ありおか ただすけ) 48歳

【最終学歴（論文・制作）】高卒
【前職】サラリーマン

●（いつ）何歳で今の仕事を始めた

　2002年、27歳でダイワと契約してダイワ鮎フィールドスタッフ（現在はフィールドテスター）になりました。

●いつ頃どんな志望動機で目差そうと思った

　ダイワ鮎マスターズ全国決勝大会（仁淀川）で3位になった時、アユの担当者から、少しサオをみてほしいといわれたのがきっかけだったと思います。数ヵ月後、今度は契約と後先になるけどカタログ撮影をしてほしいということで協力しました。その時すでに契約事が決まっていたんじゃないかと思います。

　実際に契約書が届くとすぐには返事ができず、期日ぎりぎりまで悩みました。契約したら本業がおろそかになってしまうのではないか？　真剣に悩み考え、1年やってみて上手く両立できなければ次回から契約しないつもりで一度契約をしました。

●仕事の具体的な内容

　サオ、道具の開発テスト。ウエア関係のテストもしています。1月後半からイベントが始まりフィッシングショー、そこから4月まで各店舗での展示販売が始まるので、依頼されると参加しています。

●仕事の魅力・やりがい

　道具はいつでも日進月歩というか、テストを重ねて納得し製品化した道具が、最高だったはずが使うにつれ「もう少しこれをこうしたらよかったんじゃないか？」「ココをこうすればもっと扱いやすかったんじゃないか？」とモノへの追求というか欲望というか、それがプラスされてさらによいものが出来上がるのが魅力です。またお客様が購入して使って頂き「すごい！　待ち望んだものが出来てうれしい」とその声が聞けることで今後のやりがいに結びついているのかと思います。

●この仕事を目差す人へのアドバイス

　私の場合、テスターを21年間させて頂いた当初から思っていることは、本当に失礼かもしれませんが、この仕事（テスター業）で飯は食えない。家族を養うくらいの所得は、まずあり得ないと思っています。ただ、この仕事をすることで本業にもものすごく力が入ります。私の仕事といえば農業、作物を作る仕事なんですけど、それとは別に会社もあり、そこで茄子を売る営業をします。つまり茄子を売るためにいろいろ考えています。これは釣具店でサオや道具を売るのと同じように営業をしているというか、釣具店で商品説明をしてご購入頂くことは本業と結びつくところがあり、売るという目的に関しては同じで大変勉強にもなります。それと仕事の効率化というか、時間を作る（ダイワのテスターの仕事をする）ために時間の使い方が上手くできるようになったのはありがたく思います。

　しかしここで忘れてはいけないのは、あくまでも釣りは趣味であるということ。これは今でも変わってないですし一生変わらないと思います。そして「遊びは仕事より

2024年ダイワ鮎マスターズ全国大会で優勝し、三度目の頂点に立つことができました

近年はアユのルアー釣り（アユイング）に釣りの未来の大きな可能性を感じています

釣りはあくまで（真剣な）趣味。ナス農家が本業です

もつらい」。故・尾崎孝雄テスターの言葉です。

●今後の抱負や夢

　この仕事について21年つまり27歳の時に契約し、今では私も48歳となり、そろそろ後継者を考えなければいけないと思っています。なぜかというとアユ釣りを約40年もやっているので頭が固くなり、物事を柔らかい発想で考えられることが出来なくなってきているのではないか!?　若手が入れば柔軟な発想でよりよいものが出来るのではないか!?　と思っているからです。また若者が入ることは企業の発展にもつながると思うので、若手とタッグを組み、固い頭と柔軟な頭でよりよいもの作りをしたいなと願っています。

　今、私は友釣りと並行してアユイングというルアーのアユ釣りもしています。一昔前では考えられなかった新しいジャンルですが、何といっても手軽で、若い人たちもアユに興味が湧いてくるのではないかと……。実際にフィッシングショーへ行くと、友釣りとアユイングの人では親子くらいの年齢差があると思います。これからアユイングなしでは友釣りはどうなるのか、衰退するのではないかという危機感があります。したがって、友釣りには当然力が入っていますが、アユイングも同等の力を入れています。総合カタログでは一昔前はアユザオがトップページでした。現在はリールが巻頭を飾っているのが現実です。私が

テスター業を辞めるまでに何とかふたたび"鮎の王国"を！　総合カタログトップページにはアユザオが！　ふたたびアユバブルが来るように！　これが夢というか目標です。

●この仕事に就いていなければ何をしていた

　毎年いろいろな大会に出場し、大会がなければ地元河川で数釣りを意識して友釣りを楽しんでいたと思います。

●今、好きな釣りは？

　もちろんアユの友釣りです。シーズンが終わればルアー、磯のヒラスズキが好きになります。

●初めて釣った魚と場所

　目の前の小川でハヤとモツゴでした。

●特に大切にしている釣り道具

　釣り道具全般。

●将来行きたい釣り場と釣りたい魚

　北海道で友釣り。日本三大怪魚をノベザオで。アカメは釣ったので琵琶湖オオナマズとイトウ。

●現在乗っている車

　アトレー、ヴォクシー。

何十年と続けても飽きることがない奥の深さがアユ友釣りの魅力です

フィールドテスター・プロアングラー

プロアングラー
NABLA 代表兼デザイナー

鈴木 斉 <small>すずき ひとし</small>

【最終学歴（論文・制作）】水戸短期大学附属高校 (現在は、水戸啓明高等学校)
【前職】WILD-1 釣り具担当

自身がプロデュースするNABLAブランド
夢新NAPOLEONでキャッチアンドリリースした44kgのGT

◉(いつ)何歳で今の仕事を始めた

　プロとして本格的に活動を始めたのは34歳。2010年NABLA設立、アパレル商品やフィッシュフックをモチーフにシルバーアクセサリーをデザインし販売。2022年よりNABLAブランドでWOODプラグ（夢新ルアー。理想を追求して使いやすく釣れるルアー）を製造し販売開始。

◉いつ頃どんな志望動機で目差そうと思った

　16歳高校1年の時、後に就職するお店が学校近くにオープンし、スタッフの明るさと楽しく仕事をしている姿を見て自分も一緒に働きたいと思った。高校卒業後そこで働きながら、「いつかは釣りの世界でメーカーと一緒に頑張りそれが仕事になったら」との思いが当時の夢でした。

◉仕事の具体的な内容

　釣りを主とした生業とし、SHIMANOやmazumeなど世界的にも人気の高いメーカーと契約して商品開発やプロモーション等、国内外問わず精力的に活動している。
・SHIMANOインストラクター＝ロッドやリールをはじめルアーなどの商品開発やテスト、プロモーション活動。
・mazume UNITED＝釣りアパレルの提案からテスト、プロモーション活動。
・アムズデザインテスター＝ルアーの企画開発とテスト、プロモーション活動。
・ネイチャーボーイズテスター＝商品企画やテスト、プロモーション活動。
・Zeque(ZEAL OPTICS)テスター＝プロモーション活動。
・がまかつフックモニター＝商品テストとプロモーション活動。
・BRISAMARINA契約プロ＝日焼け止めUV対策のプロモーション活動。
・LED LENSER(レッドレンザー)＝ライト関連のプロモーション活動。

◉仕事の魅力・やりがい

　何といってもメーカーの開発に携わり、自分が企画したりアドバイスした製品が店頭に並び皆さんに使ってもらえること。このルアーで釣れたとか、このタックルが最高と言ってもらえたら、苦労も吹っ飛びやっててよかったと思える。特に「鈴木さんの動画を見て釣りを始めるきっかけになった」とフィッシングショーなどで言ってもらえることもやりがいで、たくさんの方に夢を見せられる仕事だと思います。
　全国各地へ行く機会も多く、大勢の方と知り合えるし、見たことのない景色の中で釣りができる幸せ感もあります。非日常が日常生活となり、自然相手で大変な仕事ですが、与えられた課題や目標に対して達成感や充実感を感じます。釣りをしている時はすべてのことを忘れて、釣りだけに集中できます。そして、老若男女誰とでも仲間になれるのも釣りの素晴らしさだと思っています。

◉この仕事を目差す人へのアドバイス

　とにかく釣りが大好きなこと。三度の飯より、寝る時間を惜しんでも釣りを楽し

SHIMANO-BS-TBS釣り百景でキャッチした人生最大サイズ92cmのマダイ

スペイン・カナリア諸島で、泳がせ釣りでクロマグロ推定260kgをキャッチアンドリリース

鹿児島県トカラ列島にて。こんな絶景の中で釣りができる喜び

imaプロモーション動画撮影のデイゲームで出会った夢のメーターオーバー102cmシーバス

みたいという気持ちがとてつもなく大事です。これに尽きます(笑)。私自身、釣りを始めて40年以上経つ今も大好きです。ルアー・エサ問わず多種多様な釣りをしているので飽きることがなく、さまざまな状況変化も敏感に感じ取り対応できています(自分の強みかも)。

また昔と違い今は釣り人とメーカーが近く、自分を見せられ見てもらえるきっかけも簡単に作れます。まずは自分が目差すメーカーのタックルやルアー等を使い釣果をSNSやYouTube等に投稿するのが手っ取り早い。普通のペースではメーカー側から声がかかることはないと思います。「この人は毎日のように釣りに行き、釣果含めて何してる人なんだろう？」と思わせるくらいの投稿が大事になってきます。人の何倍も釣りに行き、結果を残していけば自ずとメーカーからサポート依頼が来るのではないでしょうか。

遠征よりも自分の生まれ育った土地と海で、日課のように釣りに行ける環境も大事なことです。自宅から会社に通勤する感覚で釣り場へ行く感じかな(笑)。

メーカーが必要としているものは必ず現場から生まれてきます。自身の釣行でも「あんな物があればもっと釣れる」「こんなのがあったら使いやすい」など探究心を持ち続けること。未来を考えながら思いやアイデアを形にしていくことが最も必要です。そして、人としての礼儀や魚を思う気持ちや心遣いを常に心がけることも忘れてはなりません。

また動画ではビギナーや未経験の方にも分かりやすく釣りの楽しさをお伝えする話し方を身につけておくことも大事ですし、プロアングラーの使命だと感じています。私の場合はショップ時代の経験が役に立っています。

● 今後の抱負や夢

プロアングラーという職業がメジャースポーツのようにそれだけで生活できる時代になってほしいと思う。

● この仕事に就いていなければ何をしていた

全く想像できず思いつかない（笑）。

● 今、好きな釣りは？

日本でクロマグロ釣り。ルアーキャスティングで200kgオーバーを釣りあげたい。

● 初めて釣った魚と場所

うっすらと地元茨城県那珂川で両親と小さな頃にハゼを釣った記憶があります。

● 特に大切にしている釣り道具

釣り具とは違いますが父の形見となった出刃包丁かな。今も釣ってきた魚をその包丁でさばいています。

● 将来行きたい釣り場と釣りたい魚

海外のロックショアからキハダの100kgオーバーを釣りあげたい。

● 現在乗っている車

TOYOTAハイエース/スーパーGL 4WD。たくさん荷物も積めるので重宝しています。ハイエースは動く釣り部屋ですね。

フィールドテスター・プロアングラー

ダイワ フィールドテスター（渓流、ワカサギ）、FURUNO フィールドテスター

本業＝会社員（エンジニア系）

千島 克也 ちしま かつや 49歳

【最終学歴（論文・制作）】高卒。特に目立った学歴はなく普通科の高校でした（笑）

【前職】なし

ワカサギ釣りではさまざまなアイデアや技術の開発・公開に努めてきました

◉(いつ)何歳で今の仕事を始めた

　26歳で某メーカーのフィールドテスターに就任。その10年後36歳の時にダイワからお誘いを受けました。きっかけとしては、当時ワカサギ釣りを流行らせようと各メーカーが動き始めていた時期であり、私のアイデアやテクニックを認めてくれてのお話でした。ワカサギ釣りだけではなく、渓流釣りの知名度も少なからず条件の1つにあったようで37歳の時にダイワとのテスター契約に結び付きました。また幸運にもFURUNO（古野電機）とも昨年（2023）フィールドテスター契約をさせていただきました。

◉いつ頃どんな志望動機で目差そうと思った

　小学生の頃、TVで「THEフィッシング」等の釣り番組がいろいろ放送されていました。多彩なターゲットと、出演される方が皆さん釣りに夢を求めて輝いて見え、かっこいいと感じました。そんな釣り番組を見るのがとても楽しく、その頃から釣り業界に関わりを持ちたいと感じていました。

　しかしそんな夢をどうやってかなえればいいのか方法も分からない中、23歳の時に参加した釣りメーカー主催の渓流釣り大会で準優勝し、つり人社さんにインタビューを受けました。それがきっかけで以後取材を受けるようになり、さらに釣り業界に関わりたい気持ちが強くなりました。

◉仕事の具体的な内容

　フィールドテスターの仕事は、名前のとお

フィッシングショーではトークも務めます

りフィールドでタックルのテストをすることです。ただテストをするのではなく、たとえばサオの調子をみて曲がりのチェックやバランスの確認をします。実際に魚を掛けてサオの曲がりや感度の確認をします。そして納得のいかないパーツに関しては担当者にフィードバックして、パーツを作り変えて頂きます。作り変えたパーツを組み直してふたたびテストして、自分が納得するまで続けます。ただしテスト期間も決まっていて、2〜3回程度のテストでサオも仕上げていくイメージなので、プレッシャーもあります。あとはイベント等でタックルや釣り方のアドバイスをしたりしています。また、TV出演をして釣りを見せることもあります。

◉仕事の魅力・やりがい

　自分が開発に携わったタックルを周りの方々が使用して、よい魚と出会って喜んで頂けた時が一番うれしい瞬間。「このサオを使って素晴らしい魚と出会えたよ〜！」「このサオ

本流プロトロッドの実釣テストでの釣果。限られた時間と回数で結果を出さなければなりません

フィールドテスト真っ最中、メーカー担当者へ使用感をフィードバック

めちゃくちゃ感度よいね！」等の声が聞けたときは本当にうれしくなれます。そんなところに魅力とやりがいを感じています。

●この仕事を目差す人へのアドバイス

私は今でも続けていることがあって、それは、いろいろなフィールドに足を運ぶようにしていることです。フィールドテスターなので魚釣りが上手い！　そんなことは当たり前でなくてはいけないのですが、ただ上手いだけではなく、たくさんのフィールドを知ることが大切です。条件が悪くても適切な判断をして魚を釣らないと仕事になりません。いつ・どこへ行けばねらった魚に出会えるか、とっさに思い浮かぶようになれば必然的に魚は釣れるようになります。これがアドバイスになるかは分かりませんが、地道な努力あってこそ道が開けるのではないでしょうか。

●今後の抱負や夢

今年（2024）で50歳を迎えます。気持ちは20代のままで年齢自体は気にもしていませんが、いずれ体力が衰えて自由に動けなくなる日がくると思います。そうなる前に、自分が開発した超大もの用本流ザオで海外の大型サケ・マス類を釣りあげてみたいです。

●この仕事に就いていなければ何をしていた

学生の頃、モータースポーツが好きでした。サーキットでバイク走行をしている時、「うちのショップと契約しないか？」なんてスカウトが来たこともあります(笑)。レーサーになりたいと思ったこともありました。また、もともと自然が好きでその景色を写真に撮ることも好きでした。実はカメラマンになりたい思いを抱いていた時期もあります。釣りにハマっていなかったら、自分はどんな人生を歩んでいたのか？　ときどき考えてしまうこともあります(笑)。

●今、好きな釣りは？

渓流釣り、本流釣り、ワカサギ釣り。

●初めて釣った魚と場所

初めて釣った魚は正直覚えていませんが、いつまでも鮮明に覚えている魚は、父に連れて行ってもらった秩父の大血川支流の沢にある小さな滝壺で、尺近いイワナとやり取りしてそれを釣りあげた時。あとは地元のダムに連れていってもらい1mほどの枝にミチイトとハリを付け、ワカサギを初めて釣った思い出が強く残っています。いずれも小学校低学年頃でした。

●特に大切にしている釣り道具

自分で製作したタモやエサ箱です。なかなか手に入れることのできない原木で作った思い入れのある品なんです。

●将来行きたい釣り場と釣りたい魚

海外に生息しているトラウト・サーモン類です。

●現在乗っている車

SUVタイプの車に乗っています。ルーフラックにソーラーパネルを装着し、発電した電気はポータブル電源の充電に役立てて車中泊でその電気を使用しています。これが楽しくて車中泊にハマっています。

石川県千里浜の落ちギス釣りで、多点バリで華麗にキスをたくさん掛けて釣りあげようとしたのですが、仕掛けがぐちゃぐちゃ大失敗（笑）

フィールドテスター・プロアングラー

サンライン 投げフィールドテスター

本業＝フクサン自工（株）専務取締役

西向 雅之　にしむき　まさゆき　47歳

【最終学歴（論文・制作）】金沢市立工業高等学校機械科
【前職】なし

向かって左が私、そして右が初めてジャパンカップに参戦した時にコテンパンにやられ、いつかこの人を倒すんだと後ろ姿を追いかけた横山武氏

◉(いつ)何歳で今の仕事を始めた

2009年、サンライン投げフィールドテスター契約。

◉いつ頃どんな志望動機で目差そうと思った

物心ついた時から釣り好きの父に連れられて、投げの大もの釣りをよくしていました。昔は携帯電話もなく、馴染みの釣具店に足を運ぶと知り合いの人たちが集い、大ものの検量をしていたり、「次はどこへ釣りに行こうか」などと話に花が咲き、私も部活帰りに毎日足を運んでいました。そんなある日、常連客の一人である田中利之さん(石川鱚酔会現会長)から「シマノジャパンカップというキス釣り大会があるから出てみないか」とお誘いを受け、鳥取県弓ヶ浜での予選会に参加したのが私のキス釣りトーナメントのスタートでした。「全国大会に出場したい」という強い気持ちを抱き続け、多くの方に技術的な指導やアドバイスを頂き精進した結果、ようやく2008年にシマノジャパンカップ 投・全国大会2位、報知キス釣り選手権・名人戦でも優勝して第39期名人位獲得という成績を残すことが出来ました。その活躍を気にとめてくださった（株）サンライン葛西様のお声がけがきっかけで、サンライン投げフィールドテスターを務めさせて頂けるようになりました

◉仕事の具体的な内容

新製品発売に向けての製品テスト、発売中のラインPR、そして投げ釣り専用以外のラインをハリスやモトスに使用しトーナメントでの有効性を見つけ出し、その活用性を発信すること等となります。

私は製品の限界値探しをするのが大好きで、特に強度に関してそれが強く、号数をどこまで落とせば切れるのか、どこまで上げれば釣果に影響が出るのかを常に模索しています。そしてそれが実釣での釣果に結びつくことが多くあります。

◉仕事の魅力・やりがい

釣り具メーカーが時代の変化と共に研究、開発を繰り返して成しえた新製品の発売のお手伝いができることと、トーナメントにおける新製品の有効性を発見出来た時の喜びは、言葉に表わせません。

◉この仕事を目差す人へのアドバイス

私なりのアドバイスとしてですが、自分の好きな釣りを全力で楽しんでください。そして今やらなくてはいけないことを第一に頑張ることだと思います。学生なら学業、社会人であれば仕事を。その一方で、釣りに行ける時間を最大限に作り出してさまざまなフィールドへ行き、多くの方に出会う中で必ずチャンスは巡ってきます。そのチャンスをつかむためには、何事も恐れずに全力でトライし続けることが大切だと思います

キス釣り教室でのひとコマ。参加家族の笑顔が最高

楽しい仲間との懇親も大切なひと時。写真の全員がキス釣りトーナメント参戦メンバー。上は75歳(母親)から下は21歳、年齢性別関係なく楽しめるのがキス釣りの魅力

● 今後の抱負や夢

投げ釣り、キス釣りを、よりよい環境で次の世代へと手渡すことです。今まで私はトーナメントに明け暮れる日々を過ごして来ましたが、近年始めたアユ釣りで野嶋玉造氏にお会いするご縁を頂きました。そして野嶋氏が九頭竜川へ来られる度にお話しをさせてもらう機会がどんどん増え、野嶋フィッシングスクールの活動を知り、今までの私の釣りに対する考え方が180度変わるきっかけとなりました。

野嶋フィッシングスクールでは、川を守り人を育て、アユ釣りをよりよい環境へと変えていき次の世代に手渡すための活動に注力しており、一丸となってアユ釣り教室などのイベントの開催を行なっていました。

私もその活動に参加し、多くの家族や子供たちの笑顔に触れさせてもらいました。そして今まで私を育ててくれたキス釣りの世界でもこのような活動をしたいと思い、キス釣りトーナメントを頑張る人たちのサポートや、キス釣り教室を開催して少しでも恩返しできたらと思っています。うれしいことに、教室の段取りを助けてくれる仲間や、講師役を快く務めてくださる方たちがいて、とても感謝しています。

釣り人の間でよく「昔はよかったよね」という話を耳にしますが、この先20年後に「昔はひどかったね」と言い合っていることを目標に今の活動を続けていきたいと思います。

私が私の釣り人生で学んだ「釣りと出会い、人と出会い、感動と出会う」この思いを、少しでも多くの人に経験して頂けるとうれしいです。

● この仕事に就いていなければ何をしていた

私自身を一言で表すと"釣りバカ"なので、どんな仕事をしていたとしても釣りは続けていたと思います。

● 今、好きな釣りは？

いろんな釣りが大好きです。特に始めてまだ日の浅いアユ釣りは格別ですが、砂浜に立って海中から手元に伝わるキスのアタリが一番好きです。

● 初めて釣った魚と場所

鮮明に覚えているのは、ゴールデンウイークに石川県能登半島穴水へ家族で出掛けて釣れたマコガレイ38.5㎝です。

● 特に大切にしている釣り道具

ufm ウエダプラッギングスペシャル。投げザオではないですが、おこづかいを貯めて最初に買った高価なサオでした。もちろん古い投げザオも大事にとってあります。

● 将来行きたい釣り場と釣りたい魚

父も母も現役の投げ釣りを楽しむ釣りバカ家族ですがさすがに高齢なので、元気なうちにまた穴水でマコガレイを釣りたいです。

● 現在乗っている車

ランドクルーザー300。免許を取ってすぐにランドクルーザー80の中古車を購入。砂浜や能登などを走り回っていました。現在の300も届いた日にうれしくて砂浜へ行っちゃいました。

フィールドテスター・プロアングラー
プロアングラー（個人事業主）

がまかつテクニカルインストラクター、マルキユー（株）インストラクター、XBRAIDアンバサダー、Fish Arrowテスター

三石 忍 （みついし しのぶ）51歳

【経歴・前職】釣り船、飲食店などサービス業

プロアングラーとしての仕事は道具や仕掛けの開発からメディア出演まで多岐にわたる。何をしていても「常に釣りに結び付けて」モノを考えている日々です

●（いつ）何歳で今の仕事を始めた

海釣りを始めて数ヵ月後（たしか28歳の時）、当時お世話になっていた「こうゆう丸」（船宿）の船長が、いろいろな関係者に「面白い子がいる」と紹介してくれたことがきっかけになり、スポーツ新聞のフィッシングライター・大会ゲストアングラー、マルキユー（株）のモニター、釣り雑誌のモデルなどをするようになりました。

●いつ頃どんな志望動機で目差そうと思った

最初からプロの釣り人を目差していたというよりも、上記のような機会をいただく中で、お世話になっている方にどうやったら恩返しができるだろうか？と考えていくうちに、釣りに真剣に取り組んで、船宿の商品を開発・宣伝したり、記事を書いて船のお客さんが増えたりすれば、それが皆さんへの恩返しになると思って行動するようになりました。そして気づけばプロアングラーという立場になっていました。

●仕事の具体的な内容

まずは釣りに行くことです。私はタチウオ、カワハギ、マダイ、ライトアジ、アマダイ、ライトヤリイカ、オニカサゴ、フグ、マダコなど、船のエサ釣り全般のプロアングラーをしています。その中で商品開発も行ないます。具体的には、釣りエサ、仕掛け全般、ロッド、アパレルなどの開発に携わっています。最近だとリールのカスタムハンドルやオモリの意見を聞いてもらうこともありましたね。

船からの釣りであれば四季折々どんな対象魚でもねらいます！

釣りに行けば周りの方が使っているものを見て次の流行りを考えたり、スーパーに買い物に行けば釣りのエサにいいものはないかチェックしています。SNSを見ていても海外の海産物がエサに使えないか気になりますし、生活の中で常に釣りに関連するアイデアを捜しながら行動しています。「こういうものがあれば面白いのでは？」「こういうものがあったら便利なはず」ということを常に意識していますね。

あとは雑誌やテレビなどのメディアやイベントへの出演です。自宅は4畳半の1部屋と約3畳の物置き2つが釣り道具でいっぱいです。バッカンはロケのたびに中身を入れ替えるのが手間なので、必要な道具一式を入れたものを、釣りの種類ごとに常に準備しています。

●仕事の魅力・やりがい

釣りをしていなければ出会えない多くの方々とつながることができることです。職業年齢関係なく、普通は出会えないような人と釣りを通してお友だちになれます。若い頃は自分よりずっと年上の先輩とお友だちになれましたし、今は自分と同年齢くらいの母親がいる若い子と釣りをしたりもします。仕事で遠方に行くことも多く、各地

たくさんの釣りものの中でもタチウオ釣りはこの仕事をするようになった原点です。テンビン、テンヤと釣法を問わず取り組み、釣り大会にも積極的にエントリーしています

釣りの技術はもちろん、プロとして釣りイベントを盛り上げるトークやパフォーマンスも重要。それらの準備も日頃から怠りません

に友人・知人ができて、どこへ行ってもさみしくないですね。本当に人との出会いがこの仕事の魅力です。

● この仕事を目差す人へのアドバイス

まずは船長の皆さんに愛され認められるアングラーになること。そのためには、釣りが上手だけでは不充分です。人を蹴落としてまでサオ頭になっても仕方がない。船長たちは釣果だけでなく、その人のマナーや人間性、行動をよく見ています。そうした部分を含めて多くの人から認められることが大事です。釣りメーカーの方は船宿と接点を持っていて、時にはいい子がいないか船長に聞きますが、その時もまた、釣りの上手さだけでなく人間性を重視しています。私も「こうゆう丸」の船長の紹介がなければ、今のようにプロアングラーになることはありませんでした。

● 今後の抱負や夢

もう50歳を過ぎたので、これからはもっと自分の時間を持ち、全国の知り合いを訪ねて楽しい釣りライフを送りたいと思っているのですが……なかなか実現できません（笑）。

● この仕事に就いていなければ何をしていた

マネージャー業をしていたかも。今もそうなのですが、人を応援したり育てたりすることが大好きですし、若い子がどうしたらうまく成長できるかというプロデュース的なことをいつも考えています。このような性格が活かせるのは業界を問わずマネージャー業なのかなと思います。

● 今、好きな釣りは？

やっぱりタチウオです。師匠である「こうゆう丸」船長に「とにかく東京湾でタチウオといえば三石忍といわれるようになれ。そうすれば一生タチウオがお前を助けてくれる」と言われてこの仕事を始めました。そして、本当にタチウオの釣りが自分を助けてくれています。

● 初めて釣った魚と場所

幼少期に家族と釣り堀で釣ったイワナやヤマメです。

● 特に大切にしている釣り道具

古くても捨てられない唯一の釣り道具がシマノの「幻波タチウオ」です。まだ船宿の貸しザオでしか釣りをしていなかった頃、「世の中には専用ザオってもんがあるんだよ」と教えてもらい、初めて自分でお金を出して買ったサオでした。そして、初めてサオ頭になった時のサオでもあります。

● 将来行きたい釣り場と釣りたい魚

世界中のタチウオを釣ってみたいのですが、普段から釣りのことばかり考えているので、海外旅行に行く時は、リフレッシュのため釣りはしないようにしています。なので悩ましいですね（笑）。

● 現在乗っている車

ヴォクシーです。その前は長くステップワゴンでした。親の介護に使っていたというのもありますが、釣り道具をたくさん積めるワンボックス系に乗っています。

2024年、地元の古座川で。アユ釣りで心いやされるひとときでした

釣りガール

2代目アングラーズアイドル、サンラインフィッシングガール

ほか、ハピソンプロスタッフ

そらな さゆり 36歳

【最終学歴（論文・制作）】私立大学の教育学部児童教育学科
【前職】マルチタレント（アイドル・モデル・リポーター等）

●(いつ)何歳で今の仕事を始めた
　2011年、22歳。

●いつ頃どんな志望動機で目差そうと思った
　元々タレント活動をしており、釣りは単なる趣味でした。プロフィール欄の趣味に「釣り」と書いていたところ、当時のマネージャーがアングラーズアイドルオーディションを見つけてきてくれて「受けてみたい！」と思ったのがきっかけです。そこでグランプリを受賞したことで、趣味だった釣りがお仕事となっていきました。

●仕事の具体的な内容
　釣りイベントのMC（ゲスト）・釣り番組への出演・原稿執筆・YouTube出演・編集等。土日は釣り大会やイベントのMC（ゲスト）が多く、平日に釣り番組のロケ、YouTube撮影・編集、原稿執筆などを行ないます。その合間に打ち合わせ、企画書作成、グッズ考案やご請求書作成等、日の目を浴びずとも大切なお仕事があります。
　イベントやロケなどは全国各地を回りますので、前日、後日は丸一日移動にかかってしまうことが多いです。移動中に台本を頭に入れたり、電車の中で携帯でできる仕事をすることも多々あります。最近はSNS更新も大切なお仕事の1つなので、イベントやロケ終了後には写真を選び、使用したタックルやどんなことがあったかを書き、放送日時・媒体などを投稿するまでがお仕事のセットですね。
　スケジュール管理や出演料のご相談、ご

釣りフェスティバルでのアングラーズアイドル・トークショー。全員が集まるのは1年にこの1回なので楽屋からおしゃべりが止まりません（笑）

請求書作成などは事務所に任せている方もいらっしゃるので、同じ釣りガールでもお仕事内容は人によってさまざまだと思います。

●仕事の魅力・やりがい
　絶対に釣らなければいけない場面で魚が釣れた時の達成感はプライベートの釣りとはまた違う感動があります。いい意味でプレッシャーがあり、これはお仕事としての釣りでしか味わえないものだと思います。あとは、釣りのお仕事を通してお客様の笑顔を見ることができた時。魚が釣れた瞬間の顔は皆さん子どものような笑顔になり、こちらまでうれしくなります。イベント等で「楽しかった！」のひと言が聞けるとやっぱりうれしいし、これからも頑張ろうと思えます。

●この仕事を目差す人へのアドバイス
　私の場合はアングラーズアイドルのオーディションがきっかけでしたが、今は時代

サンラインカップ磯大会でのMCのようす。MC業は大変なことも多いですが、とても好きなお仕事です

釣り番組のオープニング撮影風景。楽しい番組にするためには、共演者さん、スタッフさんとの雰囲気作りも大切です

も変わり、SNSでの発信が重要になっていると感じます。メーカーの方や制作会社の方も、SNSを見てお声がけすることも多いようなので発信力がある方は強いです。そして、どのお仕事においてもそうだと思いますが、やっぱり人間性を磨くということはとても重要だと思います。釣りが上手な方は世の中にたくさんいますが、テクニックよりも大切なことは他者を思いやることのできる心であったり、誠実さ、学ぼうとする意欲、向上心も不可欠です。あとは体力がいる場面も多いので、睡眠や食事に気を遣うなど、自分を大切にしてあげられる自己管理能力も大切です。

●今後の抱負や夢

自分が納得いくまでこのお仕事を続けられたらいいなと思っています。そして「この釣りをやってみたかったけど機会がなくて……」という方のサポートができる、釣りと人をつなぐ架け橋のような存在になれたらと思っています。そのためにもさまざまな釣りを学び、経験していきたいです。

●この仕事に就いていなければ何をしていた

動物が大好きなので獣医を目差していたと思います。

●今、好きな釣りは？

アユ釣り、磯釣り、アジング、スローピッチジャーク、バス釣り。

●初めて釣った魚と場所

幼稚園の頃の記憶ですが、地元（和歌山県串本町）の堤防で、おそらくベラ・カサゴ・コッパグレ・アジなどの魚だったと思います。

●特に大切にしている釣り道具

小学生の時、初めて自分用に父から買ってもらったコンパクトな振り出しザオ。もうボロボロですが大切に保管しています。

●将来行きたい釣り場と釣りたい魚

カナダのキングサーモンを釣ってみたいです。そして野生の動物たちを生で見てみたい。

日本国内だと、四万十川や仁淀川、球磨川、安曇川など行ったことのないいろんな川でアユ釣りを楽しみたいです。

●現在乗っている車

EVOLVING STYLEさんでカスタムされたタウンエースをデモカーとして乗っています。見た目も可愛く、釣り具をたくさん乗せられて車中泊もできる仕様になっているのでとても気に入っています。

つり人社スタジオでR70鮎釣りドリームマッチ生配信のMCを担当しました。約10時間の長丁場でしたが、終わってみればあっという間。楽しく勉強になる現場で、無事に終わった時の達成感は何ものにも代え難いです

全国各地でいろいろな釣りに挑戦できるのが、この仕事の魅力。釣った魚を料理して食べるのも好きです

釣りガール

個人事務所、4代目アングラーズアイドル

ほか、ダイワ 船フィールドテスター、Seaguar 船フィールドテスター

晴山 由梨 はれやま ゆり

【最終学歴（論文・制作）】広島大学教育学部
【前職】なし

●（いつ）何歳で今の仕事を始めた

2013年、24歳の頃。

●いつ頃どんな志望動機で目指そうと思った

当時所属していた芸能事務所に「こんなオーディションがあるんだけど受けてみない？」と紹介されたのが、「アングラーズアイドル」という、釣り業界のアイドルを決めるオーディションでした。正直、当時は「アングラーズアイドルって何？ 釣りアイドルって何するの？」という感じでしたが、過去にグランプリを取った方々のSNSを調べてみると、毎日いろんな釣りをしてアクティブに活動をされていました。

私は鳥取県の港町出身で、小さな頃から簡単な釣りは経験があったので、釣りが仕事になるってすごく楽しそう！やってみたい！と思い、応募してみることに。

グランプリを受賞してからの1年間は初めてのことばかりで大変なこともありましたが、それ以上に毎日が刺激的で楽しくて、いつしか「アイドルの任期が終わった後も釣りの仕事を続けたい」と思うようになりました。ちゃんと生活していけるかどうか不安もありましたが、気づけば釣り業界に足を踏み入れてから10年が経っていました（笑）。

●仕事の具体的な内容

釣り番組やYouTubeへの出演、雑誌や新聞での連載、SNSでの発信、釣り大会や釣具店イベントへの参加が主な活動になります。最近は釣り教室で講師を務めることもあります。

●仕事の魅力・やりがい

この仕事を通して出会った方々や、お仕事でお世話になっている皆さん、そして活動を応援してくださっている皆さんに支えられて、ここまで続けてくることができました。右も左も分からず釣り業界に飛び込んだ私に、さまざまな機会を与えていただき、釣りの楽しさを教えていただき、本当にありがとうございます。今の私があるのは周りの方たちの支えがあるからこそですし、そんな素晴らしい出会いがあるのが、この仕事の魅力です。

実はこの仕事を始めるまで、人前で話すことがとても苦手でした。アングラーズアイドルの最終オーディションはフィッシングショーに来ているお客さんの前で自己PRをしないといけなかったのですが、あまりの緊張に頭が真っ白になり、準備していたことが全くできなかった思い出が……。そんな私でも、今ではトークショーやMCのお仕事をいただけるようになり（今でも人前で話す時は緊張しますが）、新たなことに挑戦できたおかげで、自分の殻を破り成長することができたと思います。

まだまだ"話す・伝える"ということの難しさを感じることは多々ありますが、「由梨ちゃんの釣りを見て、やってみたくなったよ」「釣りはしばらくお休みしてたけど、再開してみようかな」と言ってもらえた時は、とてもやりがいを感じ、続けてきてよかったなと感じる瞬間です。

人前で話すことが大の苦手でしたが、この仕事を通して自分の殻を破り成長することができました

最近は釣り教室で子どもたちに釣りを教えることも。子どもたちの笑顔が見られた時はこちらもうれしくてたまりません

　そして日本には釣りをするのに恵まれたフィールドがたくさんあり、各地の素晴らしい景色の中で、さまざまなジャンルの釣りに挑戦できるのは毎回新鮮な気持ちでワクワクします♪　同じ魚種をねらうにしても、地方によって使うエサや仕掛けが違ったり、ご当地的な釣り方があるのは面白くて好奇心をそそられますし、同じ釣りでもやり込めばやり込むほど試したいことや課題がどんどん出てきて飽きることがありません。

●この仕事を目差す人へのアドバイス
　とにかく釣りが好きで、楽しむ気持ちを忘れないこと！　朝は早いし、夏は暑い、冬は寒い、年中日焼けなど、労働環境としては過酷なことも多いので、好きじゃないと続けられないです（笑）。

●今後の抱負や夢
　今年娘が産まれたので、いつか娘を連れて親子で釣りをするのが今の夢です♡

●この仕事に就いていなければ何をしていた
　大学時代は教職を目差していたので、その道に進んでいたと思います。

●今、好きな釣りは？
　テンヤタチウオ、一つテンヤマダイ、カワハギ釣り。基本的に食べて美味しい魚を釣るのが好きです。

●初めて釣った魚と場所
　子どもの頃に地元鳥取県の堤防で釣ったアジ。釣ったアジを南蛮漬けにしてもらって食べたのが、美味しくてうれしかったのをよく覚えています。

●特に大切にしている釣り道具
　スマートフォン。直接釣りに使うわけではないですが、今何が釣れているか、どんなものが必要か、天気や釣り場までの道順を調べるのに絶対使いますし、魚が釣れたら写真を撮る、SNSにアップするというルーティンもすべてスマートフォンを使うので、欠かせないツールです。

●将来行きたい釣り場と釣りたい魚
　地元鳥取でイカメタルを思う存分楽しみたい！　前回挑戦した際にサイズ・数ともに恵まれて、すごく楽しい釣りができたので、ぜひまた行きたいです。

●現在乗っている車
　なし。

北海道でヒラメ釣りを楽しんだ時のひとコマ。同じヒラメでも関東とは釣り方が違うので驚きました

ユーチューバー

ハゼ釣りYouTuber兼ハゼプロ

YouTubeチャンネル「398ワールド」運営、ハゼ釣り専門メーカー「トーキョーマハゼ」代表

398　さくぱ

【前職】飲食店経営

ハゼ（釣り）に関するさまざまな情報をYouTubeで発信しています

● **(いつ)何歳で今の仕事を始めた**

2017年「398ワールド」YouTubeチャンネル開設。2020年「トーキョーマハゼ」ブランド創設。

● **いつ頃どんな志望動機で目差そうと思った**

2018年頃、YouTubeの企画でさまざまな道具を紹介していると、ハゼ専門のサオや道具が釣具店に置いてないことに気がつく。そして「こんなサオがほしい！」「オリジナルの道具を作りたい」という思いが芽生え、情報発信を開始。「そんなのムリだ」「儲からないから成立しない」などと散々叩かれるも、2020年運命的な出会いから釣り具業界に入門しました。

● **仕事の具体的な内容**

ハゼ専用釣り具の開発、プロモーション、販売、お客様対応。ハゼ釣り動画の企画、撮影、編集、分析。商品の発送から在庫の管理まですべての業務を行なっています。最初は自宅の部屋でしていました。部屋はもちろん、廊下や玄関までダンボールの山。

都内で釣った24cmのマハゼ

天井まで積み上がったハゼ釣り製品やオリジナルグッズに埋もれていました。限界がきて事務所兼倉庫を借りましたが、自己犠牲の極みみたいなところはあります。

● **仕事の魅力・やりがい**

ハゼ釣り専門メーカーは、ほかにはない唯一無二の存在と認識しています。スモールスタートの小規模事業ではありますが、挑戦してみたら、とてつもなく奥が深く、ハゼ釣り同様、探求し甲斐のある世界だと考えています。

歴史や文化にも触れ、江戸和竿で2本ザオ釣法も行なっています。ハゼの生態についても、深く調査・探求しており、誰も見たことのない捕食行動なども学べるのが最高に面白いです。

応援してくれるファンの方々の声を直接聞けるのが最大の喜びで、この仕事にとって最も重要なポイントだと思っています。

あれだけ「無謀だ」と言われ続けた挑戦ではありますが、2024年、横浜で開催された「釣りフェスティバル」にも出展することができました。信じられないくらい多くのお客様がブースに来てくださり、「確かに無謀だけど、挑戦してよかった」と感じた瞬間でした。2025年も出展が決定しましたので、会場でお会いできたらうれしいです。

ハゼ釣りといえば「ゴカイ」。釣具店でエサを買うなら「アオイソメ」。至極当然だった世界にも革命を起こす、常温エサ「ハゼほたて」の企画、開発に参加。虫エサが苦手な女性やお子さんでもハゼ釣りが楽しめる工夫をカ

アルミボートをカートップにして今日も都心の水路へ

つり人社の鈴木康友会長（手前）と。頂戴した自作の一平ザオは宝物です

タチに出来るのは、この仕事のやりがいです。

●この仕事を目差す人へのアドバイス

　ハゼ専門の起業家はいないと思います。もしいたらメール・ご連絡ください。

●今後の抱負や夢

①ハゼ天丼専門店を開業したい。これも現状ない世界で、挑戦してみたいと思っています。飲食店経験がありますので、最初から出店するのではなく、釣りフェスなどのイベントの飲食ブースなどでテスト販売し、お客様からご好評いただいた場合には、先を見据えても面白いかもしれません。

②江東区、墨田区、江戸川区はハゼ釣りで観光や町おこしが出来るほど恵まれた環境だと認識しています。行政に声が届いて、インバウンド需要戦略や観光ビジネスなど大きな展開を希望しています。

●この仕事に就いていなければ何をしていた

　ちょっと想像がつきません。写真や映像が好きなのでそっちかもしれません。

●今、好きな釣りは？

　小名木川〜横十間川〜北十間川〜旧中川の閉塞水路（月刊『つり人』2023年10月号記事「奇跡の水路」）は、個人的には世界遺産登録があってもよいと思えるくらい素晴らしい景観です。江戸時代から続くこの水路を小型ボートで進むと、歴史をなぞるようにハゼ釣りの世界が広がっています。国内のいろいろな場所にハゼ釣り遠征で出かけていますが、極めて特殊で素晴らしい環境です。この奇跡の水路でボートを

「ハゼほたて」などエサの開発・商品化も行なっています

浮かべハゼ釣りを楽しむのが大好きです。

●初めて釣った魚と場所

　フナ。小学校にあがる前、祖父に連れられて利根川で。

●特に大切にしている釣り道具

　つり人社・鈴木康友会長の手作り和ザオ「一平」。

●将来行きたい釣り場と釣りたい魚

　6ヵ月かけて全国を車で回りハゼ釣り行脚してみたいです。YouTubeで情報発信しながらLIVE配信したり、移動資金を作りながら0円になったら強制終了的な。

●現在乗っている車

　WRX、プロボックス。アウトドアが盛んでプロボックスをリフトアップするカスタムが流行っていますが、アルミボートをカートップするために、ローダウンしています（車検の範囲内）。

ユーチューバー
バスプロ YouTuber
映像制作会社 代表
秦 拓馬 はた たくま 43歳

【最終学歴（論文・制作）】大阪学院大学
【前職】バストーナメンター

大ものとはなるべく早く戦いたい。120kg 以上の魚と戦ってみたけれど、まだまだ上のクラスと戦えるはず

● **(いつ)何歳で今の仕事を始めた**
　2017年、36歳。

● **いつ頃どんな志望動機で目差そうと思った**
　元々、各メディアの中で最も目立つためには……をずっと考えているなかで、釣りメディアの中心がどんどん変化している気がしていて、釣り関連 YouTube が急に盛り上がっていったのが 2016年。たまたま人生二度目の椎間板ヘルニアによる長期入院時と重なり、動画編集を覚えて、「俺達。」チャンネル開始。

● **仕事の具体的な内容**
　ただひたすら釣りして編集して、を繰り返すんですが、釣り YouTuber には仕事を2つに分けた場合、自分の好きな釣りを動画にして再生数に応じた広告収益を得るパターンと、企業案件だったり自社アイテムのグッズをマネタイズするために動画を作るパターンがあります。どちらも時流を読むチカラが毎度試されるので、体力以外もフル活用で動画作りをしています。うちの場合は、複数のカメラマンが得意分野（たとえば水面バイトシーンが得意など）に合わせてロケに行き、撮影した素材をギガファイル便で編集マンへパス。それを数日でカタチにして秦の元へギガファイル便でパス。修正したりサムネ作ったりしていろんな角度からよい動画になるように調整してアップロード。そんな感じです。

● **仕事の魅力・やりがい**
　釣りの表現を通して知名度を高めること

時代の流れを捉えるには、常に変化しないといけないし、脳を常に柔らかい状態にしておく必要がある。難しいけどね

を、自分のコントロール下で出来るのが最大の魅力です。それ以外にも重要な評価ポイントはありますが、分かりやすく再生数でいうと、自分のねらったアプローチでドーンと再生数が伸びると最高にハッピーな気分になれます。まさに釣りと同じ側面がありますね！　特に YouTube などの SNS は世界中の人が無料で見ることが出来るのがキーポイントで、自分がいろんな国へ行っても、その先々で自分のことを知ってくれている釣り人がたくさんいると思うと、なんだか不思議な感覚になりますね。

● **この仕事を目差す人へのアドバイス**
　釣り YouTuber を今から独学で目差すのはオススメしないですが、その他の新規メディアが誕生した時には誰よりもトレンドに早く乗って全力投球すべきです。ちょっとやそっとであきらめず、ただひたすらに表現を続けるのがコツです。現在、YouTube やその他の SNS でフォロワー数が3万人以上いる方なら、今すぐにペースアップしたほうがよいです。実は、この YouTube の世界、世間でいわれている成

初めてFISH MAGNETと呼ばれた日。2016年に開かれたインターナショナルトーナメントにて

この原稿を書いている日はルアーテストの撮影期間。巨大なアスー種を求めてアマゾンの奥地に滞在中

功法則と、実際に成功している人が思う成功法則には大きなギャップがあります。もちろん見えている景色が違います。成功している人にあなたにマッチしたアプローチを相談するのが手っ取り早いと思います。

●今後の抱負や夢

世界イチ有名な釣り人になるのが夢。そのために世界中の釣り場へ行ってさまざまな魚を相手に腕を磨きたいですね。

●この仕事に就いていなければ何をしていた

何をするにしても、その世界の一番を目差すのは変わらないと思う。では一番とは？今ふといろんな職業をしている秦拓馬を想像して深呼吸してみたけど……やっぱりそれぞれ一番っていうモノがあると思う。

●今、好きな釣りは？

魚が我を忘れて、ルアーに突っ込んでくるような瞬間が好きなので、魚種問わず。

●初めて釣った魚と場所

物心つく前から釣っていたと思うけど、たぶん、故郷長野県でトラウト。ブラックバスを初めて釣ったのは鮮明に覚えているので、やはり特別な存在なんだと思います。ちなみに11歳の春、雨後で濁った淀川の枚方大橋付近。大遠投したスラッゴーのキャロで真っ白な32cmのバスが釣れました。

●特に大切にしている釣り道具

自分には人生で壊してしまい釣りに行けなくなった経験がある。それは何かというと自分の身体。なので、替えが利かない秦拓馬の身体がどんな道具より大切。日々のトレーニングで得た筋力や、持って生まれた五感六感も結局身体に備わったモノなので身体が最も大切。

●将来行きたい釣り場と釣りたい魚

世界中の釣り場に行きたいと思っている秦拓馬にとって、それが自分一人の人生では足りないほど無限だということを知っています。たとえばアマゾン川へ行くとして、流域面積や支流の数なども考えると気が遠くなるほどインフィニティ。しかも行く季節によって雨季乾季で水位が大きく変わって、同じ場所でも釣れる魚が変わる。なので、毎月アマゾンへ行ったとしてたったの年12回。それを30年繰り返しても、全然足りないはず。だから毎回、向かう釣り場には全力で挑まないといけないし、極力同じ釣り場に複数回行くのも避けたほうがいい。とにかく釣り場は無限なんです。いつかは息子に引き継いで、息子も息子に引き継いで、を繰り返せるように環境を整えておかないといけないですね。

●現在乗っている車

メルセデスベンツGLE400d。

そして2024年、ルアーメーカーとしてもスタートを切った。FISH MAGNETの第1弾はTYGAN90というペンシルベイト

企画・PR・地域振興等

海業振興 デザイナー×エンジニア
（株）ウミゴー 代表取締役

國村 大喜 くにむら ひろき

【最終学歴（論文・制作）】京都大学工学部卒業、筑波大学大学院芸術専攻修了　学部卒論「『釣り仕掛けの動的挙動の視覚化』プログラムによる解析」。大学院修了研究「両手が自由になる松葉杖」（筑波大学／

地域社会に新しい経済的価値をもたらし、地元の人々とともに課題を解決していくプロセスが今の仕事の大きなモチベーションになっています

芸術賞受賞）※デザインの視点と技術の応用が、現在の仕事にも大きく影響しています。
【前職】富士通（株）でUI・UXデザインのエキスパートとしてキャリアを積み、その後、水産養殖に特化したスタートアップの創業メンバーとなりました。そこでは、養殖事業のシステム設計やブランディングに携わり、業界に革新をもたらすことに注力しました。

● (いつ)何歳で今の仕事を始めた

2023年7月、私は37歳で「海釣りGO」という漁港管理システム事業をサービスインしました。これまでの経験と情熱を集結させたプロジェクトであり、人生の集大成としてスタートさせた仕事です。

● いつ頃どんな志望動機で目差そうと思った

約3年前、西伊豆に引っ越してきた時、地元漁港が釣り禁止になったことが大きな転機でした。新生活での釣りを楽しみにしていた私にとっては大きな失望でしたが、同時に「何かこの状況を変えることができないか」と考え始めました。この出来事が、「海釣りGO」構想の原点となり、漁港の持つ潜在的な価値を最大限に活かしたいという思いにつながりました。

● 仕事の具体的な内容

「海釣りGO」は、漁港を再生し、釣り人と地域社会を結びつける新しいシステムです。アプリを使って、釣り場の予約、利用者の管理、漁港の安全対策を一元的に行なうことができる仕組みを提供しています。

これにより、地域の観光資源を保護しつつ、釣り人にとっても快適でルールが守られた環境を提供しています。また、釣り具のレンタルサービスや地域観光資源との連携など、地元経済にも波及効果を生む仕組みを構想しています。

● 仕事の魅力・やりがい

この仕事を通じて、釣りという趣味を超えた社会的な価値を生み出せることにやりがいを感じています。特に、釣り禁止となった漁港をふたたび釣り人に解放できたとき、地域の方々や釣り人たちが喜ぶ顔を見ることは大きな喜びです。また、地域社会に新しい経済的価値をもたらし、地元の人々と共に課題を解決していくプロセスも大きなモチベーションになっています。さらに、釣りを通じて自然とのつながりを深めることができるのは、私自身にとっても非常に充実感を与えてくれるものです。

● この仕事を目差す人へのアドバイス

新しいことを始めるには、必ずリスクが伴います。しかし、そのリスクを乗り越える原動力は「好き」という気持ちと「社会に貢献したい」という思いです。特に釣り業界や水産業のような伝統的な分野で革新を起こすためには、情熱を絶やさず、あきらめずに挑戦し続けることが大切です。私

漁港の釣り場予約アプリ「海釣りGO!!」。2024年現在、西伊豆町の田子漁港、仁科漁港が対象です（左頁写真も）

の場合はテクノロジーやデザインのスキル。皆さんも何かの特技を活かし、これまでにない新しい価値を生み出すことで、社会に貢献できる喜びを感じてほしいと思います。

● 今後の抱負や夢

「海釣りGO」を全国展開したいと考えています。将来的には、漁港だけでなく、地域全体の観光スポットで「海業」を促進し、地域活性化の一翼を担いたいです。釣りを通じて、自然とのつながりや人々の絆をより深める活動を推進していきたいと思います。また、次世代に向けて持続可能な釣り文化を広めていくことも大きな目標です。

● この仕事に就いていなければ何をしていた

おそらくデザインの世界で活動を続けていたでしょう。UI・UXデザインの専門家として、さまざまなプロジェクトを通じて、より多くの人々に価値を届けることに専念していたと思います。しかし、今の仕事を通じて、より広範な社会課題に取り組むことができているので、この道を選んだことに後悔はありません。

● 今、好きな釣りは？

コンパクトロッドでの小もの釣りです。伊豆半島では、オキアミ1尾掛けでいろいろな魚が掛かります。

● 初めて釣った魚と場所

ブルーギルとブラックバスを琵琶湖で釣ったことが最初の体験です。幼少期、父と出掛けた釣りは、私の人生において非常に大切な思い出となっています。

● 特に大切にしている釣り道具

フエルコ XT511-5S（5本継）です。軽くてコンパクトなため、どこにでも携行でき、手軽に釣りを楽しめるので愛用しています。

● 将来行きたい釣り場と釣りたい魚

「手つかずの秘境」という言葉にロマンを感じます。有名だけど誰も行けない、たとえば沖ノ鳥島で一晩中ルアーを投げてみたいですね。

● 現在乗っている車

トヨタ・ノア。広い荷室にたくさんの釣り道具を積み込んで、いつでもどこでも釣りに出かけられるようにしています。家族との旅行やアウトドアにも適した車で、日常生活でも重宝しています。

アプリを通して釣り場・駐車場の予約と利用ができ、安心して釣りを楽しめるシステムになっています

海の近い仙台に生まれ育ち海釣り全般が大好きです

企画・PR・地域振興等
釣り・水産業界の広報、企画、マーケター（フリーランス）

契約企業：一般社団法人 FISHERMAN JAPAN/ TSURIHACK 他

熊澤 由雅里 くまざわ ゆかり

【最終学歴（論文・制作）】商業高等学校の情報システム科
【前職】SIIG（株）FishRanker

●(いつ)何歳で今の仕事を始めた

2019年の春、本業であったキャリアカウンセラーとの兼業で、副業として現在のお仕事をスタートしました。2021年からは本業を退職してフリーランスとして活動しており、現在は釣りや水産業など海の周りで活躍する事業者様と契約し、お仕事をしています。

●いつ頃どんな志望動機で目差そうと思った

私の場合は、特にこの業界で働くことを目差していたわけではないです。好きなことを仕事にしたいという理想はありつつも、仕事は仕事という感じでした。

ある日SNSを眺めていた時に、当時開発中であった釣果記録アプリFishRankerについての投稿が流れてきました。それがとても面白そうだったので、開発者の方に「楽しみです、応援しています」とメッセージを送りました。その後、代表と話す機会があり、FishRankerの広報として契約し、釣りにかかわるお仕事をすることになりました。

●仕事の具体的な内容

FishRankerとFISHERMAN JAPANでは広報の仕事をしています（前者は前職）。日々SNSの更新を行なったり、Web広告を運用したり。時に釣り人向けのイベントを企画、運営することもあります。

釣りのメディアサイトTSURIHACKでは、記事のライターとしてお仕事をしています。また、業界問わず中小企業や専門学校からSNSの講師や広告運用の依頼が

この日は専門学校でSNS集客の講師を務めました

来ることもあります。

●仕事の魅力・やりがい

私は自分の仕事を「その人にとって必要な情報を届けること」だと思っています。広告を煩わしく感じている人も多いかと思いますが、広告の出し方次第で「その広告を必要としている人」にきちんと届くようになります。

釣りが好きな私は、釣り、アウトドア、魚関連の案件においては、市場感、ターゲットの属性、傾向を把握しているため、短期間で広告の効果を最大限に引き出すことができます。広告運用が上手くハマった瞬間は本当に最高の気分です。

「ターゲットをどう釣りあげるか」考えて実行することが仕事なので、広告運用って釣りみたいだな〜と思いながら日々取り組んでいます。

●この仕事を目差す人へのアドバイス

私の場合は「釣り×広報」であるように、釣りという趣味を活かしながら自分は何をしたいのか、どう活躍したいのかを明確にし

コワーキングスペースに
釣り具を持って出勤

日本全国のいろんな海でいろんな釣りを楽しんでいます

て、仕事をするために必要なスキルを習得し、アップデートし続けることが大切です。

　近年は「釣りで地域活性」の動きも広まっているので、釣り人が趣味を活かしながら仕事として活躍できる機会が増えるのではないかと思っています。広報の仕事は社外の方と接する機会も多いため、人との信頼関係を築くことでよりよい仕事ができると感じています。

　あとは主体性と行動力！　チャンスは自分でつかみに行きましょう。

●今後の抱負や夢

　いろいろな職種を広くかじってきたので、より専門的で尖った知識をつけていけるようにしたいです。「釣り専門のマーケター」とか(笑)釣り具メーカーさんともお仕事してみたいです。

●この仕事に就いていなければ何をしていた

　いちばん長く勤めた医療業界でお仕事していたと思います。

●今、好きな釣りは？

　磯や堤防でのロックフィッシュです！船ならイカメタルやティップラン、マダイ……。地元の宮城では四季折々、いろいろねらえるので、好きな釣りがいつも違います(笑)。

●初めて釣った魚と場所

　6歳くらいのときに閖上の堤防の穴から釣った巨大ギンポだと思います……たぶん……。

●特に大切にしている釣り道具

全部大切ですが、初めて買った高価なロッド（ロックフィッシュボトム）は大切で愛着があります。

●将来行きたい釣り場と釣りたい魚

　サンフランシスコでロックフィッシュを釣ってみたいです。

●現在乗っている車

　最近、ホンダのフリードに乗り換えました。釣り車として5人乗りを選択しましたが、最高です。

釣り大会のMC（上）や、釣りフェスでの展示ブーススタッフ（下）など、さまざまなお仕事をさせて頂いています

富山湾の赤い宝石、ノドグロに感動！

企画・PR・地域振興等

釣りアンバサダー
(株)ウオー 代表取締役

中川 めぐみ
なかがわ　めぐみ
42歳

【最終学歴（論文・制作）】学習院大学経済学部経済学科
【前職】ITベンチャーや広告代理店で、新規事業開発や広報など

●(いつ)何歳で今の仕事を始めた

　2018年1月、35歳（個人事業主からスタート。一般社団法人を経て、現在の株式会社を2022年に設立）。

●いつ頃どんな志望動機で目差そうと思った

　「釣り×地域活性」にチャレンジしたいと思い、34歳で独立を検討、35歳で実行。釣りで地域活性ができると考えた理由は2つです。

　1つめは、釣りはコアな趣味であると同時に、気軽なアクティビティであると気付いたことです。私は10年ほど前、当時勤めていたITベンチャーの新規事業で「釣りの予約・ECサイト」を提案し、その市場調査で初めて釣りをしました。それまで釣りはハードルが高いと敬遠していましたが、レンタル・レクチャー付きの釣り船に乗ると、想像していたよりもはるかに気軽に釣りを楽しめ、10尾以上のアジを釣ることができました。その後も友人たちに「釣りデビューしたい」と相談されて100人以上をアテンドするなか、その確信はどんどん深まっていきました。

　2つめは、釣りは釣ることだけでなく、それを起点に地域のさまざまな魅力を味わえることが楽しいのだ！と気付いたことです。旅先で乗合船に乗ると、地元の方々との交流や海からの景観を楽しめますし、釣った魚を飲食店に持ち込めば地域の味付けで料理していただけます。釣りをすることで、地域の新たな側面が浮かび上がってくると思います。

●仕事の具体的な内容

　各地の自治体や企業と連携して、釣りを起点とした観光コンテンツの企画PRをしています。特に注目いただいている事例は静岡県・西伊豆町の「ツッテ西伊豆」で、観光客が提携の釣船で釣った魚を、町が地域通貨で買い取り（交換）します（地域通貨は町内の飲食店、宿、土産屋、温泉、釣具店などで使用可能）。西伊豆町はもともと漁業と観光で栄えましたが、少子高齢化で漁師が激減。またコロナ禍の影響もあって観光も厳しい状況にありました。町で獲れた魚は高値が付きやすい都心で一括販売するのが当たり前になってしまい、目の前に漁場が広がっているのに、町民や観光客がそこで獲れた魚を食べられないという課題を抱えていたのです。

　そこで猫の手ならぬ、観光客や釣り人の手を借りようと発案したのがこの企画。観光客や釣り人が楽しく釣れば釣るほど、町内で魚も人もお金もぐるぐる回る仕組みにしました。2020年にスタートし、現在では町内の飲食店さんが「地物あります」と看板に書けるようになったり、地元の教育委員会が小学生向けの食育授業に活用してくださったり、より町に浸透してきています。

　また最近は釣りに続いて「漁師さん」が大好きになり、漁師さんや水産業の魅力・課題をお伝えするべく、観光・研修コンテンツの企画PRやイベント運営なども行

森ビル主催のキッズワークショップで、お子さん向けにお魚の授業

「ツッテ西伊豆」で地元小学生向けの食育＆職育イベントを実施

なっています。

そのほかには、漁業ライターとして釣り・漁業を起点とした情報の執筆をしたり、水産庁や環境省、富山県などの水産に関わる委員も務めています。

●仕事の魅力・やりがい

各地域の"らしさ"を活かした企画をすることに、魅力・やりがいを感じます。文化や歴史、食、景観、人などの魅力・課題は本当に多様で、日本の「釣り・漁業×観光」はものすごいポテンシャルがあると思います。

●この仕事を目差す人へのアドバイス

とにかく動いて自ら体験し、リアルな妄想力を高めましょう！

●今後の抱負や夢

現在は各地を回って「お手伝い」する仕事がメインなので、拠点をもって自らプレイヤーとして積み上げていく仕事をしていきます。そこで培った知見は広くシェアをし、各地で「釣り・漁業×地域活性」にチャレンジする方々と応援し合って、日本の海を楽しく持続化するムーブメントを起こしたいです。

●この仕事に就いていなければ何をしていた

地域を元気にする人・企業のPR。

●今、好きな釣りは？

美味しいお魚を求めて北海道から沖縄まで釣りに行くので絞るのが難しいのですが、特に好きな釣り方は「泳がせ」です。

●初めて釣った魚と場所

東京湾の釣船でアジ。IT企業の新規事業で「釣りの予約・ECサイト」を検討した際に、市場調査で初めて釣りをしました。

●特に大切にしている釣り道具

特になし（初心者さんの気持ちが分かるように、あえてサオなどは所有せず、常にレンタルで釣りを楽しんでいます）。

●将来行きたい釣り場と釣りたい魚

大きなクエを釣って、友人たちと大宴会をしたいです。

●現在乗っている車

なし。

寿司職人さんに、自ら釣って、漁師さんから〆技法を教わるツアーを実施

船釣りは学生時代から特に興味の強かったジャンル。近年の目標は大型のクエです

企画・PR・地域振興等
しずおかの海PR大使
CLARI MARE 代表(個人事業)、(有) Miu lab. 代表取締役
ほか、Fuji「船」フィールドスタッフ

三浦 愛 みうら あい 37歳

【最終学歴(論文・制作)】日本大学大学院生物資源科学研究科生物資源生産科学専攻 修士課程
論文「由来の異なる乳酸菌 *Lactococcus lactis*subsp. *lactis* の宿主選択
三浦愛、糸井史朗、杉田治男
平成23年度日本水産学会秋季大会, Sep. 2011, 日本水産学会」
【前職】(株)イシグロ(静岡中吉田店スタッフ)。船釣りで使う道具の担当をしていました

●(いつ)何歳で今の仕事を始めた
2017年4月より。元々は焼津市の地域おこし協力隊が始まりでした。地域おこし協力隊は3年の任期が終了した後、その移住先で独立することが推奨されています。自然な流れで独立しました。

●いつ頃どんな志望動機で目差そうと思った
いつか独立したいと大学生の頃から思っていました。自分のスキルを活かした仕事をしたいと思い、協力隊の時に釣り教室を主催するなどしてつながりを作っていきました。

●仕事の具体的な内容
未だに「本業は？」と聞かれることが多いのですが……。毎年軸となることが変わるので新鮮な気持ちで仕事をさせていただいております。最近は、料理、釣り、海関係のイベント企画・制作に携わっています。また、セミナーや大学などの教育機関での講師もご依頼いただきます。話の内容は主に海と地域活性化。移住先焼津市でどのように地域おこしをし、独立したかをお話しさせていただきます。猪突猛進な自分の半生を聞いてくれた方から「自分も行動したくなった」と感想をいただくことがうれしいです。釣り関連のプロモーション企画作成からモデルも務めさせていただいております。2023年には『しずおか釣り旅のススメ』(静岡新聞社)を出版させていただきました。ありがたいことに重版も達成しました。これからもクライアント様と面白い企画をしたり、自分自身の発信もますます精進していきたいと思います。

●仕事の魅力・やりがい
ルーティンの仕事がなく、毎年仕事の内容がバラバラ。毎回頭をひねりながら構築していくのは大変ですが、やりがいがあり生きているなあと実感します。興味を持つとすぐに行動したくなる性分で、近年のマイブームは資格の取得。直接仕事につながる資格ばかりではありませんが、過去に取っておいてよかったと思うことばかりなので、自分の世界を広げるためにも突き進んでいこうと思います。個人で仕事をすることは、自分で道を開拓する大変さと楽しさがあります。頑張りも怠惰も自分の責任になるので本気で取り組むことができます。

●この仕事を目差す人へのアドバイス
自分でもどんな仕事か説明するのが難しく……。好奇心旺盛で行動力がある方には打って付けのお仕事があります。日々冒険です。

●今後の抱負や夢
来年(2025)、出身地である埼玉に母親と一緒にお店を出す予定です。主に静岡でつながったステキな人や環境から美味しい

毎年主催している駿河湾レディースカップ。船釣りで3尾の魚の総重量で競います

主に地域活動や独立の方法をセミナーにご招待いただきお話しています

ものを厳選し、定食やお弁当で提供する飲食店を考えています。そのお店で静岡のお魚や野菜、地域のファンを作るのが夢です。
◉この仕事に就いていなければ何をしていた
　旅をしながらWebで出来る仕事をしていたと思います（あまり変わらないかも）。
◉今、好きな釣りは？
　まだ釣ったことのない魚を求めて釣りに行くのが釣りを始めた頃からのマイブーム。近年の目標は大型のクエ！
◉初めて釣った魚と場所
　埼玉県のあまりきれいではない川で釣ったタモロコ。おじいちゃんに連れて行ってもらったその時から今まで釣りに夢中です。

◉特に大切にしている釣り道具
　自分で作ったマグロのキャスティングロッド。
◉将来行きたい釣り場と釣りたい魚
　コスタリカでルースターフィッシュを釣りたいです。
◉現在乗っている車
　ランドクルーザープラド。ジェットスキーを牽引できるようにヒッチメンバーが付いています。釣りで遠出することが多いですが運転が楽々で疲れません。たくさん荷物を積めるので散らからないようにこまめにお片付けしています（笑）。車中泊出来るように寝袋も搭載しています。

地域おこし協力隊の時から続けている初心者船釣り教室。他地域から1000名以上を焼津に呼ぶことに成功！

フィッシングガイド
FishCamp-Hokkaido (フィッシュキャンプ北海道) 代表

奥本　昌夫
おくもと　まさお
55歳

【最終学歴（論文・制作）】北海学園大学二部法学部
【前職】フィッシングライター・フォトグラファー

ガイドを始める前に訪れた三度目のタスマニア島の高地にて

● (いつ) 何歳で今の仕事を始めた

　1997年からフライフィッシング関係の雑誌に自身の釣り体験の撮影・寄稿を始める。長くアルバイトなどを兼務、ライター専業は2008年から、ガイド事業は約30年の修業期間を経て2017年より開始。

● いつ頃どんな志望動機で目差そうと思った

　1994～96年にバックパッキングで世界1周旅行を行ない、「フライフィッシングガイド兼ライター」という存在を知り、それを仕事の目標とすることを決意。実現は20年後になる。

● 仕事の具体的な内容

　ガイドサービスは打ち合わせから始まる。問い合わせがあった後、メールや電話でゲストのニーズ、あるいはガイド側からの提案で釣りのスケジュール、釣行河川などを決める。ゲスト人数は安全のため2名まで。釣行は法令に基づいて、ゲストと釣り場付近で合流、時間など状況によっては宿泊所、最寄りの公共交通機関への送迎もある。ガイドの持ち物としては、不測の事態に対してのサオ・ウエーダーなどの一切となるが、特に重要なのはフライ。ゲストには事前に打ち合わせて季節のフライを持参願うが、ここぞという時のオリジナルのフライはあったほうがよい。

　現代ガイド事業の最も重要かつ必要条件は、営業活動だ。集客のため魅力ある情報を常にあちこちに発信し、潜在的な要望を掘り起こし、新たにゲストを作り出していく活動が不可欠。インターネット、ソーシャルメディア、知人友人とのコミュニケーションとネットワークがなければ、どんなによい釣り場や釣り方を知っていても何の役にも立たない。

　自分のライフスタイルとフィッシングガイドの両立は難しいと考えておく必要がある。コミュニケーション能力の高いガイドほどお客との結びつきが強くなり、リピーターが増え、事業が安定化するため、付き合いの悪い人はガイドには不向きだ。インバウンドの外国人を相手にするには英語力も必要。

● 仕事の魅力・やりがい

　自分のやりたいことが世の中の（誰かの）役に立つという視点が最も大事だと実感す

心に残る1尾がゲストへの最大のプレゼント。そのために日々のリサーチも欠かさないなど見えない努力も必要だ

ガイドシーズンの半分を過ごす北十勝の枝沢の畔でキャンプ生活。ときおりゲストも訪れて一緒にキャンプをして過ごすこともある

フィッシングガイドの最大のよさは、好きなフィールドを仕事場に出来ること

ゲストのニーズはさまざま。傍で手取り足取り教わりたい方もいれば、自由に釣りをしたい方もいる。このゲストにはスマホで動画を撮ってあとでプレゼント

る。ゲストが釣れたら、あるいは釣れなくても釣りに関する何かしらの得るものがあれば、ゲストは満足してくれるはず。役に立てることでゲストにも自分にも日々の喜びになるという仕事だと感じている。

◉この仕事を目差す人へのアドバイス

2024年2月現在、北海道フィッシングガイド・ネットワーク名簿登録者（非公開）では、「フィッシングガイド業」（日数内容は問わず）を行なっているガイドは60名を超えている。ニーズよりも供給側がややオーバーしているように見受けられる。

日本国内ではガイドフィッシングはとてもぜいたくな遊び。インバウンドは流動的で不安定な客層だ。まずは釣り業界で働き、実績やネットワークを構築するのも一手だ。ゲストのニーズを把握して特徴を強化し、不得手な部分をグループ化や小規模会社などで補完し合う関係を構築するのも新たな方法だろう。

◉今後の抱負や夢

フィッシングガイド業は、ベースとなる釣り場が不可欠。釣り場で稼がせてもらい、釣り場を保全する視点がガイドには必須で、継続して実践していきたい。結果として、米国などのように自立した1つの職業になればよいと思う。

◉この仕事に就いていなければ何をしていた

家業のサケ漁師。

◉今、好きな釣りは？

マスを相手にしたフライフィッシングのみ。

◉初めて釣った魚と場所

深い森の渓谷で見たレインボートラウトのテイル・ウオーク。ヒットした直後、尾ビレが水面に飛び出して走り回った光景に度肝を抜かれ、その後の生涯を賭す出来事になった。

◉特に大切にしている釣り道具

若い頃、心の迷いで短期間だけ生活した東京で、毎週のように通い詰めた新宿の店があった。最初のボーナスでついに購入したのが「R.L.Winston」と書かれた8ft4番の3本継ぎフライロッド。使いすぎたせいか二度も先端を折ってしまい、しばらくそのままだったが20年後に米国工場で修理してもらい今に至る。

◉将来行きたい釣り場と釣りたい魚

北海道での釣行は40年、海外での釣行も1000日を超えたが満足はしていない。考えすぎると、すぐに行きたくなるので危ないのだ……。

◉現在乗っている車

日産サファリ97年型。国内で販売されていたディーゼルエンジンの最終モデル。重機や小型バスに使われている頑丈なエンジンと、世界で最もタフなSUVになるようにという目的で作られた4WD。46万kmを超えてますます元気だが、北国の宿命というべきか、塩害でボディーの腐食が激しく、ここ数年、自分で各部に鉄板を張りビスを打ち、かろうじて車の形を保っている。あと1〜2年の運命か？

ガイドとは別に年に数回ある展示会での商品説明も大切な仕事です

フィッシングガイド
バスフィッシングガイド
（フリーランス）

OSP プロスタッフ、ダイワ バスプロスタッフ、
RYUGI プロスタッフ GARMIN プロスタッフ

折金 一樹
おりかね　かずき
45歳

【最終学歴（論文・制作）】日本大学
卒論「雨水浸透施設による流出抑制効果に関する研究」
【前職】建築関係

大きな魚が釣れた瞬間は今でもうれしさ爆発です

● （いつ）何歳で今の仕事を始めた
　38歳の時。

●いつ頃どんな志望動機で目差そうと思った
　以前からメディアに取り上げて頂いたり、バス釣りの大会に参加することがライフワークの中心になっていた中、メーカーとの関わりや周囲の環境も変化していき、釣りに携わる仕事が多くなってきました。そのうちに、片足だけ突っ込んだ状態では上手く立ち回れないことも多くなり、本腰を入れて釣りを仕事にしようと思いました。

●仕事の具体的な内容
　釣りのガイド業では、お客様への釣り場の案内や、技術面のアドバイスがメインとなります。ただ、まずはお客様の要望に合わせるのが先決。釣果優先で釣りたい方、特定の釣り方やルアーの使い方、キャストのレクチャーや魚探の操作方法など、要望は多岐に渡ります。もちろん1つだけというわけではなく、さまざまな要望をバランスよく組み合わせてガイドを行ないます。
　また、その日の釣果も大切ですが、釣りに対する考えやルアーの扱い方などは、お客様によってさまざま。個別に合わせたレクチャーが大切です。そして特に普段の釣りに還元出来るような内容を選んでいきます。また、一日の中での状況の変化などを指摘し、リアルタイムで釣り場にいるからこそ、体感し習得して頂けるような内容を心掛けています。
　ガイド業以外では、釣り具の販売促進活動として、SNSやYouTubeでの情報発信、雑誌などでのメディア露出に努めています。特にロッ

ドやリール、ルアーなどの使い方や、どのようにしたら釣れるかなど、汎用性のあるインプレッションをしたり、一方でさまざまな釣り場を回り、釣り場ごとの事情に合わせた使い分けなど、より実践的な内容までを心掛けています。
　また釣り具の商品開発については、新製品の提案やアドバイス、現地でのテストなどを行なっています。魚の習性や使い心地、実際の釣り場のトレンドに合わせた提案も行ないます。特にエンドユーザーがどのような点に着目し釣り具を選んでいるか、実際の現場にいることが多いので感じたことをそのままフィールドバックしています。

●仕事の魅力・やりがい
　小さな頃からずっと好きで続けてきた釣りには多くの魅力があります。むしろ魅力があるからこそ情熱をもって長く続けてこられたともいえます。そんな魅力を多くの人に知ってもらうこと、より深く楽しみを知って頂くことはこの仕事の魅力であり喜びです。また常に自分自身が楽しみを模索し、多くの方に楽しみ方を提案していくことは、自分自身の成長にもつながっていきます。そんな中で実際に楽しんで頂いて

車やボートの備品の管理も仕事の一部です

大量の釣り具を保管している事務所兼釣り部屋

いるようすや声を聞けた時は、大きなやりがいを感じる瞬間です。

◉この仕事を目差す人へのアドバイス

　釣りが上手ければこの仕事で成功するとは限りませんが、釣りが下手ではなかなかなれません。ある程度の知識と経験は必要であると思います。一方で釣りが上手いこと以上に大切なのが、自分自身が楽しんでいる姿、姿勢。いつまでも楽しんで釣りをすることは何よりも大切なことです。

◉今後の抱負や夢

　個人的には魚をもっと知ること。釣りをもっと楽しむこと。今まで誰も知らなかった釣り方や釣り道具を生み出せるチャンスがあることには夢しかありません。また、今行なっている活動も、釣りに興味はあっても全く経験のない人にも、釣りを始めるきっかけにつながればよいなと思います。

◉この仕事に就いていなければ何をしていた

　何かのモノ作り。必要に合わせて作ること、また必要を生むようなモノ作りは楽しみを感じられるから。

◉今、好きな釣りは？

　年数回はほかの釣りもしますが、やはりバス釣りです。魚を探す手立てやその可能性、道具の種類の多さはバス釣りならでは。またその一つ一つに楽しみがあり、一生かかっても終わりがなさそうです。

◉初めて釣った魚と場所

　親に連れられ、近所の川でハゼを釣ったのが最初です。海釣りが多かったですが、バス釣りは同級生がやっていたのがきっかけです。

◉特に大切にしている釣り道具

　昔からたまりにたまったルアーたち。中学生の頃に自転車で通った野池に

ガイドではなく自分が主役の仕事中。カメラの前でしゃべりながら真剣に釣りをするのは慣れが必要です

始まり、今まで長い時間が過ぎましたが、パッとは思い出せなくても、昔使ったルアーを見ると、その時の釣果はもちろん、さまざまな思い出が浮かんできます。釣れた時も釣れなかった時も、季節や風景、その時の感情まで鮮明に蘇るモノさえあります。たまに整理しようとしても、思い出してしまうので作業がなかなか進みません。

◉将来行きたい釣り場と釣りたい魚

　行ったことのない湖でのバス釣り。初めての釣り場はいつになっても新鮮でワクワクします。湖の大きさや形、水深や障害物など、湖を構成する要素が異なれば、一から魚探しをすることになります。バスの習性や好みに照らし合わせ、釣れる場所を探して、魚に辿り着けた時は歓喜の瞬間。今では行ったことのない釣り場は少なくなってきましたが、同じ釣り場でも季節が変われば、条件は変わるので楽しみは尽きません。

◉現在乗っている車

　トヨタハイエース(フレックスドリームカスタム)。

フィッシングガイド（NZ）

釣りガイド・釣り撮影コーディネーター
NZ Streams and Tides.ltd 代表

佐藤玄 さとう　げん

【最終学歴（論文・制作）】慶應義塾大学卒業後、ユニテック工科大学ビジネスコース留学

【前職】建材商社。学生時代には上州屋キャンベル店で3年間、週5日でアルバイトをして、釣りの基礎の勉強をした。

湖でヒットしたブラウン。NZでは川、湖、海のそれぞれに素晴らしいゲームフィッシュがいます

◉（いつ）何歳で今の仕事を始めた

29歳の頃にNZに渡り、起業したのは30代前半です。

◉いつ頃どんな志望動機で目差そうと思った

商社時代の過酷な仕事のツケが回り（ブラックでした）、体調を崩して入院した頃に何をしたらいいか考える時間がありました。英語の基礎知識はありましたが、英語だけでトップにはほど遠い。釣りの知識も上州屋時代に培った知識があるので、同年代に比べれば、はるかに多かったけれど、トップにはなれない……。

でもその2つを組み合わせた順位なら1番になれるかもしれない。そう思い、その組み合わせで誰にも負けない仕事なら、何をするのがよいだろうかと考え、ニュージーランドで釣りガイド会社を立ち上げようという結論に達し、スーツケースに釣り具を山ほど詰め込み、ニュージーランドのオークランド空港に降り立ったのがすべての始まりです。

◉仕事の具体的な内容

お客様に、空港到着から帰国まで、釣り場案内を含めたほぼすべてを用意し、魚をキャッチさせる。もしくは、釣りの撮影のお世話をすべて準備するのが仕事ですが、どこが釣れているのか、どういう方法が釣れるのかという情報を常にアップデートしていくこと、また現場やノウハウの下調べをどれだけしておくかということが、時間的には大きな部分を占めます。

◉仕事の魅力・やりがい

釣り好きの方々をご案内して、人生最大級の魚や、思い出の1尾を釣って頂くことがメインの仕事です。相手が自然なのでそれは時に厳しく、時に優しくなったりします。そんな不安定な状況に上手く対応しながら、必ずお客様が結果を出す方向に向かわせる。単純なようですが、難しい仕事でもあります。

釣りのテレビ番組の撮影コーディネーターをすることも多いです

大型のマスを求めて、時には牧場を抜けて釣り場に向かうことも

ソルトの超大もの釣りをガイドすることもあります。写真は40kgのヒラマサをジギングで釣りあげたもの

　釣り好きの方々にとっては、大きな魚や特別な魚と対峙することは一生の思い出です。お客様がいつか年老いて身体が動かなくなった時、お酒を飲みながら「NZでの大もののトラウトは、本当に楽しかったよ」「あの時に釣ったヒラマサは忘れられない」などと言って、いつまでも思い出してもらえる瞬間をプロデュースできるのであれば、私の仕事は、どんなに大変であってもやる価値があると思うし、また頑張ろうと思えます。

●この仕事を目差す人へのアドバイス

　いうまでもなく、釣りの基礎技術の部分がとても重要です。そこは一般の方に負けてはいけないと思います。それに加えて、日々変わる自然に対して、情報をアップデートしていく、そしてそれに対応できる能力も必要です。現地の釣り人や船頭さんたちと常に連携を取り、情報のアップデートを行なうためのコミュ力を磨いておくことは、釣りの技術と同じくらい重要です。

　海外のガイドはほかにも、異国での安全の確保や、釣り以外の時間の演出（たとえば近くの観光地や美味しいレストラン、食材の知識など）も含めて、総合的にお客様に楽しんでいただけるための準備が必要になります。釣り以外のどんな瞬間も満足してもらえるように、そのための努力は常にしておかないといけません

●今後の抱負や夢

　NZでは日本人、日本ではNZ人をガイドできるシステムを作りたいです。

●この仕事に就いていなければ何をしていた

　塾の講師でもしていたかもです。

●今、好きな釣りは？

　エイと一緒に水深１ｍのシャローフラットに入ってくるヒラマサを、サイトで見つけて、ウエーディングやフラットボートでねらう釣り。シーバススタイルやフライフィッシングで挑むのが、難易度が高くて激アツです。

●初めて釣った魚と場所

　大分の秘境、耶馬溪で釣ったハエ（ヤマベ）です。

●特に大切にしている釣り道具

　フランスのリッツホテル２代目、シャル・リッツが作り上げたバンブーロッド、ペゾンアンドミッチェルのファリオクラブPPPというサオを手に入れて以来、これを古いハーディーのリールと組み合わせて、宝物のように使っています。

●将来行きたい釣り場と釣りたい魚

　高知のアカメを、南半球のバラマンディースタイルで攻略してみたいです。アカメとバラは見た目が全く同じですが、性格は真逆のようで、一般的にアカメはアクションなしのただ巻き、バラは超激しいジャークで釣りますが、あえてバラスタイルでやってみたいです。

●現在乗っている車

　20年物のプラド。この車でないとアプローチがしにくいポイントがあります。

バンプヘッド・パロットフィッシュ。
いつかもう一度出会いたい魚

フィッシングガイド
フライフィッシングガイド
FlyFishing Total Support TEAL 代表
(THOMAS&THOMAS Rod 正規代理店・フィッシングガイド・フライフィッシングスクール講師)

杉浦　雄三　すぎうら　ゆうぞう　52歳

【最終学歴(論文・制作)】碧南市工業高等学校環境課
【前職】プロパンガス配達と飲食店を経営

● (いつ)何歳で今の仕事を始めた
　27歳。
● いつ頃どんな志望動機で目差そうと思った
　27歳の時、毎週のように通っていたフライショップの店長さんに『アングリング』(当時はルアー・フライ雑誌)から名古屋港のボートシーバス取材依頼があり、私も一緒にということで乗船すると私があまりにもボコボコに釣り、カメラマンさんが編集長に紹介してくれました。上京して編集長に会うことになり、今までフライで釣った魚の写真を持って来てほしいといわれ長野、岐阜の本流でシーズン中に釣った大ものの写真を持参すると、それが元で今度は本流の取材をすることに。その時も大ものを何尾か釣り、その後すぐに月イチの連載が始まりました。
　以後、同誌がルアー雑誌になるまでの2年半、本流ウエットフライフィッシングの連載をして、好きなことでお金がもらえるのですごく楽しかったし、今の自分にもかなりプラスになったと思っています。原稿料もかなりよかったので当時は(笑)。
● 仕事の具体的な内容
　浜名湖と沖縄でのフィッシングガイド。北海道や岐阜県と長野県で本流のフィッシングガイドとフィッシングスクール。アメリカのTHOMAS&THOMAS Rod の正規代理店と販売。オリジナル商品の開発販売。釣り具メーカーさんの商品開発とテスト。
　本流のフィッシングガイドは少しスクール要素も入れています。キャスティングからア

本流でのフライフィッシングスクール

プローチやポイントまでの立ち位置など、細かく指示します。フライも私が巻いたものを使ってもらうことが多いです。
　ソルトはサイトフィッシングで、魚を見つけてそこにキャストして釣ってもらいます。サイトのほうが魚が見えているのでガイドとしてはゲストにアプローチしてもらいやすく、とてもやりがいがあってエキサイティングです。
● 仕事の魅力・やりがい
　自分が初めてトラウトをフライフィッシングで釣った時の喜びを、ゲストが魚を釣ってくれた時に思い出します。とにかくゲストが喜んでいる姿を見るのが楽しい。フィッシングガイドは私の場合、リピーター9割・新規1割なので、毎回ゲストとシーズン中の話をしながら楽しく行なっています。ガイドは河川のほうが早くスタートしました。行き慣れている河川でのガイドなのでとてもスムーズです。人数が多い時はかなりしんどいですが、自分が好きなことなので集中できます。ただここ数年、本流河川はよいシーズンに大雨などがとても多く、シーズン自体が短くなって

パシフィコ横浜・釣りフェスティバルでのフライタイイング・デモンストレーション

ガイドの仕事はゲストが喜んでいる姿を見られるのが最大の喜び。私の場合はリピーターが9割を占めています

いると感じています。年々河川でのフィッシングガイドは減っているのも事実です。

ソルトのガイドは毎年安定しており、雨などの濁りや増水等に悩むことが河川に比べると少ないです。新しい釣り場やポイントも日々開拓し広げています。自分の釣りスキルで幅広く探していけるのでソルトのフィールドは無限です。未知の釣り場を開拓してゲストと一緒に楽しめるのは最高です。

◉この仕事を目差す人へのアドバイス

お金儲けだけを考えるとなかなか儲かりませんが、私自身はフィッシングガイドは天職だと思っています。体力的なことも含めてすべてがあまり苦にならず、プライベートで自分が釣ってもガイド中にゲストさんが釣っても同じくらいうれしいです。フィッシングガイドには、そんな方が向いているのかもしれません。

◉今後の抱負や夢

フィッシングガイドシステムと環境を国際的なレベルに整え充実させること。海外のガイドシステムは車の送り迎えや宿泊施設、そしてガイドフィッシングと、私たちが初めて行っても至れり尽くせりで楽しめるようにパッケージ化されています。私もそれを目差し、ほぼ実現できていますが、海外との大きな差はゲームフィッシングのターゲットとなる魚の量。はやり国内はまだまだキープする方が多く、釣り人が増えれば魚が減る現象が止まりません。私のガイドフィッシングではすべてキャッチ&リリースでウェブサイトにもしっかりと明記しています。

国内でガイドをされている方、これからガイドを目差そうという方には、魚類資源量のことをしっかりと考えてほしいです。私たちの仕事は魚がいないと成り立たない職種です。海外のようにゲームフィッシングを推奨して1尾でも多くの魚が残り、みんなで楽しめるようにしていきたいです。

◉この仕事に就いていなければ何をしていた

海外でフィッシングガイドをしています絶対に(笑)。

◉今、好きな釣りは？

沖縄のゴマモンガラ(トリガーフィッシュ)のフライフィッシング。

◉初めて釣った魚と場所

河川は長良川でアマゴ。海は近所の衣浦港でシーバス。

◉特に大切にしている釣り道具

偏光グラス。地形を読むにも、魚を見つけるにも偏光サングラスがないと始まらない。私にとって最も重要なアイテムです。

◉将来行きたい釣り場と釣りたい魚

もう一度アフリカのファーカー諸島へ行き、バンプヘッドをもう一度釣りたい。

◉現在乗っている車

4WD/ディーゼルターボ・ハイエースバン。ゲストを乗せるのに便利で荷物もたくさん詰めます。ロッドも9フィートから13フィートまで継いだまま入れられるので、フィッシングガイドには欠かせない車です。

イトウ釣りのガイドは、特にサイトでねらう場合にはお客さまとの共同作業でやりとげた時に分かち合える感動と喜びが最高の報酬

フィッシングガイド

杉坂隆久ガイドサービス（フライフィッシング）

ほか、ノースフライフィッシングロッジ経営

杉坂 隆久 (すぎさか たかひさ) 68歳

【最終学歴（論文・制作）】岡崎商業高校
【前職】FH スギサカ

●(いつ)何歳で今の仕事を始めた

30数年前、デザインしたフライロッドの実釣テストやキャスティングスクール等で北海道で釣りをする頻度が高くなったことが、その後のガイド業へとつながりました。また、当時日本初のキャッチ＆リリースエリアで話題となった渚滑川＝滝上町役場から何度も招かれ、北海道とのつながりが深まるきっかけになりました。

ガイドは20年弱前、最初は本州からの通いで始めました。エリアは道東、阿寒湖あたり。1回につき2週間くらい滞在し、キャンプ場でテント暮らし→ウイークリーマンション→自前のキャンピングトレーラーとアップグレードしていきました。2014年にはゲストが宿泊できるロッジも建てました。

●いつ頃どんな志望動機で目差そうと思った

ガイドを始める数年前、北海道内のよい釣り場を回り、世界の有名な釣り場にもひけを取らない素晴らしいフィールドがありターゲットがいると感じた時（ニジマスならNZやアメリカ、イトウはモンゴルと比べて）。

●仕事の具体的な内容

かつては阿寒湖、猿払川、天塩川や道北の渓流もガイドしていましたが、現在はほとんど朱鞠内湖のみです。湖から車で30分の所にロッジも経営しているので、車でボートをけん引して湖まで行き、お客さまの好みに応じた釣りをボートまたはウエーディングでご案内しています。

私のガイドはフライフィッシング・オンリーで、最近はボートからのサイトフィッシングが多いです。巨大なサイズが産卵期のウグイを捕食するため浅場に出てくるところを目視で探して、ねらい撃ちにします。私自身もメーターオーバーサイズを3尾すべてサイトで釣っており、とてもスリリングな体験ですよ。

●仕事の魅力・やりがい

イトウは現代人の祖先よりも太古から棲んでいる日本のネイティブな魚で、いろいろ調べると今のアベレージサイズよりも巨大化し、すごい記録や伝説もたくさん残っています。夢がある！　そんなの掛かったらどうなっちゃうの？　日本にこんなすげえ魚がいるんだと、大きさの可能性に魅力を感じました。そんな幻の魚ともいわれるイトウを、お客さまと一緒に探して釣る。簡単ではない釣りを共同でやりとげた時の感動を一緒に味わえる最高の仕事です。

●この仕事を目差す人へのアドバイス

釣りが好きな人なら楽しい仕事だと思うのですが、私の住む道北では、ガイドが可能な時期が短いのです。フィッシングガイドのみで生計を立てるのは難しく、何かほかの収入源が必要となります。私の場合、5月〜6月20日前後と10月のひと月はガイド業がフル稼働ですが、それ以外の月はオフになるので、道内外のイベントでの物販に力を入れています。ランディング

シングルバーブレスフックの使用とキャッチアンドリリースにより、朱鞠内湖のイトウは確実に増えている実感がある。私もメーターオーバーを3尾釣っています

私の場合ガイドはボートがメイン

ネットとイトウの完成品フライをたくさん作って販売し、大切な副収入となっています。また年金ももらっています。

● **今後の抱負や夢**

私がガイドしている朱鞠内湖のイトウ釣りは、湖岸の地形がとても入り組んでいるためまだまだポイントも釣り方も開拓可能で、毎年新たな発見があります。フライも進化しています。もっと釣れるフライやロッドの開発を続けていきます。

また、シングルフック&バーブレスのレギュレーションができてからは、死んでいるイトウを目にする機会は激減しました。イトウが死なないことによって、大型化して数もさらに増えることを願っています。

● **この仕事に就いていなければ何をしていた**

今もしているロッドとランディングネットとフライの製作を、専門でやっていると思います。歳も歳ですから、ガイドができなくなったら物作りに専念します。

● **今、好きな釣りは？**

朱鞠内湖でボートから、シングルハンドロッドでのイトウ釣りです。ほかには、オホーツク海のマグロとブリをフライで釣ってみたい（フライではまだ釣ってないです）。

● **初めて釣った魚と場所**

我が家は親が釣りをしていたので、一緒に行っていたと思いますが、記憶にありません。フライフィッシングで初めて釣ったのは、近所の川のオイカワでした。

● **特に大切にしている釣り道具**

道具はあまり大切にしないのですが、しいていえば、自分で竹から削ったバンブーロッドと旋盤で作ったリールですね。

● **将来行きたい釣り場と釣りたい魚**

20年ほど前に一度行ったカリブ海のベリーズで、パーミットとターポンを釣りたいです。

● **現在乗っている車**

ランドクルーザープラド。ボートをけん引することが多いので、トルクのあるこの車を選びました。

ロッジの夏はこんな感じですが、冬は雪に埋もれています

仕事のあとはロッジのお風呂で、ついビールで乾杯（笑）

フィッシングガイド
WILDLIFE FLYFISHING SHOP NAYORO オーナー
（フライフィッシングショップ経営・フィッシングガイド）

千葉 貴彦 （ちば たかひこ） 59歳

【最終学歴（論文・制作）】名寄工業高校
【前職】なし（フリーター）

お客様と感動や喜びを共有できることもこの仕事の大きな魅力です

● **(いつ)何歳で今の仕事を始めた**
　2005年、40歳の時。

● **いつ頃どんな志望動機で目差そうと思った**
　39歳の時、これといってほかにできそうな仕事がなく。

● **仕事の具体的な内容**
　用品販売、フライフィッシングガイドは天塩川本流がメイン。

● **仕事の魅力・やりがい**
　フライフィッシングガイドの仕事には、ほかの職業では得難い多くの魅力が詰まっています。中でも特に際立つのが、変わりゆく季節感を直に感じられること。春の芽吹き、夏の強い日差し、秋の紅葉、冬の静寂と、自然の移ろいを体感して川辺に立つ時間は、何にも代えがたいものです。

　ガイドの役割はただ魚を釣らせるだけではありません。お客様とのコミュニケーションを通じて、その日のコンディションに応じたアドバイスを行ない、時には一緒に成功を喜び合う瞬間が訪れます。この仕事は、人それぞれの釣りに対する思いや、自然に対する感謝の気持ちを共有する場でもあります。

　仕事を無事故で終えた後の充実感もやりがいの1つです。自然の中でのアクティビティにはリスクも伴いますが、安全を確保しつつ、全員が満足して帰路につけることはガイドの誇りでもあります。

　また、ショップも運営している場合、新商品にいち早く触れられることも大きなメリットです。特に、最新のギアを試しながら、その性能をお客様に伝える瞬間は、製品に対する理解が深まり、ガイドとしてのスキルアップにもつながります。

　ガイドは自然と人、そして技術との三位一体の仕事。そこには、ただの釣り以上の魅力が広がっています。

● **この仕事を目差す人へのアドバイス**
　まずフライフィッシングが好きなことが大

ガイドのシーズンオフはショップの売上が重要です

フィールドに応じてドリフトボートのアプローチも行ないます

外国からのゲストも増えています。語学力は強いアドバンテージになります

天塩川での本流ガイド。北海道のフィールドにはワールドクラスのトラウトが潜んでいます

前提。そして長時間フィールドを歩く体力が必要です。日々ウオーキングやトレーニングを取り入れ、体力維持に努めましょう。あとは安全第一！　お店は……大変です。

　ガイドの仕事は多様な条件や魚種に対応できるスキルが求められるため、普段から経験を積んでおくことが大切です。自身の釣果が多いほど、ゲストに最適なアプローチができるようになります。

　自分自身が釣りを存分に楽しんでいる姿は、ガイドとしての魅力にもなります。そして釣りそのものに加えて、自然とのふれあいを心から楽しみ、それをゲストと共有できることが理想です。

　また、海外からのゲストに対応できる外国語の語学力は、業界での競争力を高める重要な要素です。あとは、北海道では冬季などガイド業が難しくなる時期があるので、副業や季節的に対応できる収入源を持っておくと安心です。

●今後の抱負や夢

　ガイドとして長年自然の中に身を置き、多くのお客様と共に釣りを楽しんできました。振り返ればさまざまなフィールドでの出会いや学びがありましたが、今感じるのは引退に向けた心の準備です。ガイドとしての残り少ない時間を大切にし、これまで積み重ねてきた経験を次世代につなげていきたいという思いが強くなっています。

　「無事故で引退すること」が今後の最大の目標です。自然を相手にする仕事だからこそ、常に安全を第一に考え、万全の準備で臨んできました。その姿勢を最後まで貫き、お客様全員に安心して釣りを楽しんでいただける環境を提供することが、ガイドとしての責任であり誇りです。

　引退が近づいているとはいえ、まだまだフィールドでの時間は続きます。最後の一瞬まで、自然の美しさと釣りの楽しさをお客様と分かち合いながら、笑顔でガイド人生を締めくくりたいと思います。引退後も、フィッシングギアの販売や後進のサポートなど、釣りに関わり続ける方法を模索しつつ、次のステージへの準備を進めています。残り少ないガイド人生を全力で、安全に完遂し、充実感と共に笑顔で幕を閉じる。これが、私の今後の夢であり、抱負です。

●この仕事に就いていなければ何をしていた
　フリーター！
●今、好きな釣りは？
　本流のスイング！　ソルトフライフィッシング、特にフラットのストーキング。
●初めて釣った魚と場所
　名寄川のアカハラ。フライでは支笏湖の小さなアメマス。
●特に大切にしている釣り道具
　TAREXの遠近両用偏光グラス（視力低下と老眼のため）。
●将来行きたい釣り場と釣りたい魚
　フロリダのターポン！
●現在乗っている車
　商用1BOXの4WD。

フィッシングガイド（NZ）

フライフィッシングガイド

ほか、インストラクター／フォトグラファー

中川　潔　なかがわ　きよし

【最終学歴（論文・制作）】The Landing School of Boat Building and Design
【前職】フライフィッシングショップ経営

世界中のアングラーを魅了し続けるNZのトラウトフィッシング。私もその中の一人です

● **(いつ)何歳で今の仕事を始めた**
　本格的には26歳。

● **いつ頃どんな志望動機で目差そうと思った**
　当時、NZのフライフィッシング全国大会で優勝を目差していたので、1秒でも長く川や湖に出向く必要がありました。仕事の合間に自己練習する時間が作りやすい環境であることを最優先に考えた時、ガイドの仕事が一番理に適っていたためです。

● **仕事の具体的な内容**
　世界中のアングラーを魅了し続けるNZのトラウトガイドフィッシング。クライアントはそれぞれ異なる釣り場や魚種、サイズ、数にこだわりや思い入れがあり、まずそれらを正確に把握することから始まります。与えられた情報を元に、クライアントの体調や体力を考慮しながら、最適な季節や釣り場を提案します。特にサイトフィッシングになると、魚を見つけることが最も重要な仕事になります。たとえ見つけられたとしても、必ず釣れるとは限りません。フライの選択やキャストする立ち位置、距離、水深、流速など、釣るために必要な情報をもとに作戦を立てます。大きな魚になればなるほど緊張感が増し、そのぶん釣れた時の喜びは格別に大きいことはいうまでもありません。

　初めてトラウトの釣りをするクライアントに対しては、難しい説明は極力控えます。釣りの楽しさや魅力をともに体感しながら、最初の1尾を釣りあげられるように、釣り場となる川や湖に見合ったガイドをしています。すべての魚との出会いをしっかり写真に収めることも仕事です。

● **仕事の魅力・やりがい**
　NZ国内だけではなく多国籍のクライアントをガイドしていますが、さまざまな業種や文化を持つ人々との関わり合いから、自分の見識や未知なる釣りの世界を広げられることが大きな魅力です。

　上手な人たちの釣りを見ているだけで学べることも多く、毎回の仕事を通じ、自身のスキルアップにつながる経験をさせて頂いていると思っています。

　色、形、サイズともに素晴らしいと思える魚が釣れた時の感動は、いつまでも新鮮で鮮明な記憶として忘れられないものです。フライ未経験者や初心者のクライアントが「釣れた！」と喜ぶ時は、同様にうれしく、ガイドに従事していて幸せを感じる瞬間の1つです。また、その人たちがそ

こんな巨大ブラウンを間近で見たら息が止まりそうになります

クライアントに魚のいる位置をアドバイス。相手を警戒させないように背を低くしてそっと接近していくこと（ストーキングといいます）

激しいジャンプでフライを外そうとするブラウン！

の後も毎年来てくれて、釣りが上手くなっていくさまを見られることも、ガイドとしてのやりがいにつながっています。

●この仕事を目指す人へのアドバイス

やはり、いろいろな魚種を釣ってみることは大切だと思います。魚種の違いによる特有の釣り方、これを追求する中で味わう魅力、楽しさ、難しさなど、何かを感じ取ることができるからです。そして、目的の魚種をフライで釣るためのキャスト練習、フライタイイングなど、釣るためのメソッドを調べ始めるでしょう。また魚種ごとに精通する経験者やエキスパートに出会い、話を聞く機会に恵まれることで、さらなる発見が訪れます。人とのつながりは自身の進歩には不可欠です。

最初から釣りが上手い人はいません。自主練習もさることながら、人から自分がまだ経験していない話を聞くこと、できれば一緒に釣りに行くことで、より広い知識と視野を得ることができるでしょう。この過程を経てこそ、自分の釣りというものが確立していくのだと思います。

また、四季を通して同じ川や湖に通うことも大事なプロセスです。魚の動きや季節の移り変わりが手に取るように分かってきます。このわずかな違いこそが、ガイドとしての器量を分けると考えています。

そして最も大切なことは、釣れない時間が続いても、イライラしないことです。イライラは魚にもクライアントにも伝わります。長時間釣りをする必要は全くなく、天候、体力、集中力に応じて、クライアントの釣果につながるお手伝いができれば最高の一日になるはずです。

●今後の抱負や夢

自分の釣りの技量を測るためにも、もう一度、世界大会に出てみようかと考えています。競技を通して再度世界トップクラスのアングラーと釣りをし、新しいテクニックを学びたいです。

●この仕事に就いていなければ何をしていた

ヨット設計、造船業界でしょうか？

●今、好きな釣りは？

パワーやスピードがあるGT、ボーンフィッシュ、キングフィッシュなどのソルトウオーターフライフィッシング。

●初めて釣った魚と場所

あまり覚えていませんが、近所の小川へウグイやフナを釣りによく出掛けていた記憶はあります。

●特に大切にしている釣り道具

アメリカにいた時に買ったオービスのリールです。大事にしすぎてどこかにしまい込み、今は行方不明ですが、きっと自宅のどこかによい状態で静かに眠っていると信じています。

●将来行きたい釣り場と釣りたい魚

アマゾン川の大型ピーコックバス。

●現在乗っている車

近場の釣りはヴェルファイア、山奥はディフェンダー。

ティーチング＆デモンストレーション

フライキャスティング・インストラクター

フライフィッシャーズ・インターナショナル（FFI）という米国の非営利団体が認定する４つのインストラクター資格すべてを保有しています。簡単にいいますと、一般的な片手投げ、サケなどの遡上魚釣りに使う両手投げの２分野で最高レベルの資格を持っています。

東 知憲 ひがし　とものり

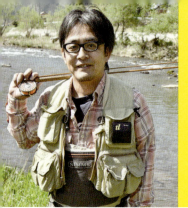

繊細なタックルを使う日本の川釣りも大好きです

【最終学歴（論文・制作）】東京外国語大学外国語学部英米文学科 米国文学専攻。釣りをやりすぎて１年で留年しましたのでいきなり学資がフルボトムし、海外留学はできませんでした。

【前職】第１志望だった本田技研工業への面接結果が「今後のご活躍をお祈り申し上げます」となった結果、熊本県庁の企画部に就職したのが最初の仕事になります。退職後は商社において企業英語研修のカスタム企画販売、MBA留学を目指す人たちのための受験および面接指導などをへて現在に至ります。いろいろやったものだと思いますが、いまも何が本職かよくわからないというのが本音です。

●（いつ）何歳で今の仕事を始めた
現在は４種類あるインストラクター試験ですが、最初のレベル（CI）に合格したのは1994年だったと記憶しています。

●いつ頃どんな志望動機で目指そうと思った
釣りとフライキャスティングの師匠だった米国のメル・クリーガーさんが、フライフィッシャーズ・インターナショナルに声をかけてこのプログラムを立ち上げられたことが直接的なきっかけです。

●仕事の具体的な内容
フライフィッシングは、ハリ（フライ）を「投げる」というスタート時点の作業からしてちょっと難しく、じゃっかんの練習が必要で、さらに詰めていけばどんどん奥の深さが見えてくるという釣りですが、その「投げる」というところに関してご指導するという仕事です。また、日本国内に「インストラクターを認定する」試験官資格を保有する人が、私を含めて5人おりますので、彼らと協力して定期的な試験運営も行なっています。つまりフライキャスティングを教え、かつ教えたい人たちに指導も行なって正式認定するというメタ仕事も入ってきます。

●仕事の魅力・やりがい
税金、子育て、上役へのおべっか、アプリのアップデート、近所付き合いといった人生の構成要素に全く関係のないフライフィッシングの、さらに一部分であるキャスティングという分野を、教える側も教わる側もきわめて真剣に取り組むというところが素晴らしいと思います。教え、人のテクニックを観察することで、自分もさらに高いレベルへと到達できている気がしています。

●この仕事を目指す人へのアドバイス
キャスティング・インストラクターになって副収入がたっぷり得られるという人はごくわずかだと思いますが、この釣りがホントに好きならチャレンジしていただく価値はあります。

●今後の抱負や夢
現在、日本国内で活発に活動されているインストラクターさんは50名を数え（過去における延べ認定数はおそらく200名以上）、彼ら・彼女らによって日本のフラ

インストラクターたるもの「失敗例」もうまく実演・説明できないといけません

ツーハンドロッドを使ったスカンジナビアン・キャスティングのデモ

イキャスティングの世界は大きく様変わりしたと自負しております。これからは、東北地方と沖縄にも、FFI認定のフライキャスティング・インストラクターが生まれてほしいですね。

●この仕事に就いていなければ何をしていた
今は1日に8時間くらい釣りのことを考えていますが、釣りの仕事をしていなければ、1日2時間くらい魚のことを考えたりフライを巻くアマチュアだったはずです。

●今、好きな釣りは？
東北の渓流で釣るイワナとヤマメ。北米の太平洋側で釣るスティールヘッド。北米のフロリダで釣るターポン。

●初めて釣った魚と場所
家から100mくらい離れたところを流れる坪井川で、ミミズをハリに付けてマブナを釣ったのがたぶん初めてだと思います。遠くに熊本城が見えるところです。3本継ぎの安い漆塗りの竹ザオ、トウガラシウキ、袖バリ。

●特に大切にしている釣り道具
父親にしぶしぶ買ってもらったアンバサダー5500C。フライキャスティングの先達ジョアン・ウルフさんが1960年代に全米各地でのデモンストレーションで実際に使っていたアンバサダー5000。竹ザオの大師匠ペア・ブランディンさんからもらったハドン・パルP-41。なぜか全部ベイトリールです。

●将来行きたい釣り場と釣りたい魚
ロシアのコラ半島に行って大西洋サケを釣りたいですが、たぶんもう無理ですね。

●現在乗っている車
ドゥカティ・スクランブラー・デザートスレッド。エスデージーに配慮しておりますので単車です。

モンタナ州でネイティブのカットスロート・トラウトを釣る私

秋田の渋谷直人さんとともに、豪州タスマニアに招かれてクリニック開催

仁淀川支流の土居川にて(右が西脇康之　左は西脇亜紀)。透き通る青い水から仁淀ブルーと呼ばれます

アユ漁師
鮎屋仁淀川 代表
アユ販売・友釣り体験ガイド

西脇　康之 にしわき　やすし 59歳
西脇　亜紀 にしわき　あき 50歳

【最終学歴(論文・制作)】康之＝大学中退。亜紀＝高卒
【前職】康之＝家業(旗金具職人)・大手通信販売会社。亜紀＝大手通信販売会社

◉(いつ)何歳で今の仕事を始めた
2017年開業(康之52歳、亜紀43歳)。

◉いつ頃どんな志望動機で目差そうと思った
2015年の結婚時に2人の将来を考え、都会で会社に所属して勤務するという選択肢はないことで意見が一致していました。漠然といつか田舎で畑やものづくりをして暮らしたいなあと思っていたので、田舎暮らしを視野に入れて場所や方法をリサーチする中で、歳を取って引退してからではなく、まだまだ若い現役世代のうちに基盤を作っておくほうがよいと思いきって移住と開業を決めました。

アユを仕事にしようと思ったのは、趣味で友釣りをしていた夫に料理屋さんから「アユが足りないので、釣った時に入れてほしい」と要望されたことから、小さな事業としての可能性を感じて田舎暮らしの仕事の1つとして立ち上げを決めました。そして田舎では季節毎に仕事を変えながら暮らしをつないでいくのが当たり前のように行なわれていたことから、夏はアユ、冬にも何かの仕事をして生活を立てるという目線で実現を目差しました。

◉仕事の具体的な内容
奇跡の清流と呼ばれる仁淀川の素晴らしいアユを友釣りのみで採捕し、自社サイトで販売。また、敷居が高く難しいといわれる友釣りを、道具・遊漁券・オトリ・ガイド込みで、楽しさと面白さと美味しさを体験していただくアクテビティメニューの実施。

◉仕事の魅力・やりがい
「また友釣りやりたい」「また仁淀川に来たい」と言って頂き、アユ釣りを始める仲間が増えた時。

◉この仕事を目差す人へのアドバイス
まずは自分で友釣りをできるようになることが第一歩です。体験中には釣りだけではなく、アユをとりまく環境、川のこと、海のこと、水生生物や地域のことなど、お客様と話す機会が多いので釣り以外の知識も広げ、ボキャブラリーを増やすことだと思います。自分自身が常に勉強しなければならない仕事です。

このほか、友釣りひとつとっても、新しい仕掛けやハリ、道具など常に情報をキャッチしてお客様に案内をしていくことも必要になります。

◉今後の抱負や夢
夢は友釣り体験から自分で道具を用意してアユ釣りを始める方がどんどん増えていき、そして、仁淀川に通って下さることです。鮎屋ファミリーを増やして、釣りだけではなくアユをとりまく環境問題にも一緒に取り組んでいきたいと思っています。

また今後は友釣りのほかに、アユイングの体験メニューも開始する予定で取り組んでいます。

◉この仕事に就いていなければ何をしていた
康之＝林業や農業(アユの漁期外は現在も林業と兼業)。亜紀＝何かしらの事業を開業していたと思います。メインの仕事が

「釣りたての味をそのままに」をコンセプトに、鮮度にこだわった鮎屋仁淀川の「仁淀ブルー友釣あゆ」。鮮度を維持するため、生での販売はせず、冷凍真空パックのみで、締めた後、熟成を経て出荷しています

友釣り体験ガイドのようす。友釣りは専用の道具が高価で繊細なため、取り扱いの注意事項も釣り方と一緒に説明

どこかに所属して勤務するという選択肢はないです。

●今、好きな釣りは？
　友釣りはもちろん、アユイングやアマゴにも挑戦してみたいです。海釣りは遊びで行きますが、イカとカワハギとアジをやってみたいです。

●初めて釣った魚と場所
　2人とも小さな子供の頃から遊びで釣りをしていました。康之＝近くの田んぼに注ぐ水路でマブナ。亜紀＝高知港でサビキでアジとニロギ（ヒイラギ）。

●特に大切にしている釣り道具
　康之＝奈良のヘラ竿師が作ったアユザオ狐龍（Koryu）。亜紀＝ダイワプライムアユ（サオ）。

●将来行きたい釣り場と釣りたい魚
　今は仁淀川しか釣行できないですが、高津川、匹見川、長良川は行ってみたい河川です。
　友釣りを始めた年は熊野川本支流がホームでしたので、帰郷釣行として毎年訪れたい川です。

●現在乗っている車
　康之＝スズキ・エブリイ。亜紀＝ホンダCR-V。

お子様の友釣り体験ガイドの際には、特に仁淀ブルーを次世代につなぎたいという思いから、アユの生態や川の中に棲む虫の話などアユをとりまく環境の話をすることが多いです

納竿会のようす。鮎屋に関わる釣り人の方たちがその年の漁期の終わりに集合し、情報交換や交流を行なう。友釣り体験から"鮎師"デビューした方が新メンバーとして参加していて、年々増員している。妻の亜紀が執筆する地元新聞の釣りコラムやSNSの投稿を読んで友釣りに興味を持ってくださる方も

納竿会の利きアユ会用のアユ。今年は仁淀川支流3河川と県外2河川の合計5河川での食べ比べ。この出品アユも毎年増えています

オトリ店
もんじろう商店
自営業 オトリ販売・アユ卸売り
ほか、花火製造

谷口 友和
たにぐち ともかず
39歳

【最終学歴（論文・制作）】飛騨神岡高校
【前職】会社員

自分自身もアユの友釣りが大好きです

●(いつ)何歳で今の仕事を始めた
2021年、36歳の時に「もんじろう商店」として開業しました。

●いつ頃どんな志望動機で目差そうと思った
自分がアユ釣りに出会ったのが21歳の時でした。当時はトラウトルアーにハマっており、自作したルアーでトラウトを釣っていました。同級生の釣り仲間からアユ釣りを始めてみないかと誘われ、アユの友釣りを始めたのがきっかけです。

その後、アユ釣りにハマりトーナメントにも参加しました。中部地方を中心にいろいろな河川へ行き、その時に高原川の魅力を再認識しました。しかし、高原川流域にはオトリ店が少なく、情報量も乏しかったので2015年くらいからオトリ店を始めたいと思い始めました。

ちょうどその頃、以前住んでいた家が老朽化してきていたので今後を考えていたところ、現在の場所が空き地で売りに出ていることを知りました。しかも、土地の持ち主は知り合いの方でしたので、スムーズに購入できました。近くには沢も流れていて水も引けそうだし、これならオトリ屋さんを始められそうだなと思いました。さらに、飛騨市が市内で起業する方に支援金を出して頂けるということを知りました。

このような出来事が偶然にも重なって、オトリ店の開業を決意しました。

●仕事の具体的な内容
オトリアユ・遊漁券販売、民泊、情報提

5人家族で元気に暮らしています！

供、アユの買取・卸売り。

オトリ店なので朝は早く、シーズン初期は早朝5時から営業します（盆過ぎは5時30分から）。オトリは養殖と天然（入荷した時のみ）の販売をしています。

遊漁券ですが、高原川をメインに、宮川上流、宮川下流、神通川、共有漁場の5種類を取り扱っております。遊漁券、オトリアユをご購入頂いた方で希望される方には、スマホの地図アプリを用いて釣り場案内をいたしております。スマホが使えない方にも地図でご案内させて頂いております。

お客さんの出入りが落ち着いたら自分も釣りに出掛け、天然オトリ用のアユや卸売り用のアユを釣りに行きます。日によってアユの買い取り（16〜18時）もしております。また戻ってきたお客さんの中で民

オトリ店の仕事はお客様とのコミュニケーションも大切。オトリ販売と釣り情報はセットと考えています

高原川の魅力は湖産アユがしっかり放流されていること。きめ細かくてきれいな、真っ黄色のアユが掛かってくれるので気持ちがいいですよ！

泊をご利用の方は民泊までの道案内をします。以上が一日の仕事内容です。

● 仕事の魅力・やりがい

最近は高原川で釣りをする人が増えてきており、初めて来たというお客さんも大勢みえます。何回も来て頂いているお客さんも、初めてのお客さんにも喜んで頂けることがうれしいです。また2024年からは素泊まりの民泊を始めました。釣り人専用のため気兼ねなく宿泊して頂けます。

アユ釣りは情報が重要です。以前は高原川の情報量が少なかったので、来る人があまりいなかったように感じます。そこで、当店がSNSを中心に情報提供を積極的に行なった結果なのか分かりませんが、少しずつお客さんが増えてきているように思います。それによって、高原川流域の飲食店や旅館業、同業のオトリ店さんにも利益が増えたらいいなと思います。

地域活性化につながればとの思いで、これからも情報発信をどんどん行なっていきたいです。

● この仕事を目差す人へのアドバイス

オトリ店は釣り人に釣り場や情報提供を行なうことが仕事だと思うので、世話好きで会話が好きな人が向いていると思います。また、オトリ店は季節限定の職業なので冬はほかに仕事をしないといけなくなります。夏はオトリ店、秋はキノコ狩り、冬は猟師、春は山菜採り等を行なうとよいかもしれません。

● 今後の抱負や夢

岐阜県には有名な河川が多く、アユの卸売りや販売を盛んに行なっている自治体や漁協があります。高原川は水質もよく美味しいアユが育つのですが、全国的にはあまり知名度がありません。

そこで毎年高知県で行なわれる「清流めぐり利き鮎会」の2023年大会にもんじろう商店から出品させていただいたところ、54河川の中から準グランプリを頂きました！ 2024年の大会では残念ながら入賞できませんでしたが、今後も積極的に参加し、いつかはグランプリの栄冠を取りたいと思います。そして、いろんなところで高原川のアユを広められたらいいなと思っています。

● この仕事に就いていなければ何をしていた
花火師。

● 今、好きな釣りは？
アユ釣り、渓流釣り、エギング、キスの投げ釣り。

● 初めて釣った魚と場所
近所の谷で祖父と釣ったイワナ。

● 特に大切にしている釣り道具
アユザオ。

● 将来行きたい釣り場と釣りたい魚
船で日本海のアカイカ・ヤリイカのイカメタル。

● 現在乗っている車
荷物が多く積めて、河川の悪路も行ける軽バンに乗っています。

魚と毎日過ごすことで魚の成長や習性が分かってくる、魚と過ごすことが楽しくなる仕事です

養殖

(有)神山水産 代表取締役
内水面養殖（イワナ、ヤマメ、ニジマス）

神山 裕史 （かみやま ひろぶみ） 58歳

【最終学歴（論文・制作）】日本大学農獣医学部水産学科
卒論「ニッコウイワナの種苗生産と稚魚期の疾病について」
【前職】なし

◉(いつ)何歳で今の仕事を始めた

21歳の大学3年生在学中。法人化は平成3年3月15日。個人事業から換算すると創業51年。

当初は父と兄でヤマメの養殖事業に取り組んでいました。私の学生時代はバブル絶頂期で、企業は新卒学生を広く受け入れていました。そのタイミングで父が病気になり、もしそうでなければ私は養殖業に就いていません。当時熱中していたオートバイ関係の職種、または海の男、漁師になっていたかもしれません。

◉いつ頃どんな志望動機で目差そうと思った

父が病に倒れ兄一人では養殖の作業が大変なため、自らも家業の養殖業を手伝うことに。大学生活の残り1年間は卒論テーマにイワナ養殖の現状・研究を掲げたが、現実は魚の流通販路に没頭。その後は養殖業一筋で37年間が経とうとしています。

当時は16面の養殖池がありましたがその規模では常に魚が不足し、他の養魚場に稚魚の飼育依頼や魚の仕入れに行く機会が増え、魚不足問題に悩まされていました。「これではダメだ！」と思い、父に相談して大学4年の在学中に養殖施設を増設。銀行の借り入れを自分で行ない、卒業と同時に返済がのしかかってきました。

月日が経ち借金を無事返済し、「やれば出来る！」と、あの時の達成感がさらなる施設増設や他県への事業進出の大きな歯車になったことは間違いありません。

◉仕事の具体的な内容

水源管理(雨の増水・落葉との戦い、雪のシャーベット水の対応、取水ポンプ点検・交換)、給餌、池掃除、選別作業、魚輸送、経営、草刈り、出来ることは何でもします。自分が飼育した魚を常に試食し魚の美味しさを判断して出荷しています。

現在は70面の養殖池と孵化場が2施設あり、今年（2024）購入した加工場兼養殖施設を合わせると養殖場4ヵ所と加工場2ヵ所の6拠点で事業を行なっています。これらの施設で推定100万尾前後を飼育し、生産ラインを回しております。養殖対象魚はイワナ、ヤマメ、ニジマスの3種類。親魚から卵を採り、稚魚をつくりあげる完全養殖という手法をとっています。中でも力を入れている魚種が、ニッコウイワナと8年前に商標登録した弊社オリジナルブランド「頂鱒（イタダキマス）」です。主な出荷先は河川・湖沼放流、管理釣り場、魚問屋、飲食店、宿泊施設、ネット販売等です。

ニッコウイワナは父の時代から継承してきた地元原種のイワナで、人に慣れにくく、飼育しづらいイワナです。

頂鱒は「頂点を目差すニジマス」の意味を込めて命名しました。通常よりも大型化し、かつ銀毛化する美しい体色と、レッドバンドの色が鮮やかなオスの個体を選び交配させて開発しました。特別に営業、広告宣伝はしておらず、釣りをするお客様の口コミによってブランドマスへと導いてくだ

自分が飼育した魚を常に試食し魚の美味しさを判断して出荷しています

釣って楽しい、食べて美味しいオリジナルブランド「頂鱒」

群馬県片品の施設。養殖場4ヵ所と加工場2ヵ所の6拠点で事業を行なっています

冬季は除雪作業も。自然は待ってくれず、大変な仕事ですがやりがいも大きいです

さったのだと思っております。
　頂鱒は食味が素晴らしく、とにかく刺身が美味しい。輸入サーモンほど脂っこくなく、あっさりとした身から強烈な甘味、旨味が脳天に響き渡ります。もちろん焼いて食べても美味しいです。

●**仕事の魅力・やりがい**
　魚と毎日過ごすことで魚の成長や習性が分かってきます。季節を肌に感じながら自然の偉大さ、厳しさを知り、自然に恩恵を受けるありがたさを実感できる仕事です。
　魚の世話を根気強く続ければ続けるほど、良質な魚が育ちます。培った経験が自分のスキルを上げていくかのような喜びを実感できる仕事です。魚と接していると1日が24時間なんて少なすぎるとずっと思っています。私は経営者ですから労働時間の制限などありません。毎日早出残業深夜営業をしている58歳です。魚と過ごすことが楽しいのが本音です。

●**この仕事を目差す人へのアドバイス**
　自然が好き、魚に興味がある、水産関係に携わる仕事で働いてみたいという人は養殖業を選択肢に入れてほしいです。
　この仕事は健康が一番。働いていく間に体力も養われ健康になり、精神力も強化されていきます。石の上にも三年とはいいますが、私の実感では石の上にも五年くらいの気持ちで取り組んでほしいです。
　自分が育て上げた魚が放流され釣り人が楽しみ喜んでいただく姿や、食材として提供した魚が美味しく食され喜ばれる光景を見たり、声を聞いたり、多くの人を幸せな気持ちに出来たならば、日々の作業の大変さ、つらさが報われるような気がします。
　今日つらくても、仕事を覚えること、経験を積むことで、大変だったことがつらくも苦しくもなくなる時がやってきます。「継続は力なり」、挑戦しなければ結果は出ません。経験しなければ答えは分かりません。

●**今後の抱負や夢**
　釣って楽しい、食べて美味しい魚作りを継続し頂鱒を頂点に導いていきたい。遊魚・食材ともに Top of the Trout を目差す‼

●**この仕事に就いていなければ何をしていた**
　漁師。

●**今、好きな釣りは？**
　テンカラ。

●**初めて釣った魚と場所**
　4〜5歳の頃、栃木県足尾町で両親が経営していた釣り堀でコイを釣りました。

●**特に大切にしている釣り道具**
　10数年前、友人からプレゼントされたダイワ「琥珀」のテンカラザオ。新品がまだ世の中に存在していたこと自体が奇跡なレア物。幼年期に持っていました。

●**将来行きたい釣り場と釣りたい魚**
　子供の頃に行った日光市足尾町で、源流のイワナ釣りに社員や息子たちと行きたい。

●**現在乗っている車**
　クロスカントリー4駆。

管理釣り場

(株)東晋 アウトドア事業部
308Club 管理人

會澤 聡
あいざわ さとし
42歳

【最終学歴（論文・制作）】東京水産大学（現・東京海洋大学）
卒論「利根川水系鬼怒川上流部におけるイワナの産卵移動生態について」
【前職】（株）林養魚場 フォレストスプリングス・スタッフ

現在までの人生最大魚
はマグロです

◉(いつ)何歳で今の仕事を始めた
　2008年秋、26歳で管理釣り場の仕事を開始、31歳の時に現管理釣り場に転職。

◉いつ頃どんな志望動機で目差そうと思った
　子供の頃から釣りと魚が好きで、大学も水産大学を選んでいたので、とにかく釣りか魚に関わる仕事をしたかった。大学卒業後は水産試験場で水産関係の仕事をしたいと思い公務員試験を受けるも受からず。そんな時、管理釣り場のスタッフ募集の情報を見て応募。

◉仕事の具体的な内容
　管理釣り場の管理・運営。チケット発行、放流、魚や釣り具の発注、魚の管理、草刈り、足場の整備、水の確保・管理、休憩室・事務所の掃除、トイレ掃除、死んだ魚の回収、ランチの提供、魚のさばきサービス、SNS等での宣伝広告、釣果情報等の提供、お客様への釣りのアドバイス、収益管理、イベントの企画・運営等。

◉仕事の魅力・やりがい
　釣りが好き、魚が好きという人には理想的な環境かもしれません。いつでも釣り場が目の前にあります。また、お客様で来てくれるのは基本的には釣りが好きな人ばかりなので、同じ趣味の人の集まりですから、話もしやすく楽しいですよね。
　しかし、お客様に満足して帰ってもらうためには、釣り場環境の整備や魚のコンディションの維持管理など、そのほか掃除や草刈りといった裏方仕事が多く、料理店と同じで、仕込みが大切です。
　そんな裏方仕事をした後で、釣りに来られた方の釣れた時のうれしそうな顔を見るのが幸せの一時です。そして、また来てくださるようにしないと売り上げになりませんので、リピートしたくなる釣り場を作ることが、この仕事の最も基本的なところです。飲食店が「美味しいからまた行こう」と思うのと同じで、「楽しいからまた行こう」と思える場所の提供をすることが大切です。

◉この仕事を目差す人へのアドバイス
　釣りが好きで、人が好きな人であれば向いていると思います。基本的には接客業ですので、人とのコミュニケーションがとても大切です。釣りが上手い必要はなく、お客様の釣りを見ていたり、お客様の話を聞いたりしているうちに必然的に上手くなります。

受付兼食堂兼事務所

308Clubは止水タイプの管理釣り場です

釣りなので、朝が早かったり、夜が遅かったりする場合もありますし、草刈りや補修作業等、体力を使うことも多いので、健康第一です。大雨が降ったり、カワウに魚が食べられないように守ったりと大変な時もありますので、お客様のため、魚のためと思って動けないとつらいと思うことが多いかもしれません。釣りが出来るからという理由だけでは長続きしません。

　また管理釣り場で管理をしているのが自分なので、放流している魚、釣られた割合、水温、気温、水量、酸素量、全体の魚の量など、分かってしまっているので、自分の職場での釣りは面白くなくなり、あまり釣りをしなくなるという弊害が起きます。

　これからの気候変動で、夏の暑さが厳しい状態が続くと、冷水魚であるマス類の養殖が難しくなる可能性があり、魚の確保が難しくなっていく未来が見えています。マス類の生産量が増えないと、新たに管理釣り場が増えるのが難しい状態になっていますので、今後、大幅に増える産業ではないことは頭に入れておいてください。

● 今後の抱負や夢

　今は雇われて働いている状態なので、いつかは自分で経営したい。

● この仕事に就いていなければ何をしていた

　料理人（美味しいものを食べること、料理することが好きです）。

● 今、好きな釣りは？

　アユの友釣り、キャスティングのマグロ

お客様との交流も楽しい!!

釣り、ウナギの穴釣り。

● 初めて釣った魚と場所

　自分の記憶に残っている前から魚釣りをしていたと思うので、初めて釣った魚ではないのですが、今でも覚えているのは、小学校低学年の時に家族キャンプで行った福島県桧枝岐村で釣った24cmのイワナ。

● 特に大切にしている釣り道具

　知り合いのスプーンメーカー代表に作ってもらった丸竹のバンブールアーロッドと、同じく知り合いに作ってもらったオーダーのバンブーフライロッド。

● 将来行きたい釣り場と釣りたい魚

　北海道のイトウ、アラスカのキングサーモン、奄美大島のGT、大間の本マグロ。

● 現在乗っている車

　日産ノート（燃費も悪くなく経済的）。

トラウトの輸送車で作業中。水温管理等、いろいろと気を遣います

管理釣り場

相模漁業(株)
東山湖フィッシングエリア 管理人

安藤 吉彦 <small>あんどう よしひこ</small> 55歳

【最終学歴（論文・制作）】千代田工科芸術専門学校 イラストレーション科
【前職】なし

◉(いつ)何歳で今の仕事を始めた
21歳で入社。

◉いつ頃どんな志望動機で目差そうと思った
専門学校卒業後、釣りが好きだったこともあり、高校時代にボランティアで通っていた釣り堀からの誘いで、再オープンと同時に働き始めました。釣りと絵、どちらかに携わる仕事ができたらと思っていたので、この仕事は自分にとってまさに理想的でした。

◉仕事の具体的な内容
チケットの販売や検札、場内管理や清掃、お客様へのアドバイスなどを担当しています。当エリアで放流している魚はすべて自社の養鱒場で育てており、種類によって特性が異なります。ニジマスやブラウントラウト、サクラマスなど、多彩な魚種を季節に合わせて放流していますが、魚種に応じた管理が求められます。たとえば、ブラウントラウトは物陰を好む魚食性が強い魚で、サクラマスは表層を好むといった特性があるため、魚種ごとの扱い方も異なります。

また、水温管理には特に気を配っています。水温が高いと放流時に魚に負担がかかりやすいため、養鱒場での温度と現場の水温差に注意しながら適切に順応させる必要があります。

現在、一番頭を悩ませているのがカワウ対策です。カワウが大量に飛来して魚を捕食するため、威嚇や防御策としてロケット

イベントや各種大会等もよく行なわれます（奥の建物は事務所）

花火やドローンを使うなど、さまざまな方法を試していますが、労力やコストがかかるため、今後も試行錯誤が必要です。

◉仕事の魅力・やりがい
釣りが好きな自分にとって、好きなことを仕事にできているのが大きなやりがいです。また、お客様に自分のアドバイスが役立ち、成果を出された時は大変うれしいです。たとえば、釣れていないお客様に対して、釣りのコツやルアー選び、魚の泳層などをアドバイスすると、それがきっかけで次回も来ていただけることが多いです。一方でお客様が自分の力で釣果をあげる成功体験は釣りの魅力を深める要因でもあるので、出すぎず適度なアドバイスを心がけています。

◉この仕事を目差す人へのアドバイス
生き物を扱う仕事なので、ある程度の生態や釣りの幅広い専門知識を身につけたほうがよいことはもちろん、ほかにも何か自己アピールできる得意分野があればなおよ

釣り場のゴミ拾いはお客さんとコミュニケーションを図れるタイミングでもあります

夏場の水抜き（東山湖フィッシングエリアは夏季クローズ）に備えて残った魚を回収しています

いでしょう。近年は海外の方もよくいらっしゃるので、英語等外国語を話せたら素晴らしいですね。

　お客様への対応は、常に笑顔で親身に出来れば充分かと思います。短気ではないことも重要です。

　とにかく自分の好きな分野にとことん入り込んで、人の輪を広げることでよい仕事のチャンスが巡ってくることがあるはずです。釣り堀の管理人になりたければまずそこに通い込み、スタッフの方に名前を覚えてもらいアルバイトなどからでも始めてみるとよいかもしれません。そして担当者が募集を考えているようなら、それがあなたの人間性や適正などを見極める期間になると思います。

● 今後の抱負や夢

　私ももうすぐ56歳になり、定年も見えてきました。今後は若い人たちがもっと釣りを楽しんでくれることが会社の未来につながると考えています。退職後、若くやる気のある有望な新人が現われることを願っています。

　個人的には、好きな釣りを長く続けられたらと思っています。健康な身体で毎年気の合う友人と一緒に、好きな釣り場に行けるのが理想です。

● この仕事に就いていなければ何をしていた

　おそらく絵描きになっていたと思います。

● 今、好きな釣りは？

　トップウオーターバスフィッシング、タ

魚種ごとにさまざまなアプローチを楽しめるのが管理釣り場の長所の1つでもあります

ナゴ釣り、カワハギ釣り。

● 初めて釣った魚と場所

　幼少期から釣りをしていたので覚えていませんが、保育園の頃に釣ったソウダガツオは印象に残っています。

● 特に大切にしている釣り道具

　自分のトップウオーターブランドのボロンロッド。

● 将来行きたい釣り場と釣りたい魚

　再度アマゾンで自作ルアーを使ってピーコックバスを釣りたいです。

● 現在乗っている車

　最近、新型エクストレイルを購入しました。普段はハスラーに乗っています。

当エリアにて国内唯一のストライパー（BULL）と

管理釣り場

(株)エヌディーイー
宮城アングラーズヴィレッジ
代表取締役

井上 荘志郎 （いのうえ そうしろう） 55歳

【最終学歴（論文・制作）】法政大学文学部地理学科
【前職】予備校講師

● (いつ)何歳で今の仕事を始めた
　1997年27歳で法人起業し現在に至る。
● いつ頃どんな志望動機で目差そうと思った
　私自身は記憶にありませんが、ハンドメイドルアーリベット製作者・平本正博氏によると、私が中学3年生の時にお送りした手紙に「管理釣場を作りたい」と書いていたとのことです。とにかく釣りが好きで自分のフィールドを作ってみたかったという、子供ながらの基地作り感覚の延長だったと思います。
● 仕事の具体的な内容
　施設運営に関する全般。会社内にて、
① 放流魚の飼育、養殖、仕入手配（当社は海外からの輸入もあるため、海外とのコンタクト、通関業務なども含まれます）。
② 場内の整備作業。
③ SNSの作成、発信（日本語、英語、中国語）。
④ イベント企画。
⑤ 人材教育。
⑥ 法人業務。
　など、仕事の内容は多岐にわたります。
● 仕事の魅力・やりがい
　当エリアにいらして頂いた大人からお子様まで、日本全国だけではなく海外も含めたくさんの方々との出会い、そしてお客様が我々の新しいチャレンジや季節毎の仕掛けに対して笑顔で楽しまれ、時には興奮された姿を拝見した時に達成感を感じます。
● この仕事を目差す人へのアドバイス
　まず、私たちの仕事は生き物を扱う仕事です。魚をただ放てば成立するといったこととはかけ離れております。分かりやすくいうならば、ポンド自体を大きな水槽の延長にたとえ、同じ原理で水質管理、魚病対策、魚病に関する薬学など、釣り以上に魚の生態や環境に対する知識が必要になってくる仕事です。そのため水産学などの知識が必修になると思います。
　そして何よりも大切なことは、どんな仕事でも最終的に勝るものは、当たり前の言葉かもしれませんが熱意だと思います。私の熱意に関する簡単なエピソードを2点挙げさせて頂きますと、海なし県の群馬県赤城山の裾野で、シーバスから始まり、海を渡らないとお目にかかれないストライパーやマーレーコッドの空輸など、採算度外視でも夢を追い求めそれを実現しました。
　また2008年には、アメリカ合衆国第43代大統領ジョージ・W・ブッシュ氏に日本のハンドメイドルアーを献上し、合衆国より感

国内では唯一、当エリアのマーレーコッドとストライパー

ゲストハウス。いらして頂いたお客様には、お食事や釣り具などのお買い物も出来るようになっております

4ヵ所に分かれる当エリアのメインポンド

謝状を授与されました。ビジネスにおいて常に世間から注目を浴びる話題作りのために、他人がしない新しいことへの挑戦、周りから見たら突拍子もないことへの連続トライをしました。それらは、すべてにおいて熱意のひと言から始まる仕事＝人生のページ作りなのかもしれません。

　中国・孔子の論語「事を敬して信なり」という言葉や、また「好きこそものの上手なれ」のように、好きなことを極めるのは、一生それで飯が食えるという教えそのものだと思います。

　「常にチャレンジし続ける気持ち」そして、「継続は力なり」は必ず道を開かせてくれます。

●今後の抱負や夢

　もともと、海外、国内問わずの釣り具コレクターでもありますので、釣り文化の継承として歴史博物館の建造を企画しております。2024年3月に前橋市内に旧美術館跡地を購入し、準備をしております。

●この仕事に就いていなければ何をしていた

　英語講師として、語学に携わる教育分野、もしくは、釣り同様に幼少期より興味のあった航空業界へ進んでいたと思います。

●今、好きな釣りは？

　中禅寺湖でトップウオーターだけにこだわったブラウントラウトの釣りです。

●初めて釣った魚と場所

　小学校1年生の時、ルアー（スピナー）で釣ったニジマスです。今はもう存在しない群馬県高崎市にあった管理釣り場でした。

2008年アメリカ合衆国日本大使館より授与された感謝状

●特に大切にしている釣り道具

　これは非常に難しい質問です（笑）。数万点ある釣り具関係の物はすべてに思い出が宿っているといっても過言ではありません。舶来製のABU、HEDDON、Fenwick、Phillipsonなど切りがありませんが、あえてこの場で挙げるとしたら、日本のハンドメイドルアー、特に泉和摩さんに作って頂いた一点物のハンクルや、平本正博さんが、故・開高健先生用に製作した元祖開高マムシという赤マムシの皮を貼り目に1カラットのダイヤを施した一点物の巨大ルアー……そして故南祐二さんに作って頂いた、これまた一点物のマロルアーなどでしょうか。

●将来行きたい釣り場と釣りたい魚

　アメリカ、ワイオミング州とユタ州にまたがるフレミングゴージの巨大ブラウントラウトをトップウオータープラグで！

●現在乗っている車

　91年式日産フィガロとAMG。

妻、愛犬ヤマトと

ジャーナリスト
釣りを魚類学するお魚ジャーナリスト
(有)奥山プランニング 代表取締役
ほか、東京海洋大学元客員教授

奥山 文弥 おくやま ふみや 64歳

【最終学歴（論文・制作）】北里大学水産学部（現在は海洋生命科学部）卒論「三陸産サクラマスとヤマメの生活史」
【前職】サラリーマン

●(いつ)何歳で今の仕事を始めた

1994年7月26日起業。長男勇樹の誕生日に登記。

●いつ頃どんな志望動機で目差そうと思った

中学生の時、師匠・西山徹氏に出会い、釣りで生活が成り立つことを知りひたすら後ろを追いかけました。

●仕事の具体的な内容

釣りや魚にまつわることなら何でも引き受けます。TV出演、ラジオ出演、新聞や雑誌への執筆（取材も）。書籍出版業務（34冊・単著、共著、監修含む）、大学など教育研究機関での講義、講演。地域創生アドバイザーや水産コンサルタント。海洋、魚類調査研究。釣り場開拓。釣りイベント主催、釣りガイド、YouTube制作。

サラリーマン時代は釣り具メーカー、釣り雑誌出版社、釣りとダイビング旅行会社に勤めていたのでその経験が役に立ちました。元ダイワ・フィールドテスターでもあります。

●仕事の魅力・やりがい

いつも水辺や海洋関係、魚や釣り具に囲まれて仕事ができるのでストレスがほとんどないこと。仕事で海外も含めいろんな場所に行けたこと。カナダのバビーン・リバーのスティールヘッドは忘れられない思い出です。

そんな仕事を通じて各地に信頼できる友人、知り合いができること。そして仕事が終わった後、お客様や依頼者（クライアント）から「ありがとう」と感謝されること。

●この仕事を目差す人へのアドバイス

知識や経験をたくさん持っていないとさまざまなオファーに対応できません。

高校生の時、当時ダイワPR研究所スタッフだった西山徹氏に「西山さんのようになるにはどうしたらいいですか？」と質問したら、「魚類学を学びなさい。今の奥山君はブラックバス釣りに夢中だけれど、釣りを仕事にするためにいろんな魚の知識があれば、すぐにその魚に対応できるよ」と教わりました。まさにその言葉を贈りたいです。

釣りが細分化された今、釣具店の店員でさえいろんな釣りを知らなさすぎると思っています。またルアー主体の釣り業界になっていますが、釣りの基本はエサ釣りだと思っています。絶対に経験しておいたほうがよいです。

自分より優れた人間からは素直に教えを乞うこと。知らないことを素直に認めて学

ダイビングの経験もいろいろと役に立っています

東京海洋大学の公開講座「フィッシングカレッジ」では"釣りを通じて海洋河川環境に親しむ"をテーマに講師を長年務めました

震災前はサケ釣り（釣獲調査）が出来た福島県木戸川にて、今はサケ復興応援セミナーを毎年1回開催し現地を応援しています。カムバック・サーモン！

ぶ姿勢も大事です。
　"釣り自慢レポート"とジャーナリズムは違うことを肝に銘じること。自らの良心を実践しましょう。反対意見や、他人の行動が間違っているからと誹謗中傷しないこと。自分でなければ書けないような記事を、真実と感情を混同せず提供するよう心がけましょう。
　英語は困らない程度に話せるほうがよいです（一人で海外取材できる程度）。
　仕事を始めた時の西山さんからのアドバイスですが、「信頼できるよい人脈を作ること」。失敗しても助けてくれる人とは一生の付き合いができます。

●今後の抱負や夢
　これまで釣りでこんなに幸せに生活できたのだから、支えてくれた家族にも感謝しつつ、今後はこんな面白い趣味をいろんな人に伝え続けたいと思います。
　個人的な釣りではIGFAの世界記録になるような魚に出会いたいです。

●この仕事に就いていなければ何をしていた
　父が終身雇用で大企業のサラリーマンだったので同じ道を。あるいは漁師になっていたかも。

●今、好きな釣りは？
　多摩川のフライフィッシング（魚種はなんでも）。利根川水系の巨大魚釣り。

●初めて釣った魚と場所
　小学低学年の頃、出身地・愛知県岡崎市の貯水池でフナ（たぶんギンブナ）。

若き日に、カナダ・バビーンリバーでの忘れえぬ感動の記憶

●特に大切にしている釣り道具
　大事にしまってあるもの。大学生の頃、西山さんにもらったダイワのファントムフライロッド。学生時代、アルバイトして買ったミッチェル408。アンバサダー5000C。頻繁に使っているもの。ダイワ・アモルファスウィスカーファントム AWS504（渓流スピニングロッド・多摩川上流などで活躍中）。セージフライロッド6番（FFIのフライキャスティングインストラクター試験をこれでパス。コイ釣りに活躍中）。G・ルーミス・ツーハンド（IGFA世界記録のソウギョをこのサオで。中禅寺湖でも活躍中）。

●将来行きたい釣り場と釣りたい魚
　将来を考えるには歳を取りすぎました。海外釣り渡航回数は100回を超え、これまでよい経験をたくさんしたので、今後は身近な場所での釣りを見直したいです。

●現在乗っている車
　ハイブリッドSUV（2007年よりハイブリッド歴17年）。満タンで長距離走れます。

新聞社

(株)水産経済新聞社
編集局 記者
ほか、JGFAアンバサダー、遊漁船「丸十丸」(実家)中乗り兼船長見習い

小菅 綾香 こすげ あやか 28歳

【最終学歴(論文・制作)】東京海洋大学大学院海洋科学技術研究科 海洋管理政策学専攻 博士前期課程修了
修士論文「遊漁船業におけるサービス・マーケティングの戦略／

シーフードショー取材中、出展社さんとパチリ

構築に関する研究」

修論内容について＝遊漁船のサービスと顧客満足度に着目した研究です。遊漁船では、どのようなサービスが展開されているかを整理し、それがいかにお客様の満足に結びついているかを分析・考察しました。

この研究に取り組んだ背景は、水産資源の減少に危機感を感じたためです。著しい環境変化により、これまでねらっていた魚種が釣れなくなったり、逆に新たな魚種がターゲットになったりと、大きな変化を感じています。たくさん釣れることが「よいこと」と考えられる「釣果至上主義」では、遊漁船業界は生き残れません。さらに今後、レジャーフィッシングにも、漁業で取り組まれている資源管理が広がっていくことが推測されます。現在はクロマグロのみですが、その魚種は拡大していくでしょう。

遊漁船とは、あくまでもサービス業であり、マーケティングの観点から遊漁船の戦略構築を行ないました。

【前職】大学院を卒業後、すぐに現在の水産経済新聞社に入社しました(参考までにこれまでのアルバイト先：①水産研究・教育機構、②海上釣り堀「みうら海王」)。

●(いつ)何歳で今の仕事を始めた

水産経済新聞社は25歳入社。JGFAアンバサダーは、正確な年齢が分かりませんが高校生からだと思うので16〜18歳の間だと思います。

丸十丸は4歳から船に乗っています。本格的に船長見習いを始めたのは、新聞社への就職と同時期なので25歳です。

●いつ頃どんな志望動機で目差そうと思った

好奇心や探求心が強く、人と話をすることが好きな私にとって、新聞記者は向いていると思いました。大学時代から一人旅が好きで、長期休みの度にバックパックを背負い、全国の漁港に足を運びました。釣りの楽しさや、水産業に関わる人たちの生業(なりわい)を未来に残すためには豊かな海を守っていかなければならない。そのために自分にできることは何だろうと考えた結果、まずは「自分の武器」を手に入れるため、「書く力」を身に付けようと思いました。もともとアンバサダーの活動を通して、さまざまなメディアで釣りの楽しさを発信していましたが、それを文章として伝える力を培いたいと思ったためです。

●仕事の具体的な内容

『日刊 水産経済新聞』は業界の総合新聞で、水産業にまつわる漁業、養殖、食品、魚食など取材テーマは多岐に渡ります。その中でも水産資源の管理は、ホットな話題です。資源管理に取り組む主な対象者は漁業者ですが、釣り人も立派な関係者です。

ただ、先行して管理(漁獲数量の規制)が行なわれている漁業者からは、釣り人に対して対立的・批判的な姿勢を感じます。「漁業者と釣り人でお互いの理解をもっと

デスクワーク中の私です！

取材で一本釣り漁に同行中、人生初のシロアマダイをゲット

丸十丸の中乗りでは初心者の釣りサポートをいています

深めたい」と思い、2023年6月に「ともに生きる海〜クロマグロ編〜」という連載を行ないました。そこには、現在の遊漁の実態や今後の管理、釣り人が取り組んでいる資源管理について、紹介しました。

　水産業界にいながらも、私自身が一釣り人だからこそ、両方の業界に貢献できることがあればと考えています。

●**仕事の魅力・やりがい**

　記者の仕事の魅力は、さまざまな人から話を聞けることです。また取材先から、「いい記事だった」と感謝の声を頂けた時もうれしいです。

　自分で取材して書いた記事が形になることは、やりがいを感じます。

●**この仕事を目差す人へのアドバイス**

　人と話すことが好きで、好奇心旺盛な人が向いていると思います。それと分からないことをそのままにせず、物事を理解しようと質問する力も大切です。

　とにかく取材は、経験の積み重ねだと思うので、場数を踏むことが大切ですかね。

●**今後の抱負や夢**

　水産業界の発展や、楽しい釣りがいつまでも続く環境を残していくことが目標です。「そのために自分ができることは何だろう」と模索中です。今は一人前の記者になれるよう、コツコツ頑張りたいと思います。

●**この仕事に就いていなければ何をしていた**

　私は男に生まれていたら、近海カツオ一本釣り船の漁師になりたかったです。理由は単純に「かっこいい」という思いからです。カツオの群れを見つけ、ひたすらにカツオを釣りあげていく。あの活気はカツオ船独特のように思います。きっとアドレナリン出まくりですよね。釣り人の皆さんなら共感していただけますかね？

●**今、好きな釣りは？**

　カワハギ釣りです。ゲーム性の高さ、繊細な駆け引き、カワハギ中毒者の一人です。

●**初めて釣った魚と場所**

　父が操船する船での五目釣りです。最初の魚が何だったか思い出せませんが、たくさん釣れたことがとにかくうれしかったことは、よく覚えています。

●**特に大切にしている釣り道具**

　和竿師「汐よし」さんに作っていただいたカワハギ和ザオです。今はお客様をサポートする乗り子として船に乗ることが多くなり、釣りをする機会が減ってしまいましたが、大切に保管しています。

●**将来行きたい釣り場と釣りたい魚**

　5〜6年前から丸十丸では、新しい釣りものとして、アマダイをねらうようになりました。お客さんが50㎝オーバーのアマダイを釣った時は、感極まって思わず握手を交わすことも……！　感動を分かち合っています。ですが、私自身、まだ50㎝オーバーを釣ったことがないので、釣りたいですね！（笑）

●**現在乗っている車**

　なし。

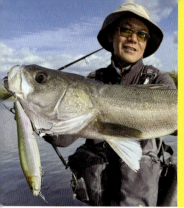

最近は全国のアユ釣り場でシーバスをねらうことも楽しみのひとつ。海と川を行き来する魚が好きです

出版社

（株）つり人社
月刊『つり人』編集長

佐藤 俊輔　さとう　しゅんすけ
44歳

【最終学歴（論文・制作）】神奈川県立上鶴間高等学校卒業後、専門学校「日本映画学校」（現・日本映画大学）
【前職】映画製作の助監督

●（いつ）何歳で今の仕事を始めた
　2006年6月、26歳（アルバイトからスタート。翌年11月から正社員）。

●いつ頃どんな志望動機で目差そうと思った
　20～25歳までは映画やVシネマなどの制作に関わり、フリーランスの助監督として撮影現場を転々としていました。その頃、余暇に楽しんでいたのが渓流釣りとクロダイねらいのウキフカセ釣りです。ヤマメ釣りの指南書として愛読していたのが伊藤稔著『山女魚遊学』と『零釣法のすべて』。その出版社がつり人社でした。
　25歳の秋にふと小学6年生の頃に読んでいた月刊『つり人』を思い出し、当時文集に書いた将来の夢がフラッシュバック。「冒険家」と「釣り雑誌の仕事」2つの夢を描いていた記憶がよみがえりました。自分は自然の中に身を置く仕事、釣り関連の仕事をやりたかったのではないか？　と思い至り映画監督を目差すことをスパッと辞めました。その後、神田の「つり具の上州屋」で3ヵ月ほどアルバイトをしていると、月刊『つり人』の奥付に社員募集の告知が出たので応募。それから現在に至ります。

●仕事の具体的な内容
　月刊誌では毎月の企画を考えます。旬の釣りものであること、時勢に乗っている釣りであること、雑誌（活字）で読みたいと思わせるニーズはあるかを吟味して特集内容を決めます。この際、特集に合わせて広告クライアントに企画を提案します。それから記事制作に入るのです。大手の雑誌編集者はライター、カメラマン、イラストレーターを雇って上がってきた文と写真およびイラストを編む役割のみを担当しますが、我々の編集部ではさまざまな釣りの名手を取材して自ら文を書き、写真を撮り、イラスト

アユ釣りの別冊（ムック）も手掛けていて、アユの写真を撮ることが毎夏楽しみのひとつです

の下絵なども描きます。もちろん識者から集めた原稿を整え写真を組んでページネーションを練るのも仕事です。
　雑誌発売後はSNSのプロモーションも行ないます。また月刊誌のみならずムック、単行本の編集も兼務し、動画撮影、ライブ配信、釣りイベントの運営や時にMCもします。雑誌や本作りだけではなく業務内容は多岐にわたりますが、すべては「釣りにつながる仕事」です。

●仕事の魅力・やりがい
　釣りの名手に密着できることです。上手くなるための技術や釣りを通じた人生哲学を知ることもできます。見知らぬ土地の豊かな自然に身を置けるのも魅力です。美しい魚に出会い、興奮し歓喜する釣り人の姿を見て撮って書いて、まとめあげた雑誌や本の売上がよければ最高に幸せです。商業誌なので利益を出す＝やり

ひところは磯釣り場をドローンで観察（撮影）することにハマっていました

渓流釣りに魅せられたのがきっかけでこの仕事を志しました。自然の中への没入感が味わえるのは取材時も同様です

がいと感じるのは当然ですが、根底には釣りで幸せになれる人が増えてほしいという思いがあります。時に弊社の雑誌や本を読んで人生が変わったという釣り人と出会います。

●この仕事を目差す人へのアドバイス

何といっても体力は必要不可欠です。学歴はそこまで問いません。自分は高卒の身です。締切に追われ、生活は不規則で、過酷な自然に入り込んでいくことも多々あります。あらゆる状況を面白がれる胆力は必要です。

またさまざまな人と出会い、関わるのでコミュニケーション能力も問われます。肝心なのは好奇心旺盛なこと。世の中のさまざまな事象に関心をもつことも大切です。それと「何事にも誠実であること」。愛をもって取材対象者や執筆者に接することができるかも問われます。

「ただ釣りがしたい」という人には別の職種をすすめます。「釣りの素晴らしさを伝えたい」という人が向いています。

慢性的に人手が不足している業種です。意欲さえあれば関われる可能性がある仕事と思って出版社に電話してみるのもよいでしょう。

●今後の抱負や夢

月刊『つり人』は2024年現在78年続いている世界で最も古い（と思われる）月刊釣り総合誌です。夢はつり人を100年継続することです。

●この仕事に就いていなければ何をしていた

映画監督。

●今、好きな釣りは？

月刊『つり人』は78年続く世界で最も歴史のある月刊釣り総合誌です。私は2021年4月から編集長になりました

シーバス釣り、アユの友釣り、渓流のテンカラ釣り、磯のメジナ釣り。

●初めて釣った魚と場所

友人と友人の父親に連れて行ってもらった相模川の昭和橋下。ターゲットはウグイです。今はアユルアーファンでにぎわうポイントになっています。

●特に大切にしている釣り道具

弊社会長に頂いたアユザオのダイワ「銀影競技SPAH85」。友釣りの平均釣果が飛躍的に伸びるようになりました。

●将来行きたい釣り場と釣りたい魚

四万十川のアカメ、コンゴ川のゴライアスタイガーフィッシュ。

●現在乗っている車

スバルフォレスター。アユ釣りの取材が続く夏場（3ヵ月間）は3万km走ることもあります。

グラフィックデザイナー

(株)イストデザイン
代表取締役

石川 達也 <small>いしかわ　たつや</small>
53歳

【最終学歴（論文・制作）】北海道総合美術専門学校
卒業制作「アイヌ美術展のポスター」
【前職】なし

札幌在住。独立当初はフロッピーディスクや大量の紙でのやりとりだった。ネット時代になりどこでも仕事ができる

◉(いつ)何歳で今の仕事を始めた

1991年春、20歳でデザインプロダクションへ入社。その後3社を経て30歳で独立。

◉いつ頃どんな志望動機で目差そうと思った

小学生の頃は釣り雑誌に毎号投稿するような釣りキチ少年。中学生になると当時流行りのアルファベット4文字のルアークラブを作って会報誌を出していました。仲間にワクワクしてもらい、自分と同じレベルでハマって欲しかったんです。父がデザイナー（当時は版下屋と呼ばれていた）で、仕事場のワープロやコピー機を使えました。

大学の水産科へ進学するか迷いましたが高2で美術専門学校へ行くことを決め、もう勉強はしなくていいと卒業まで麻雀ざんまい。父に家業を継ぐと宣言していましたが地方の広告業界の衰退で戻ることはありませんでした。

◉仕事の具体的な内容

釣り雑誌、ムック、単行本等の誌面デザイン。イベントや商品のロゴデザインなど。現在、バス釣り専門誌『Basser』アートディレクター。自身のデザインワークのほか、全体を把握し他のデザイナーへの割り振りやレイアウトチェック、撮影ディレクション、編集部の原稿への提案等。年間通しての内容の提案やスケジューリングも行ないます。

◉仕事の魅力・やりがい

定番の見せ方はできれば避けたいという

スタジオで撮影ディレクション中。リモートで行なうこともあります

考えです。読者は驚きを待っているはずですから。自分も釣り人だからこそ読者の知りたい部分が分かるし、ワクワクさせられると思っています。そんなこだわりが読者からのよい反応として返ってきた時にやりがいを感じます。また掲載された方々が雑誌を家に飾ったりSNSにアップしているのを拝見すると、本当にデザイナー冥利につきます。

現在アートディレクションをさせていただいている『Basser』では、定期的に上京して編集部と打ち合わせや撮影ディレクションをしています。編集とデザインとは密接につながっています。写真1枚選ぶにもデザイナーの知見が関わることに意味があります。ディレクション自体頼まれたわけではありませんが、「自分が引っ張らないと動かないよ」という先輩の教えで勝手にグイグイやらせてもらっています（笑）。その原動力はやはり釣りへの愛なのです。

レイアウトの確認が実寸でできるように 27インチモニター×3台。

これまでに関わった釣り関係の制作物は 600 冊以上

●この仕事を目差す人へのアドバイス

　プロダクション時代に、釣り場ガイドブック（つり人社刊）に携わったことで運命が変わりました。この世界で食っていきたいという気持ちが抑えられなくなり 30 歳で独立しました。仕事の目処ができたわけでもなく、初年度の売り上げは 150 万円。架空のデザインを作っては出版社に送付してアピールしていました。軌道に乗るまでの 3 年間は親に借金です（汗）。

　この仕事に必要なことは、釣り好きである以前にデザインスキルであることはいうまでもありません。自分の場合は約 10 年間のプロダクション時代に優秀な先輩方に囲まれ、さまざまな仕事を経験したことがとても生きています。特に "切った貼った" のアナログ時代はデザインそのものの基礎鍛錬になったと思います。

　釣り雑誌にかかわらずエディトリアルデザインの現実は時間に追われることです。その場その場で瞬間的に発想、レイアウトをこなしていく能力が必要とされます。仕事をしながらデザインを教えてもらう猶予はありません。フリーランスでこの仕事ができるようになるためには最低 5 年以上の経験は必要になるでしょう。

　この仕事には体力が必要です。また、制作期間は拘束され思うように釣りにも行けなくなり、収入も多くはありません。前述のキャリアが身についているならば選択肢もいろいろあるはずですが、それでもや

取材も兼ねての釣りが何よりの楽しみ。これぞ好きなことを仕事にしてよかったと思える瞬間

るという覚悟が持てるのであれば、好きな釣りの世界で数え切れないほどの達成感（同じくスリルも）を味わえることを約束します。

●今後の抱負や夢
　デザインを通じて読者にこの趣味を選んでよかったと感じてもらうこと。夢は引退する時まで存在感のあるアナログ媒体に関わり続けること。

●この仕事に就いていなければ何をしていた
　水産研究者。

●今、好きな釣りは？
　年 4 回くらいしか行けないがバス釣り。

●初めて釣った魚と場所
　幼稚園の頃、父に連れて行かれた川でウグイ。

●特に大切にしている釣り道具
　古いラパラやレーベル、ABU のスプーンなど。フェンウィックの古いタックルボックスに入ってます。

●将来行きたい釣り場と釣りたい魚
　それらのルアーを持って高校生の頃通った湖でバラしたイトウにリベンジしたい。

●現在乗っている車
　スバルアウトバック 3 台目です。

グラフィックデザイナー

(有)大川デザイン
代表取締役社長

大川 進 おおかわ すすむ

【最終学歴（論文・制作）】美術系短大
【前職】なし

東北の大好きな渓で春ヤマメと

●(いつ)何歳で今の仕事を始めた
　21歳から。

●いつ頃どんな志望動機で目差そうと思った
　高校生の頃に、美術系の仕事なら没頭できそうな気がして選びました。

●仕事の具体的な内容
　グラフィックデザイン一般（本・雑誌、ポスター、ロゴ・パッケージ、POPなどの制作）と、商品開発のデザイン（プライベートブランドCI、若干のプロダクトデザインも含む）、車両や船舶のラッピングデザインなど。
　つり人社の出版物関係に絞ると、1993〜2003年まで『Basser』を担当（ディレクター）。現在（2024年）は『FlyFisher』のレイアウトを担当しています。つり人社とのお付き合いは古くて、会社が渋谷にあった80年代から『Basser』『FlyFisher』月刊『つり人』の一部のデザインを担当していました。ちなみに、つり人社を紹介してくれた知人のイラストレーターさんに会社の場所を聞くと、「渋谷の交差点を少し恵比寿のほうに行くと、2階の窓から乗り出してフライロッドを振っている人がいるから、すぐ分かるよ！」と言われ、正にそういう場面に出くわしたのを今でもハッキリと覚えています。確かロッドを振っていたのは今は亡き『FlyFisher』副編集長（当時）の若杉隆氏でした。
　仕事の流れを『Basser』時代を例に簡単に紹介すると、編集者とデザイナー、カメラマンが集まり毎号打ち合わせをしました。初めに編集者から「次号の特集の内容説明」があり、「どんなビジュアルで表現するかを全員で案を出し

つり人社の制作物から
（左）『The Dry Fly New Anglers』。東知憲氏の翻訳あってこその一冊。クラウドファンディングによる初の仕事でした
（右）『The History of Lure Fishing ルアー＆リール進化の軌跡』。錦織則政氏の緻密かつ圧倒的な編集力で編まれた大作！

合い選定」「決定したビジュアル案を具体的に実現する方法を出し合い決定」「撮影方法と被写体商品などを決定し取り集め、背景などのオブジェの制作方法を決める」「撮影日程と商品収集（オブジェ制作の予算と制作時間を算出）のすり合わせと作業分担を決定」。この時、表紙も特集と連動させるので表紙写真も決定します。
　当時（2003年頃まで）は、デザイン版下ともにほぼアナログの手作業（デザイン・版下指定作業）で、色校正にはデザイナーと編集者が印刷所に集まり、刷り出された校正紙に赤字入れ（赤ペンで書き込む修正指示）を行ないますが、これが長時間に渡る作業で、午後から始めて校了（責了）が出るのは、いつも翌日の早朝でした。
　そうこうしているうちに、バスフィッシングのブームが訪れ『Basser』が月刊誌になったこともあり、月の半分は徹夜仕事という熱に浮かれたような時期がやって来ました。当然、他業界の仕事も並行していたので、今考えると恐ろしい過密ス

つり人社の制作物から
『Basser』デザイン時代の表紙。貴重な写真を撮ってくれたカメラマンの津留崎氏を筆頭に、榎戸氏や大森氏なども、また、バサー編集部員と三浦編集長には、ただただ感謝です。楽しかった！

つり人社の制作物から
『FlyFisher』古今表紙。表紙写真は津留崎氏の独壇場で素晴らしい。素敵な表紙は、まだたくさんありますが紹介しきれないのが残念

ケジュールの時期を全速力で過ごしていました。『FlyFisher』では、FlyFisherのロゴと編集ページデザイン、DVDのパッケージデザインなど。最近（2022年）では大型の上製単行本『The Dry Fly New Angles』日本語訳版（ゲーリー・ラフォンテーン 著／東知憲 訳）」も制作。これはクラウドファンディングによる初めての仕事でした。

●仕事の魅力・やりがい

作業に集中して無心になれることと、制作物が街中に出た時の高揚感かな。それと、各ジャンルのエキスパートの方々と一緒に仕事ができること。たまに、あまりにも先鋭すぎて「この人はいったい何をいってるんだろう……正気か？」なんて、驚きと感動がある！

●この仕事を目差す人へのアドバイス

これといってないのですが……よく「どんな人がこの仕事に向いてますか」と聞かれますが、全く分かりません。私の場合はただ辞めなかっただけですし、それに、それを考えても詮ないことだと思っています。

どんな仕事でも同じではないかと思いますが、自分の今の能力を客観視して、気負いなく知識を吸収し感性を磨いていけば、余計な心配事からも解放されて充実した時間を過ごせると思います。昔、ある先輩に「無邪気でいること」と諭されました。あらゆることが面白いと気づき、いつもニュートラルで動的な状態でいるという意味かと思います。まあ、とはいっても、自分もいまだに無理ですが！ きっと「中今」ということでしょうか。

出版物のデザインに関してはデジタル化が進み、やがて物理的な存在としての本や雑誌などは姿を消す運命かもしれませんが、私はこの手触りと重さと匂いが大好きです。将来もこの仕事が残っているようであれば、自由に思うようにやってください。楽しみにしています。ただ、実体はないけれどもディスプレーの向こう側からやってくる新たな表現方法にも当然興味はあります。要するに、やりたい放題だと思いますよ。何かすごいものを見せてください。

●今後の抱負や夢
釣り三昧。旅三昧。仕事三昧。

●この仕事に就いていなければ何をしていた
分かりません。

●今、好きな釣りは？
渓流のフライフィッシング（ドライ）とバスフィッシング（トップウオーター）。

●初めて釣った魚と場所
たぶん6歳頃、神奈川県中津川でヤマベ（婚姻色が出たオスのオイカワ）。3.6mノベザオに玉ウキ・板オモリ仕掛け、エサはチョロ虫（水中の石裏にいるヒラタカゲロウ）を現地調達。瀬頭でヒット！ 膝が震えた!!

●特に大切にしている釣り道具
バスフィッシングとフライフィッシング関係の道具。

●将来行きたい釣り場と釣りたい魚
具体的には思いつきませんが、美しいフィールドで釣りをしたいです。

●現在乗っている車
ワゴン車（AWD）。

グラフィックデザイナー

神谷利男デザイン(株)
代表取締役

神谷 利男 かみたに としお
60歳

【最終学歴(論文・制作)】京都市立芸術大学美術学部デザイン学科 ビジュアルデザイン専攻　卒業制作「LIVE MADE 〜アニマルファクトリー〜」畜産業の現状と未来への警告（市長賞／毎日学生デザイン賞入賞）

北海道天塩川にて。初めて道具を買った小学生の頃からフライフィッシングが好きです

【前職】大学卒業後は大阪のデザイン会社に就職し、大きなプロジェクトに携わったり、デザイン全般を経験。12年弱勤務の後、独立。

●(いつ)何歳で今の仕事を始めた
　大学を卒業した23歳の時、就職先の会社で。実は、大学4回生の就職活動時期に、京都の釣具店のオーナーからバスプロのチームを作るので参加してくれないか？と打診があり、デザイン会社でバイトもしていたのでそこに就職してバスプロと掛け持ちでいこうかなとも一瞬考えましたが、趣味を仕事にはしないでおこうと思ってお断りしました。

●いつ頃どんな志望動機で目差そうと思った
　小学生の時に行きたかった京都の美術系公立高校の図案科（今はデザイン科）に入学した時点で、将来はデザイン関係に進むだろうという何となくのイメージはありました。

●仕事の具体的な内容
　主な仕事は、グラフィックデザイン全般ですが、メインは食品のパッケージとブックデザイン。つり人社さんと仕事のきっかけになったのは、つり人社さんに自費出版を依頼したこと。それからつながりができて、書籍のデザインの依頼が始まりました。

●仕事の魅力・やりがい
　多くの人の目に触れることや、デザインによって「売れる・売れない」が出るところが面白い（怖さもありますが）。日常の

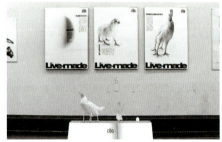

京都市立芸術大学の卒業制作。4本脚のニワトリとヒヨコの剥製と卵、それぞれのポスターにて畜産の未来を警告した

さまざまなことが仕事に活きることも魅力です。また、若いスタッフと一緒に仕事をすることで、自分自身もイキイキとできるし、若い人にデザインの大切な役割を仕事を通じて伝えられていることに、やりがいを感じます。

●この仕事を目差す人へのアドバイス
　私の会社の門を叩く人に伝えていることは、「デザインが好き」と「何にでも興味を持つ人間」であること。それも半端なく！が理想です。
　社訓は、「365日 Creative Days」です。

●今後の抱負や夢
　これからの将来にAIが席巻しても、人間が考えるクリエイティブの必要性はなくならないと信じたい。釣りに関していえば、釣り場環境の育成と魚の保護。特に渓流魚が好きなので、キレイな魚がいつも泳いで、エサである昆虫を食べて育っている川が増え、釣り人と魚が共存する世界。

●この仕事に就いていなければ何をしていた
　今もあきらめていないけれど、子供の頃

カバー用のイラストレーションを描いているところ

釣り道具という観点から選んだメルセデス。遠方へのドライブにも快適性と満足感を得ることができる

から「トラック野郎」に憧れているので……（笑）。自分で車体に絵を描いた（たぶんサカナの絵かな！）大型トラックで、ライトをギラギラさせて全国を走り、行く先で釣りを楽しむ、そんなトラックの運転手。

●今、好きな釣りは？

渓流のヤマメ（アマゴ）をフライフィッシングでねらう釣り。

●初めて釣った魚と場所

滋賀県野洲川で釣ったカワムツ。今もフライフィッシングの外道で釣れてくるたびに、子供の頃の釣りを思い出します。

●特に大切にしている釣り道具

釣りザオが好きなので、フライロッドを特に大事にしています。でも歳なので、いいモノで使わない道具は、次世代にバトンタッチしたいのでそろそろ整理していこうとは思っています。

大学時代に初めての海外旅行の際に立ち寄ったフランス・パリの釣具店「デュボス」で購入したロッドをはじめ、今はもう亡きメーカー、フランス製のPezon et Micheal の竹ザオたち。フライキャスティングを学んだサオでもありますし……。

●将来行きたい釣り場と釣りたい魚

釣りが上手くて人間性にも優れた釣り人となら、どんな場所でもどんな対象魚でも行きたいですね！　フライフィッシングに限定すれば、やっぱりトラウトが好きなので、賢くできたら大きめのトラウトを、自分で考えた方法で自分のお気に入りの道具でキャッチしたい。

●現在乗っている車

デザイン事務所を開業して1年目に釣りのために購入した、メルセデスベンツC200（紺色）のステーションワゴンをもう25年乗っ

大阪市西区にある事務所にて。手にしているつり人社の本や後ろの棚の製品はいずれも弊社がデザインを手がけたもの

ています。車もサオやリールと同じく釣り道具として見ています。これまでエンジンの故障は皆無で、燃費の悪さ以外は、今も飽きることなく気に入っています。ただYANASE曰く、古い車ゆえにすでに欠品部品も多く、故障すれば車検が通らない可能性もあり、乗り換えに迫られますが、次の車もメルセデスの予定です。

広島の渓流にて尺ヤマメをランディング

映像・カメラマン

（合）18frame.
代表 映像コンテンツ・ディレクター

髙井 正弘
たかい まさひろ
60歳

【最終学歴（論文・制作）】筑紫中央高校
【前職】（株）釣春秋 →（株）AURA →現職

雑誌編集の付録的な存在だった
DVD制作も手掛けていくうち、だ
んだんと動画の仕事に専念したく
なってこの道へ

◉（いつ）何歳で今の仕事を始めた
2013年4月、48歳より

◉いつ頃どんな志望動機で目差そうと思った
釣り関係の出版社である釣春秋に20年ほど勤めていましたが、最終的な役割が別冊編集長で、フカセ釣りやイシダイ釣り、エギング、ルアーフィッシングなどの別冊を作っていました。その一環としてDVDやDVD付きのムックも作っているうちに、釣り関係やそれ以外を含めて、もっと動画の仕事に専念したいという気持ちが強くなり、2009年1月に退職。

さっそく2月に開催された大阪フィッシングショーに突撃して「動画の仕事をください」とメーカー様に売り込みに行ったのですが、その時に知り合いとバッタリ出会い、「釣り具メーカーを立ち上げたから手伝って」という話になって面白そうなのでAURAに入社することになりました。

AURAでは営業として九州各地や沖縄、中国を好きなようにぐるぐる回って、楽しい日々を過ごしていたのですが、2013年4月に会社の体制が大きく変わったタイミングで退社。

そしていよいよ、今の仕事がスタートしました。

◉仕事の具体的な内容
現在の業務で一番時間を費やしているのは、福岡のテレビ局TVQで毎週土曜日に放送されている「ルアパラ九州TV」のディレクターとしてのあれこれです。その具体的な内容は、出演アングラーさんとの打ち合わせ、場合によってはこちらで釣り場を選定したり、遊漁船や瀬渡し船を手配したり。日程が決まれば天候に気を配り、ハラハラドキドキの日々を過ごします。

ロケ当日は、カメラで撮影するわけですが、あとはアングラーさんに場面に応じた解説のお願いをするくらいですかね。調子よく釣れていればやることはあまりありません。アタリもなんもない、なんて時はいろいろ考えますが、釣りなので釣れないことはあって当然ですが、仮に釣れなくてもみなさんの参考になるような面白い内容にしなくてはいけません。通常のカメラを回し、ドローンも飛ばし、必要に応じて水中も撮る。これを1人でやるので、まあまあヘトヘトです。

そしてロケ後は、動画の編集やナレーションの収録、協力会社にお願いしている音楽効果やMA作業を進めていただくためのデータ渡し。音まで完成したら、毎週金曜日にポスプロ作業といって、最終的な映像の調整や放送するためのディスクに収める作業があります。1週間がせめて8日あれば、と思います。

テレビ番組以外にも、釣り具メーカー様から製品紹介動画や実釣動画制作の依頼が来ることも。たまには釣り以外の仕事もあり、自治体の観光案内や、専門的なものでは選挙の政見放送のディレクターもやりました。昨年、全国放送ゴールデンタイムの

編集作業に入るとひたすらデスクワークです

渓流、船、磯とさまざまなフィールドで、時には夜の撮影も。場合によってはドローンも飛ばし、水中も撮影し、魚が釣れない時は釣果も気にしつつ……タフな仕事ですが、やっぱり楽しいです

1コーナーを撮影したことがあり、いい経験になりました。

●仕事の魅力・やりがい

私が初めて動画と出会ったのは、高校に入学して3年間野球部で汗と涙の日々を送る予定のはずが間違って映画部に入ってしまい、8mmカメラの世界に触れた時からです。あの時は、私がプロ野球選手になることを信じて疑わなかった近所の酒屋と米屋のおじさんに泣かれました。もし、森繁という面白い同級生に誘われなければ……。今の会社名 18frame. は、当時撮影していた8mmカメラが1秒間に18コマだったから、初心を忘れないで、という意味でそうしました。

その映画部での日々。そして釣春秋に入社してから出会ったより深い釣りの楽しさ。動画と釣りという、好きなことを仕事にできていることに、魅力とやりがいを感じています。

●この仕事を目差す人へのアドバイス

今は機材や編集ソフトが進化しているので、やろうと思えば誰でもできる仕事です。特にアドバイスはありません。

●今後の抱負や夢

ナギの日ばかりではないので、とにかく安全第一で。

●この仕事に就いていなければ何をしていた

就職ではなく、仕事を頂けるか分からないまま自分で勝手に始めたので、やっぱりこの仕事をしていると思います。

●今、好きな釣りは？

一番はアユ釣りで、イカメタル、イシダイ、エギングも。しかしやっぱりもう一度、男女群島か草垣群島でオナガの60cmオーバーとも戦いたいですね。

●初めて釣った魚と場所

福岡市に流れる那珂川でハヤ釣り。

●特に大切にしている釣り道具

釣春秋の川辺会長からいただいたイシダイザオ。ダイコー 520GAZE。

●将来行きたい釣り場と釣りたい魚

東北のきれいな川でアユ釣りを。

●現在乗っている車

ハイゼットカーゴクルーズターボ 4WD 5MT。34万kmほどしか走ってないですが、壊れたのはオルタネーターくらいで、クラッチもまだ滑りません。

ガイドと私（右）の2人の大男が持つと小さく見えるが……ソフトルアーでヒットした、1m35cm 30kgのタイメン。モンゴルのロシア国境に近いフブスグル州にて

映像・カメラマン
フリーランス
廣田写真事務所
ほか、APA（公益社団法人日本広告写真家協会）所属

廣田 利之 ひろた としゆき 70歳

【最終学歴（論文・制作）】大阪工業高等専門学校機械工学科
卒論「航空機の高速移動時の流体力学」
【前職】スタジオ勤務、出版社写真部勤務

●(いつ)何歳で今の仕事を始めた
　1953年夏頃、24歳。正社員でスタート。
●いつ頃どんな志望動機で目差そうと思った
　スタジオ勤務時代、同僚が新聞求人欄でカメラマン募集広告を見つけてきた。一緒に誘われ釣り雑誌社の入社試験を受けると、1人枠に合格し写真部へ配属。仕事は超ハードで2週間で辞めようと思ったが、次の勤め先が見つかるまでと続ける間に知らない釣り、新しいフィールド、個性豊かな名手の人となりとの出会いに新鮮な驚きの連続。与えられた誌面を自分自身の力のみで作り上げていく魔力に魅せられ24年間も続けることに。

●仕事の具体的な内容
　駆け出しの出版社勤務の頃は、週明けは筆者の原稿集めに駆け回り、週末は各地のフィールドへ。小さな出版社なので担当写真頁はカメラマン自らが写真選択しレイアウトを考え、短い文章を添えタイトルを付け最終出稿まで任された。火曜、水曜日が写真頁締め切り。木曜日に校正し金曜日発行発売。これが年間52〜54週のサイクルで続く。金曜午後には発行したての週刊誌を元に反省会と編集会議で次週メイン企画を決定。慣れてきたと判断されると週末までに月刊誌への企画参加、DVD動画チームと同行撮影も入り、いつ休みが取れるのという殺人的仕事量。2年間も続けたら月刊誌の編集者と比べれば何年分もの雑誌発行作業をこなしたことになる。今思えばこのきつい仕事量が体力及び取材スキルを鍛え磨き上げてくれた。

　独立後は釣り雑誌やアウトドア雑誌の取材＆撮影。釣り具メーカーのカタログ撮影＆ホームページのCM動画撮影。新聞社で魚の水中撮影をメインにした記事連載。NHK「ワイルドライフ」番組ではビワマスの水中産卵シーンで参画。同じくNHK「釣りびと万歳」にも水中撮影で協力。魚を愛し、四季を問わずカメラを抱え水辺をさまよい続けている。

●仕事の魅力・やりがい
　一言でいえば無から有を作り上げるのが可能なことです。白紙の状態から自由闊達に思いどおり誌面が作れる仕事なんてまずほかにありません。普通の旅では絶対味わえない風景にどっぷり浸かり、夢の魚を追い求める取材。読者の反響も励みになりました。新釣法も開発、発信出来たのは思い出深いです。「磯のスルスル釣り」友釣りでは「イナズマ釣法」などの言葉が誌面を飾り、毎週ワクワクドキドキの連続でした。
　フリーランスで注力している動画制作はストーリーを練り上げる作業が新鮮で面白い。脚本、カメラワーク、編集、音入れまで自分でこなすショート動画は、やりがいの塊です。動画も基本スチールでの起承転結と同じ要素で重要です。

●この仕事を目差す人へのアドバイス
　釣り出版社以外に釣り具メーカーまで範囲を広げると、水産・魚類関係の学部があ

この狭い空間で世界への夢を追い求めて瞑想している

動画にスチール撮影に大活躍しているキヤノンデジタル一眼専用ハウジング。頼もしい相棒である

（上右）釣り具メーカーのカタログ撮影。（上左）琵琶湖芸術文化財団が発行している『湖国と文化』で表紙撮影＆グラビアページにライフワークのビワマス写真が掲載された。（下右）友釣り界のレジェンド野嶋玉造さんを30年追い続けた写真集『鮎化神』を一昨年完成させる。（下左）世界各地へ出掛けたフライフィッシングのエッセイ集『フライフィッシング・ジャーニー』にキューバのソルトフライのレポートで参加

る大卒の人が多く、貴方が高校生ならそれらの大学を選ぶことを強く勧めます。また、憧れや好きだけで選んだ仕事が幸せを呼び込んでくれるのか？　自分自身の強み、弱みを精査しどんな仕事なら耐えられ適性があるのか自己分析も大切です。釣り関連の仕事は早朝深夜に働くことは当たり前。締め切り厳守で徹夜続きもあり得ます。そのあたりをよく理解していないと早期離脱にもつながりかねません。ですが、自分の企画が通り記事が掲載された雑誌や本が完成した時の達成感はほかでは味わえない喜びです。幸運が訪れ、私の後輩になる人が1人でも増えることを願っています。

● 今後の抱負や夢

　一昨年（2022）友釣り界レジェンドの写真集を完成させました。現在は5大陸を相棒と釣り歩いた紀行文＆写真構成の写真集を制作中のほか、魚関係の写真集を2冊は上梓することを画策中です。

● この仕事に就いていなければ何をしていた

　魚や釣り抜きの生活は想像出来ないが、コマーシャルカメラマンだったかも。

● 今、好きな釣りは？

　渓流のエサ釣り、テンカラ、フライフィッシング、それにアユの友釣り。

● 初めて釣った魚と場所

　小さな頃の強烈な思い出は大阪市内から八尾市の野池まで自転車で遠征し、うどんにさなぎ粉をまぶしてノベザオで釣ったフナ。その感触が忘れられず毎週末通った。それより強烈な記憶は海外初釣行で夢にまで見たキングサーモンを釣りあげたこと。小型だったが感激で足が震えたのを今でも昨日のことのように思い出す。カナダ・バンクーバーアイランドとバンクーバーとの渦潮水道のエイプリルポイントでの1尾。

● 特に大切にしている釣り道具

　それぞれに思い出が染み込んでいますが、1つ選ぶなら海外ロッドビルダーから購入したT&Tの初バンブーロッド。注文2年後に届きその間に円高が進み得した感いっぱい。

● 将来行きたい釣り場と釣りたい魚

　幸運な釣り人生、手にしたい魚はほとんど釣りあげられた。残すはアイスランドでアトランテック、パタゴニアで巨大トラウトとの対峙。南米ボリビアにてフライで渓流のドラドに挑戦したい。

● 現在乗っている車

　20年来歴代日産エクストレイルを乗り継ぎ、現在はT32型4WDハイブリッドモデルに6万km以上乗っています。

映像・カメラマン
スタジオ-マル（個人事業主）
フォトグラファー・ライター
ほか、BMOジャパン・フィールドテスター

丸山 剛　まるやま　つよし　62歳

【最終学歴（論文・制作）】東京工芸大学写真学科（中退）
卒業研究「カラーフィルムの再現性」
【前職】飲食店の店長

相模湾でマイボートフィッシング

● (いつ)何歳で今の仕事を始めた

　28歳の10月にフリーフォトグラファーになった。

● いつ頃どんな志望動機で目差そうと思った

　飲食店店長をしていた27歳の時、渓流釣りを昔から一緒にしていた友人が別冊つり人『渓流'88』を手に来店し、「写真が撮れて渓流釣りが好きなんだから、本に出ている渓流カメラマン募集に応募してみたら？　というかとりあえず応募しておいたから」。それでつり人社へ面接に行き、その後編集長から連絡が来て渓流カメラマンになった。最初の年は2回しか取材がなく、取材日だけ店に休日申請をして同行したが、その年の10月に28歳で結婚したのを機に店を辞め、フリーフォトグラファーとして起業した。

● 仕事の具体的な内容

　写真撮影全般と原稿執筆。別冊つり人『渓流』取材のほか、同社の月刊『つり人』、『ワカサギ大全』等の写真撮影及び原稿執筆。ほかに舵社で月刊『ボート倶楽部』の撮影、マイボートを使用しての釣りのモデル、『カヌーワールド』の撮影をしている。釣り以外では大学の卒業アルバム制作会社と契約し、1校を担当している。

● 仕事の魅力・やりがい

　自分が見たもの、感じたものを写真で自己表現して相手に伝達できることが、この仕事の魅力だと思う。そのために、釣りならその釣りのことを深く知っていなければ、核心に迫る撮影や原稿執筆はできない。渓流釣りは中学生から趣味でやっていたが、『渓流』の仕事を始めてからは、沢登りのベテランやテンカラ・本流釣りの名手たちの釣りを撮影しながら、渓流釣りのすべてを学ばせてもらった。

　マイボートの釣りでは、ボート免許を取得し、カートップボートを所有し、さまざまなフィールドに行ってボートを出艇させ、釣り行脚をした。カートップボートも5艇乗り継ぎ、最終的に手軽な2馬力ボートで20年以上『ボート倶楽部』に連載させてもらっている。

　卒業アルバムの撮影では大学のことを知り、学生を知り、アルバム撮影の基本を知っていなければアルバム制作の一員になることはできない。ほかに、山登りを高校時代からしていて、それが高じて東京新聞出版局が『岳人』を発行していた時代に20年に渡り取材や掲載をさせてもらった。

　それぞれのジャンルで自分自身も知識と経験を高めていくことが仕事に反映され、やりがいでもあると思っている。

マイボートの釣りでは撮影以外に時にモデルも務め、釣りのレポートを書き『ボート倶楽部』で連載している

フィールドでの撮影が多く、特に源流では自分も釣りをして楽しんでいる

山の写真撮影は、今は仕事ではなくプライベートで行っている

●この仕事を目差す人へのアドバイス

　写真家は「今日から写真家」と宣言すれば誰でもなれる。しかし、それでお金を稼いで生活していくとなると大変だ。私自身も28歳10月でフリーフォトグラファーになったのはいいが、『渓流』の取材は夏に2〜4回でそれだけでは食べていけなかった。飲食店でアルバイトをしつつ、人づてに仕事のオファーを取り付けながら、少しずつ仕事を増やし、写真業でようやく納得のいく確定申告ができるようになってきたのは3年後であった。

　いろいろな被写体を撮る中で、フィールドで撮影するのが性に合っていたのでその方面に仕事をシフトさせていった。結局、自分が好きな対象の撮影を仕事にすれば嫌なこともないし、ストレスもそれほど感じずに続けていくことができる。石の上にも三年、好きなことを積極的にしていくのが成功のカギになるのではないかと思う。

●今後の抱負や夢

　62歳になって、だんだんと身体がいうことを利かなくなってきた。谷泊まりの源流釣りをずっとしてきたが、気が付くと日帰りの渓流釣りが多くなった。身体が動くうちは年に数回は泊まりの源流釣りに行きたいと思っている。マイボートの釣りも今はインフレータブルボートの2馬力仕様。かえって身軽に釣りをしやすくなったような気がする。これも月に1回くらいのペースで釣りに行けたらいいなと思う。仕事と

つり人社からはこれまで4冊の本を出版させてもらった

しての撮影は少なくして、動画撮影で自分のしていることをYouTubeにでもアップしていけたらいいなと思っている。

●この仕事に就いていなければ何をしていた
　飲食店を経営していたと思う。

●今、好きな釣りは？
　オフショアフィッシング全般、ワカサギ釣り、渓流のテンカラ釣り、エサ釣り、渓流ベイトフィネス、本流ルアー釣り。

●初めて釣った魚と場所
　生まれ育った埼玉県入間市の入間川で釣ったオイカワ。

●特に大切にしている釣り道具
　渓流ベイトフィネス用のロッド、スミスSS4 -Custom47ULとシマノのリール、アルデバランBFS。

●将来行きたい釣り場と釣りたい魚
　北海道のイトウ釣り。

●現在乗っている車
　ハイエース ダークプライムⅡ MRⅠ 4WD 2800 ディーゼル。

漫画家・イラストレーター

（個人事業主）漫画家
（ときどきイラストレーター）

酒川　郁子　さかがわ　いくこ

【最終学歴（論文・制作）】武蔵野美術大学視覚伝達デザイン科 卒業時は当時好きだった物のフォトブックを作りました
【前職】なし。服飾デザインのバイトや漫画アシスタント

浜名湖でフライフィッシングで
ヒットしたクロダイ

ジャンル物と呼ばれる世界は作者が経験者だとディテールに嘘がなく、物語が説得力を持ちます

●（いつ）何歳で今の仕事を始めた
　デビュー時は25歳。その前はアシスタントを3年ほど。

●いつ頃どんな志望動機で目差そうと思った
　マンガ好きでしたから、小学校6年の文集には将来漫画家になっている自分の仮想仕事場が書かれています。アイドルになりたいのと同じで現実感はなし。美術大学に進み、そのまま広告デザイナーにでもなろうと思っていて、アルバイトで漫画のアシスタントもやっていました。25歳の時、バイトも飽きたし1回くらい投稿しようかと思い立ち1本描いて投稿したら佳作→即デビューとなりました。

●仕事の具体的な内容
　ストーリー漫画を描くことです。女性向け漫画がメインで、ほかにフライフィッシングの漫画を描いています。
　編集者と内容などを打ちあわせて一から創作します。お題に沿った物もありますし、原作付きの仕事をすることもあります。ストーリーを考えて字でプロットを書き、ネーム（絵コンテ。コマ割りとセリフ）から作画と進んでいきます。今は紙やペンは使わずにフルデジタルです。一番大変なのはネームの部分です。
　釣り雑誌からの依頼でハウツー漫画を描くこともあります。ハウツーの細かい部分は釣りライターさんや編集者が考えます。以前は仕掛け図や釣り方イラストなどもたくさん描きました。釣りを知っている人が絵を描くと、オモリやサルカンの形など間違わないから楽だといわれていました。

●仕事の魅力・やりがい
　自分の頭の中だけが頼りということ。構想から完成品まで全部自分次第のところが大変さもあり面白さもあります。1本ごとに達成感があります。また、読者からの反応があればテンションも上がります。

●この仕事を目差す人へのアドバイス
　釣り漫画家というものはないので、地道に漫画家として経験を積み重ねるしかないです。たくさん映画を見たり本を読んだりインプットするしかないです。どんな経験も将来の糧になると思います。
　釣り漫画においては釣れなかったことのほうが参考になります。
　私は沖釣りと料理も好きでOLが釣ったアジをお造りにして食べるという、ちらっと描いたシーンがその後のグルメ漫画につながりました。しばらくは釣りに関係ないグルメ漫画の仕事ばかりしていました。

コミック化されたグルメ漫画やフライフィッシング漫画の著作

制作現場。現在はフルデジタルで描いています

　自分は釣りが強みになったと感じています。釣りでもほかのスポーツでも職業でも、いわゆるジャンル物と呼ばれる世界は作者が経験者だとディティールに嘘がなく、物語が説得力を持ちます。リールの持ち方やロッドの曲りなどちょっとしたことで、この人やってないなというのが読者にバレますからね（マニアックな読者ばかりではありませんけどね）。

●今後の抱負や夢

　紙の雑誌が苦難の時代です。WEBに場所を変えても仕事を続けていければよいなと思います。釣りを含めての、自然系の漫画を描きたいです。

●この仕事に就いていなければ何をしていた

　デザイン事務所に就職してグラフィックデザインの仕事をしていたと思います。

●今、好きな釣りは？

　フライフィッシング。かなり面倒な釣りであるところに面白さを感じます。フライはすべて自作します。その中でもソルトウォーターフライフィッシング。シーズンオフがないところがいいです。それからタナゴ釣り。ウキ作りは面白いです。

●初めて釣った魚と場所

　家族や近所の人らと行った入間川のオイカワ。自分でやりたくて度々訪れていたのは新宿伊勢丹屋上の金魚釣り堀（釣りの原体験としてはこちらだと思う）。

●特に大切にしている釣り道具

　ソルトFFのロッドやリール。もともとやや高価なのもありますけれど、魚が掛かった時に道具の性能に大いに左右されるので、FFではリールのドラグ性能やロッドの強度が重要なのは海の大もの釣りくらいです。

●将来行きたい釣り場と釣りたい魚

　黒部の天然イワナ。大きな荷物を背負っての山登りは無理なのでただの夢。セイシェルの陸っぱりGTフライフィッシングとパタゴニアのジュラシックレイクのレインボートラウト。釣行費が高すぎてやはり夢。

●現在乗っている車

　日産エクストレイル。前車もエクストレイル。悪路も心配なく荷物がたくさん積めてよい車です。車中泊しようとSUVを持ってはいますが、結局ビジネスホテルやドミトリーに泊まってほとんどやりません。

フライフィッシングの中でも特にソルトウォーターが好きでどこにでも行きます。写真はユカタン半島イスラホルボッシュでのターポン

近年イトウフリークが集まる朱鞠内湖で

京都高島屋会場での展覧会風景

漫画家・イラストレーター

フリーランスの
イラストレーター

八百板 浩司 やおいた こうじ

【最終学歴（論文・制作）】日本デザイン専門学校
【前職】高校卒業後、製版の仕事を少ししてから専門学校へ。卒業後は広告制作会社でグラフィックデザイナーの真似事のような仕事を何年か経てフリーランスに

● **(いつ)何歳で今の仕事を始めた**

27、28歳だったと思います。

● **いつ頃どんな志望動機で目差そうと思った**

最初に就いた製版の仕事では、当時はアナログで毎日たくさんのイラストレーターの生原稿（原画）が送られて来ました。それらを目にして「本当にやりたいのはコッチ！」となったわけです。

● **仕事の具体的な内容**

毎日ブラックバスを中心とした「釣りの絵」ばっかり描いている幸せ者です。「Water Explosion」という屋号でプリント等の販売と、昨今は一作家として作品をオーダーで描き、それらの原画やプリント販売が中心です。

本来、イラストレーターとは広告や書籍などで、クライアントが売りたい商品や文章に対してよりイメージを具現化させる絵を描く仕事だと思います。広い範囲で、しかもクライアントの意向に添った絵が描けることが重要かな？ しかし僕の場合は自分が好きなもの、興味があるもの以外は苦手なことが多く、実は不向きな部分が多いように思われます。

1990年代に大きなバスブームがありました。「自分が好きなもの」と「クライアントが欲しているもの」が近く、本当にありがたい時代でした。

ところが2000年前後に沸き起こったバス害魚論の過熱と、外来生物法なるものが出現すると仕事が激減。それ以後は苦労もたくさんありましたが時間も経ち、バスブームの時代に本気で描き続けた釣り雑誌『TACKLE BOX』の表紙を通して僕の絵を好きになってくれた若い方々が立派な社会人となり、僕の「今」を支えてくださっています。

現在はそんなファンであり続けてくださった方々のための「一作家」としての活動が中心です。

● **仕事の魅力・やりがい**

イラストレーター時代はカスタマーが出版社や広告代理店、釣り具メーカーでした。自分の絵が出版物等に載り、特に雑誌の表紙やポスターになって街中でそれらを目にした時はとても幸せでした。

今でもそれはありますが、個人の方からオーダーを頂いたり、展覧会でお客様と対面し、作品を見て感動して頂ける姿にやりがいを強く感じます。SNSで海外の方から称賛を頂き、時にはご注文を頂けることも大きなやりがいへとつながっています。

● **この仕事を目差す人へのアドバイス**

たぶん、僕ほど仕事が偏った「絵描き」は希だと思います。それは実力というより、生きてきた時代やタイミング、人との出会いのほうが大きいと感じております。なので、直接的なアドバイスは分かりませんが、フリーランスは、特に若い時に上手くいっている間はひとりよがりに陥りがちです。順調な時ほど大勢の方にご支持やご支援を頂いている、そうでない時は自分に足

バス釣りは私の作品のテーマであり趣味でもあります

横浜の釣りフェスティバルブースでは、私のイラストの世界観を表わす三幅対の作品を展示させていただきました

丸善京都本店会場での展覧会風景

りない部分があるのだということを肝に銘じて、それでも好きなことに情熱を持って進んでいくことだと思います。

あとは自分を理解して一緒に目標へと進んでくれるよき伴侶を見つけることでしょうか？（あくまでも僕の場合ですが）。

● 今後の抱負や夢

初めてアメリカへ行った数十年前、釣具店や、親しくなった人の家に招かれたり、会社のオフィス、フィッシュ＆ゲームなどの公共施設等、どこでも魚や釣りの絵画が壁に架けられていました。日本ではまず目にしない光景に文化圏の違いを見せつけられたわけです。釣りやハンティング、それらを取り巻く風景などを中心とした絵画や彫刻等を扱う wildlife art gallery が多く存在することも衝撃的でした。

帰国後いろんな人にそのお話しをして「僕は wildlife art の作家になりたい」と言うと、「日本で売れるわけない」と一蹴されました。そんなモヤモヤした気持ちを抱えていた時『TACKLE BOX』の表紙を描いてみないか？」とオファーを頂いたわけです。大手出版社よりも自由な発想で作られていたその雑誌は、表紙絵も売り出しの季節に合わせた注文があるくらいで、自由に僕が描くことを容認してくださいました。

そんな経緯から、今も wildlife art で自分の内面を表現したいと思っているし、国内に少しでも広げていきたい。また国外でも活躍出来る作家になりたいと思い続けています。

● この仕事に就いていなければ何をしていた

ほかにここまで熱くなれることや出来そうなことが見当たりません。ロックスター!?（笑）。

● 今、好きな釣りは？

Bass と Fly fishing。釣りは僕の人生を大きく変えてくれた大切なものですが、バスやフライにハマったのは「釣り」という行為そのものとは別に、カルチャー的な側面からの影響も大きかったと思います。

● 初めて釣った魚と場所

東京の下町育ちなので釣り堀のコイ？でしょうか。

● 特に大切にしている釣り道具

時代時代で思い出の道具はありますが、あまり物に執着することがなく「特にコレ」という物はありません

● 将来行きたい釣り場と釣りたい魚

美しい景色や魚、優しい人たちに出会える所ならどこにでも行きたいです。

● 現在乗っている車

以前は3ナンバーのRVにも乗っていましたが、今はかなり古い軽です。バスや電車など公共交通機関が苦手でどこへ行くにも車が中心。軽はかなり役立っています。

飲食業

魚料理と酒 あじすけ
店主

小宮 諒介 こみや りょうすけ 34歳

【最終学歴（論文・制作）】静岡県立松崎高校
【前職】なし（アルバイト）

文章では海の釣りのことばかり書きましたが渓流ベイトフィネスも好きです！

◉（いつ）何歳で今の仕事を始めた

2018年、18歳より料理人としてキャリアを開始しました。間に大工のアルバイトを挟み、居酒屋、料理店、レストランなどで修行してキャリアを積んできました。

独立して今のお店を始めて4年目になります。

◉いつ頃どんな志望動機で目差そうと思った

ペンションを経営している両親が食事も提供し、それを食べてお客様が喜ぶ姿を眺めるのが好きでした。また、叔母や母が料理好きでいつも美味しい食事を作ってくれたこと、料理を囲む時の温かく幸せな一時が印象に残っています。

料理は人を幸せする、その原体験が料理人になる強い動機となり、中学校を卒業する頃には料理に携わる仕事がしたいと考えるようになりました。

◉仕事の具体的な内容

朝10時頃から仕入れで魚屋、肉屋、八百屋などを回り、11時にはお店に到着し掃除や仕込みをします。17時から最後のお客様がお帰りになるまでお店を開けています。その後は片付けと翌日の準備を行ない、帰宅はだいたい午前1〜2時です。

まずは美味しい料理をいつでも提供すること。それに伴って、よい食材を仕入れる目利きが必要です。魚に関しては、その時々で旬の一番美味しいものを仕入れるようにするのはもちろん、故郷西伊豆の魚の魅力を伝えられるように力を入れて仕入れを行

なっています。さらに、大好きな釣りを食材調達にも生かし、東京湾ではハゼ、伊豆の消波ブロック帯では穴釣りでカサゴやソイなどを釣ってきて調理し、お客様にご提供させていただいております。

これらに加えて、私はお店を経営しているので経理などの経営スキルが日々必要とされます。

◉仕事の魅力・やりがい

自分が提供した料理でお客様が幸せな表情になる瞬間や、食事を通して初めて出会ったお客様同士が楽しい雰囲気で交流している姿を見た時、美味しい食事の持つ力を感じます。それを自分の腕一つで作り出していると実感できることが魅力だと思っています。

◉この仕事を目差す人へのアドバイス

料理は目の前で食べたお客様の喜ぶ顔が見られるので、努力が報われたと感じられるまでのレスポンスが早いのが何よりの魅力だと感じます。つらいことも多いですが、人に感謝されること、喜ぶ顔が見たい人にはオススメです！ また、お客様とのコミュニケーションが大切なのはいうまでもなく、私も修行時代やお店を任せて頂いた時、独立した今も料理とともに勉強中です。

◉今後の抱負や夢

魚は姿が美しく、釣って楽しく、食べて美味しい。また、彼らが棲む水中は私たち人間が生きている地上とは全く別世界で、想像していて飽きることがありません。魚

釣り人ならではの目利きを生かした仕入れと、時には自ら釣った魚も調理してお出ししています

バス、ナマズ、メッキとこちらは仕事とは関係なく100%趣味の釣り。いろんな魚が大好きです！

やそれを取り巻く世界、その素晴らしさをより伝えていける人間になるのが夢です。

● この仕事に就いていなければ何をしていた

　Makitaで工具を作りたい！ 実用性のあるものを自分で作り、人が喜ぶ。そんな仕事に憧れます。

● 今、好きな釣りは？

　季節の魚と遊んでもらうことが大好きです。この文章を書かせていただいている9月現在は、毎年メッキに翻弄されています。メッキというとライトゲームのターゲットとして手軽にねらえるイメージがあると思いますが、私の出身地、伊豆のメッキは一味違います。地元の釣り上級者たちが日々ねらっている彼らは百戦錬磨。教科書どおりではなかなか歯が立ちません。

　仕事が終わると夜な夜な港内や河口を泳ぐ彼らのことを考えながら、どうしたら釣れるだろうと妄想してしまいます。たまの休みには仕事が終われば伊豆へ。足元までルアーを追ってきては濁りの中へ戻っていく彼らに、試行錯誤で口を使わせた瞬間は何度経験しても、それが初めてであるかのようにうれしく感じます。そしてサイズからは想像できないパワーファイト、水中を縦横無尽に走る銀色の魚体。週ごとに涼しくなり、終盤には茜空にススキが揺れて、刻一刻と暗くなる水辺に立っていると集まってくる釣り仲間。神経を張り巡らせ、細心の注意を払ってイトを巻いていると突然ロッドがしなり、港に響く歓喜の叫び。

日に日に秋めいていく伊豆のメッキには、他所では感じられない魅力があると思っています。

● 初めて釣った魚と場所

　西伊豆の船着場でハオコゼでした。

● 特に大切にしている釣り道具

　リール＝アンバサダー1500c、2500c。ルアー＝zealアライくん。

● 将来行きたい釣り場と釣りたい魚

　アマゾンでピーコックバス、パラオでGT、モンゴルでタイメン。高知でアカメ、琵琶湖でビワコオオナマズ、カネヒラ、ハス、ガボンでターポン、アフリカのムベンガ、ピラルクー、ドラード、キングサーモン。

● 現在乗っている車

　三菱タウンボックス。釣り旅仕様。

飲食業

山と川の幸 郷土料理ともん
2代目店主
ほか、ダイワ 渓流フィールドテスター

戸門　剛 とかど　ごう
40歳

【最終学歴（論文・制作）】早稲田大学商学部（中退）
【前職】都内の料理店にて板前

秋の味覚、ずっしりと重い天然マイタケを手に

●(いつ)何歳で今の仕事を始めた
　2011年夏、27歳（それ以前の数年間は板前修業）。

●いつ頃どんな志望動機で目差そうと思った
　幼少の頃から渓流釣り、山菜・キノコ採りが好きでした。大学には行ったものの「ネクタイを締めて、満員電車に揺られて」という自身の社会人像が想像出来ず。父が1976年に始めた「ともん」ですが当初は私の兄が家業を継ぐつもりでいました。しかし兄は別の道を見つけ起業。自然な流れで私がその後を継ぐ形に。

●仕事の具体的な内容
　渓流シーズン中のイワナやヤマメ釣りを始め、春の山菜、夏のアユ、秋のキノコ、冬のジビエや寒雑魚など天然・野生食材を自ら採取・調理し提供する料理店「山と川の幸 郷土料理ともん」を営んでいます。

●仕事の魅力・やりがい
　お客様の笑顔、「美味しかったよ」という言葉をダイレクトに頂けること。食材調達の日々は春夏秋冬という季節の移り変わりをより鮮明に感じ取れますし、自らの手で釣ったり採取したモノだからこそ愛着が湧き、命を頂くありがたみを覚えます。より大切に美味しく調理してあげようと心掛けています。体力的にはとてもハードな日々ですが営業の疲れは山や川でリフレッシュ、食材調達の疲れはお客様の笑顔でリフレッシュしています（笑）。

●この仕事を目差す人へのアドバイス
　主に海の魚を使用する場合が多いようですが、日本の各地に店主や料理人が自らの手で釣ったり獲ったりした魚を提供するのがウリの店というのがあります（ほとんどすべての食材を自分の手で採取するという「と

秋のコース料理（※一部抜粋）。天然アユと天然キノコたち。食材は自分たちで採取したものばかり

埼玉県入間市、父が始めた「ともん」は開業約50年になります

店内には渓流魚の泳ぐ水槽と、父の集めた伝統漁具が並ぶ

イワナ釣りと山菜採り。雪渓の連瀑帯にて

もん」のスタイルはさすがに稀有でしょうが)。そうしたお店の料理人募集などをチェックして応募するのが一番の近道です。熱意さえあれば求人募集外の時期でも可の場合も。資格の面でいうと、食材調達のことを考えれば自動車運転免許は必須。また調理師免許や栄養士資格などがあれば便利ですが、これらは料理人修行を始めてからでも取ることは出来ます。

なお飲食業界はなかなかにハードな業種なので甘い考えでいると即挫折すると思います。まして自身で自然界に出かけ食材調達までしようと考えるならば、基本的には一に体力、二に根性、三に熱意というタフさが要求されます。もちろん根底には自然が、魚が大好きという気持ちがあるので私自身はどれだけ忙しい日々でも定休日(※食材調達日)が待ち遠しくて仕方ないのですが……。

また食材調達や調理技術に自信があり、なおかつ開業・運転資金があるのならば、自身で店を始めるというのが最短ルートなのはいうまでもありません。乗り越えるハードルは高いですが、自分で営業スタイルを決めることが出来るので休みと仕事の配分などいかようにもなるのは大きなメリットです。

最後になりますが調理・営業時だけではなく食材調達時にも必須なスキルはコミュニケーション能力です。海や川であれば地元漁協・漁師さんとの、山や林では所有している個人・村落とのお付き合い等々。人間嫌いで自然とだけ常に対話していたいというタイプの人には難しい仕事かもしれません。

●今後の抱負や夢
　豊かな自然があってこそ続けてこられた営業形態です。自然を守りつつ、その恵みを美味しくありがたく頂く。その気持ちをこれからも忘れずにいたいと思います。
●この仕事に就いていなければ何をしていた
　旅人(大学時代の所属サークルが「無人島研究会」と「探検部」でした)。
●今、好きな釣りは?
　今も昔も渓流釣り!　エサ釣りが主ですが最近はテンカラ釣りも。
●初めて釣った魚と場所
　まだオムツを履いている頃に店舗裏手を流れる荒川水系入間川にて、雑魚(ウグイ、オイカワ)やコイ、フナを釣っていました。
●特に大切にしている釣り道具
　父が最初に開発に携わった渓流ザオ、ダイワ「碧翠」。
●将来行きたい釣り場と釣りたい魚
　日本に生息するすべてのトラウト類を釣ってみたいです。
●現在乗っている車
　トヨタの小型SUV車ラッシュ。小回りが利き悪路に強く、積載もそこそこで重宝しています。しかし走行距離20万kmを超えて最近あちこちにガタがきているようです。

安政2年創業寿司屋の
5代目です

飲食業

おかめ鮨 代表取締役

創業1855年（安政2年）、ペリー来航2年後の芝に誕生の寿司屋5代目。

長谷 文彦　ながたに　ふみひこ

【最終学歴（論文・制作）】明治大学商学部
【前職】おおよそこの道一筋で参りまして、一般的に、丁稚・番頭といわれるものに当たる見習い・出前持ちを皮切りに寿司職人へと進みました。

　近年は「オヤジは釣りが本業なんだからね〜」などとつぶやかれているとか、いないとか。自分でも「あたしはどちらが本業なのでしょうね？」と自問自答したりして……。いえ、まっとうな寿司屋のおやじです、ハイ。

●（いつ）何歳で今の仕事を始めた

　高校卒業後に実家の寿司店に就労（バイト？）し、同時に大学生という二足の草鞋を履く生活が始まった。16歳の時に先代親方（父親）が他界し、この時、一刻も早く跡取りとしての修行の道へ進ませたいとのおかみさん（母親）の強い意見があった。一方で話を聞きつけたお贔屓様の心配される思いもあった。そのお一人T氏（当時の松下電器産業役員）の御助言「大学卒業してからでも遅くはないよ、行けるものなら行かしてやったらどうか。昨今は老舗の跡取りといっても大学出はいる。あとは先々代（祖父）が許してくれるかどうかだなあ」があり、あたしも先々代とおかみさんに頭を下げて了解を取り付け、先の二足の草鞋暮らしとなった次第

は、ここだけの初めての告白。こんなの滅多にしゃべりはしない……っと。

●いつ頃どんな志望動機で目差そうと思った

　幼稚園の頃より魚河岸（当時は築地市場）へ、先々代に手を引かれ、黄色い長靴を履いて連れて行かれた。昭和40年頃は実家の寿司店前を走る第一京浜すぐの所に新橋行の都営バス停があり、新橋から朝日新聞社経由築地市場行のバスに乗り換えて行った時代である。先代（父）とは三度ほどしか仕入れには同行していない。

　市場に着くとどこの仲卸の店先からも「おっ！5代目来たのか！」「よっ、5代目よく来たなあ」と声がかかる。それで「私は5代目なんだなあ」と何となく気持ちよい、くすぐったい気分になっていたのは事実で「跡取りのバカな息子の歯は白い」ってなもんです。築地の賑わいがあたしの進むべき道を照らしてくれたともいえますが、とはいえ当時は「でも？　5代目って??」とそこはシングルエイジの幼稚園児〜小学生。知らぬ間におじいちゃんの術数にまんまとはめられていたのに気づかなかったとは。

●仕事の具体的な内容

　江戸前寿司のご提供。粋（良き・活）な魚と小股の切れ上がった（秋晴れを感じるような）シャリとのバランスを重んじる仕事。今ならば醤油、塩、炙りなど多くの工夫も求められ、また寿司屋にはお客様との会話で

握りもちらしも、活きと季節感を大切にご提供したいと心がけております

内観・外観。店内はカウンターのほかテーブル席、個室もございます

ハゼと遊んでいるんじゃああります。せん、あくまでも仕入れです、ハイ活かして持ち帰り「ハゼ御膳」にてご提供いたしております）

楽しませるといった雰囲気づくりのお手伝いで成り立つ部分もあります。しかしねえ、「何がお好きです？」とお尋ねして「私、サーモン」なんか言ってる日本人が実に多いことには忸怩（じくじ）たる思いもありますが。

◉仕事の魅力・やりがい

　季節感を持たせるといえば格好がよすぎるでしょうか。「サムシングニュー」を考えて、お客様一人一人をよく見て小品をつくる。気をてらうことなく、シンプルさの中に季節の移ろいや、夕立後の一陣の涼風が吹き抜けていく感じの寿司が握れたら本望かと思います。

　「沈む握り」（表現が難しい）。カウンターのお客様に寿司を握ってお出しする、その寿司がしんなりとつけ台（カウンターの前にある寿司を出す横に長い台）の上で静かに落ち着いて見える、ネタがシャリにしっかりとマッチングした瞬間は至極自分なりにうれしい刹那かと。

　サムシングニューといえば、あたしの場合、アユとハゼなど豊洲にない（あっても高いか釣ったほうが早い）ネタは、現地（釣り場）へ自らサオを担いで"仕入れ"に出掛け……決して遊びなんかで行っているわけじゃあございませんよ。え？　その割にはいつも楽しそうだ？　いえいえ、滅相もございません。

◉この仕事を目差す人へのアドバイス

　『仕事ができるようになりたければ釣りをしろ』（中鉢慎　著・つり人社）ではないが、料理でプロを志す者ならば四季を感じられる職人（寿司屋では板前ではなく職人と呼ぶのが一般的）であれ、といいたい。そのために手っ取り早いのは釣りをしてみること！　魚や自然と向き合うことでいろんな気づきや学びがあり、感性が磨かれます。

　また昨今は米の値段が急激に上がり今後が気になるところですが、はたして肝心の米の味は？　このように何事にも「はて？」と疑問を抱き物事の表面よりも芯を考える習慣を身につけてください。

◉今後の抱負や夢

　珍しいものやコト・世の中ウケするものなど一瞬の目新しさに惑わされることなく、美味い寿司を握り続けていきたい。

◉この仕事に就いていなければ何をしていた

　全く思い当たりませんが、考えているうちにボブ・ディランの「Blowi'in in the Wind」のように風に吹かれて夕日を浴びたたずむ自分の姿が目に浮かび……なんじゃ、こりゃ!?

◉今、好きな釣りは？

　アユの友釣り。

◉初めて釣った魚と場所

　10歳の時、湘南の烏帽子岩周りのシロギス。たぶん浅八丸だったかと。

◉将来行きたい釣り場と釣りたい魚

　オランダ。風車の前でタナゴ釣り。もち、フナもいるならフナも。

◉現在乗っている車

　プリウスアルファ。

深海から釣りあげた7kgの
ベニアコウ

飲食業
㈱Lalapalooza
代表取締役
3店舗のレストラン運営

最上 翔 もがみ しょう 42歳

【最終学歴(論文・制作)】埼玉県立川越南高等学校
【前職】D'OROの委託営業

●(いつ)何歳で今の仕事を始めた
　高校卒業後、埼玉のイタリアンレストランへ勤務。20歳の時に本番イタリアでバックパッカーをしたのを機に、帰国後三つ星シェフのヴィットリオ・コッキの元で修行、23歳で統括副料理長になる。25歳で現D'ORO(レストラン)の委託営業を開始し、30歳で店舗を買い取り独立。

●いつ頃どんな志望動機で目差そうと思った
　魚が好きで、本当は鮨屋になりたかったが、多感な高校生の時期なのでカッコいいと思った魚も多く扱えるイタリアンの道に進みました。

●仕事の具体的な内容
　3店舗のレストラン運営、ケータリングが主な仕事ですが、金土のディナーは東京・二子玉川Arconの厨房に立ち料理を作っています。北茨城から船で片道3時間半をかけて自ら釣ったアブラボウズは、その骨から取った出汁の中でアクアパッツァに。東京湾で釣ったタチウオは、食感の変化を求めて三つ編みにしてからローストに。

●仕事の魅力・やりがい
　最高の〆方(脳〆から氷海水で急冷)→保存(水から出して冷やしすぎずに持ち帰り、内臓を抜いたら低温で温度管理)→調理(24年にわたる調理技術)により、魚を究極の一皿にすること。このように大切に管理した魚は、たとえばカンパチなら1ヶ月程度は生の状態でご提供しています。キンメダイ、タチウオ、ヒラメなどでもよい個体は2週間程度はポテンシャルを落とさずに熟成できます。
　日本での魚の食べ方は、お刺身、鮨に代表されるように生食での価値が強く求められると思います。一方、イタリアではカルパッチョとして生で食するわずかな地域を除くと加熱による調理が一般的で、魚の美味しさは加熱してもその個性が際立つと思います。
　このように同じ魚でも、生と加熱では個性の特徴が大きく違ってくるので、1つの魚をさまざまな角度から見て食材をどう生かすかも調理の面白い点だと思います。

●この仕事を目差す人へのアドバイス
　調理技術だけではなく、食材、生産者への感謝の気持ちと、人に喜んでもらいたい心が何よりも大切だと思います。
　喜んでもらいたいから、もっと美味しい料理をつくりたい。だからもっと魚のことが知りたい。そのために最高の魚を釣りたい。このサイクルで私は生きているので、毎日が夢中です。

●今後の抱負や夢
　魚が好きなだけではなく、魚を大切にする文化の普及活動。魚の骨で出汁を取ることは簡単です。それを使って料理を作ればもっと美味しいものが作れます。また、自分で釣った魚の鮮度があるからこそできる魚の内臓料理が広がれば、もっと釣り人が魚を大切にして、釣る楽しさも広がるはずです。

タチウオの三つ編みロースト。見た目も味わいも和食とはまた違う魅力が際立ちます

キハダマグロ 30kg。さばき甲斐があります

● この仕事に就いていなければ何をしていた

お鮨屋さん。

● 今、好きな釣りは？

アブラボウズ。市場では手に入らない魚を釣ること。以前は食べるとお腹をこわすとか、オシツケという名前で呼ぶ地域もあったとおり、人におしつけるほど人気のない安い魚でした。

しかし現在は正しい情報、保存、流通のおかげで高級魚になってきました。味わいは銀ダラを思わせる脂の豊かさと風味、特に 10kg クラスの個体はキメの細かさも兼ね備え、煮る、焼く、揚げるとさまざまな調理で至極の一皿になります。小さな前アタリからの重量感のある引き込みは、一度味わうとクセになります。

● 初めて釣った魚と場所

堤防でのマアジ。初めて釣りをした高校生の時、〆方も保存方法も分からず、釣ったその日に食べたのですが美味しいと感じませんでした。魚は新鮮なら美味しいと思っていたのが、実際は個体差、時期、場所で味が全然違う（もちろん〆方や保存の違いによっても）。それが衝撃で、もっといろんなことを知りたくなって釣りにハマりました。

● 特に大切にしている釣り道具

ミヤエポック Z9。この１台のおかげでさまざまな魚を釣ることができました。

● 将来行きたい釣り場と釣りたい魚

日本海域に生息する全魚種を釣りたい。

アブラボウズ 38kg。市場では手に入らない魚を自ら釣りあげ最高の状態で料理しお客様にご提供することが大きな喜びです

10kg のアラ。九州などでの通り名としてのアラ（クエ）ではなく、正真正銘、標準和名のアラ。超のつく高級魚です

● 現在乗っている車

ラングラー JL。車には興味がなかったのですが、港で Jeep を見て、海に合うその姿に一目ぼれして購入。

旅行・宿泊

トラウトアンドキング フィッシングツアー 代表

夷谷 元宏　えびすだに　もとひろ
55歳

【最終学歴（論文・制作）】フィリップス大学日本校
【前職】家庭用品商社営業

オフィスではお客様の釣行プラン作成、フィッシングガイドやロッジ、航空券の手配を行なっています。

●(いつ)何歳で今の仕事を始めた
1998年、29歳。

●いつ頃どんな志望動機で目差そうと思った
思うように釣りが出来ないということで勤めていた会社を辞め、1年間ニュージーランドへワーキングホリデーに出た。その際に知り合った釣り人からニュージーランドで国際釣り大会をやろうと誘われ、帰国後、日本チームを結成し参加することになった。ある旅行会社に所属し、参加者募集や手配をして釣り大会は大成功となった。

翌年も大会は続き参加者募集や手配が必要になり、またその流れでさまざまな釣行先の手配依頼が来るようになり、釣り専用旅行の予約手配を行なうようになった。その後、総合旅行業務取扱管理者資格を取得し独立、会社を設立して同じ業務を続けている。

●仕事の具体的な内容
海外、国内の釣り旅行プラン作成、手配、同行、ガイド。

●仕事の魅力・やりがい
見たことがないような海外の景色のなかで、見知らぬ魚たちに出会うことができる。自分の釣りだけではなく、お客様と現地で感動を共有できたり、帰国後に面白い釣り旅の話を聞くことができる。世界中のフィッシングガイドやキャプテンとコミュニケーションすることにより、ガイド方法や顧客サービス、環境保護の意識の高さなど、さまざまなことが非常に勉強になる。

海外釣行先を紹介したパンフレット。問い合わせがあった方に送ったり、さまざまな釣りのイベントで配っています。情報が古くなってきたので改訂版考案中

●この仕事を目差す人へのアドバイス
自分の釣りを多くの人に紹介したい方にはSNSや動画配信がありますが、別の方法として、実際にお客様を釣り場に誘い同行して釣りをしてもらったり、一緒に釣りをしてその感動を味わって頂くと、自分にもお客様以上の感動があり、細かな予約手配の面倒や集客の難しさ、同行時の現地での不安も払拭され、やりがい、生きがいのほうがはるかに勝ります。次の釣り場、新しい魚種を探して世界中を回りましょう。

●今後の抱負や夢
すべての釣り人の皆様に弊社のツアーに参加して頂きたいです。しかしツアーの行先として近年は、氷に覆われたグリーンランドまで北極イワナを探しに行かれたり、南米アマゾン川まで行ってジャングルに潜む巨魚と渡り合う方もいて、ますます遠い場所へ、旅行日数も増え、もちろん旅行代金も高くなっています。このままでは、なかなか多くの釣り人に参加して頂く機会を見いだせません。

お客様に同行してアイルランドのサーモンフィッシングに挑戦。釣果は渇水で厳しかったのですが、私も含め皆さま初めての釣行先で非常に面白い釣り旅となりました

ネバダの砂漠にあるピラミッドレイクに棲む巨大カットスロートをボートから釣りあげることができました。世界の僻地で見たこともない魚たちと渡り合える幸せ

そこで、近場への釣り体験ツアーや釣り教室、バスツアーなども企画して、より多くの方に参加して頂けるツアーを作っていきたいと考えています。そのなかから徐々に飛行機で北海道や沖縄へと国内遠征ツアーへの参加者が生まれ、ついにはニュージーランドまでトラウトやキングフィッシュを釣りに行く方も現われるという一連のサービスを提供できるようにしたいです。もちろん、海外の秘境僻地釣行は主要な仕事として継続しながら。

想像してください。週末の早朝、新宿駅や東京駅から観光ツアーバスや登山バスに交じって、フィッシングバスが各釣り場へお客様を満載して出発している光景を……数年以内に見られますように。

●この仕事に就いていなければ何をしていた

釣りの仕事を探してニュージーランドへワーキングホリデーに出かけ、釣りの旅行会社になったのですが、ワーキングホリデー中は日本に帰ったら釣具店かフィッシングガイド、フィッシングロッジをしようかと考えていました。ガイドもロッジも今ではその手配をしたり自身でガイドし、釣具店さんからは常にお客様をご紹介頂いたりショップツアーの手配をさせて頂いたりと、とても近いというか、重なる部分もありますね。

●今、好きな釣りは？

フライフィッシング。

●初めて釣った魚と場所

実家の近所を流れる川のフナだと記憶し

ています。

●特に大切にしている釣り道具

形見で頂いたフィンノール・ウエディングケーキフライリール、シーマスター・ターポンフライリールとレナード・バンブーロッド。

●将来行きたい釣り場と釣りたい魚

今まで紹介されたことがないどこかの川、湖、海で釣りをして、見たこともないような魚を釣って紹介してツアーにしたい。そんな場所はどこにもないか……と思っていたが、昨年徳之島の海でボーンフィッシュをフライフィッシングで釣りあげることが出来、ツアーでも紹介させて頂きました。国内、海外にも、まだまだ未開の場所が隠されていて、見たこともない魚が棲んでいる気がして、興奮しながらグーグルアースを眺める日々を過ごしています。現実は日々のバタバタで、あまりそんな夢を見る時間もありませんが。

●現在乗っている車

デリカD5。

スタッフ同行ツアーでクリスマス島へ。どこまでも続くフラットで掛けたボーンフィッシュが浅瀬を疾走するファイトを見せる。日本にはない風景のなかでさまざまな魚を相手にできるのがこの仕事の最大の魅力です

春夏秋冬、四季を感じられる環境でペンション業を軸に仕事をして暮らしている

旅行・宿泊
おやど風来坊（ペンション）オーナー
ほか、桧原漁業協同組合 副組合長

鈴木 一美 （すずき かずみ） 64歳

【最終学歴（論文・制作）】山形県立寒河江工業高校
【前職】鹿島石油（株）鹿島製油所

●(いつ)何歳で今の仕事を始めた
　平成4年12月、32歳。

●いつ頃どんな志望動機で目差そうと思った
　茨城県でのサラリーマン生活時代は特に不満もなく淡々と過ごす毎日。ただ山形出身の自分には何か物足りず、それが「何か」と分かったのはずっと先になる。
　ある日、会社で爆発事故が起きた。自分の職場だった。大切な友人が亡くなった。2時間違ったら自分だったかもしれない。そう思うとすごく怖くなった。ずっと悲しくつらく恐怖心もあった。
　その後、洋上研修があり自分もその一員に選ばれ香港へ向かった。船の中、ある講師からの一言「このままサラリーマンを続けていていいのか」が胸に大きく響いた。このままサラリーマンを続けていいのか？　自分自身に問う。段々と気持ちが固まってくるのが分かった。会社を辞めよう！　脱サラだ！　会社を辞めてどうする？　妻と一緒にペンションをやろう！　どこで？　どうやって？　毎日が？？？マークばかりだった。
　春夏秋冬、四季を感じられる場所を求めて、福島県裏磐梯高原に決めた。自然に包まれた場所でのペンション業、やっと自分が物足りずにいた思い、「何か」が見つかった。そして「ペンション風来坊」をオープン！　32歳の時だった。

●仕事の具体的な内容
①. ペンション業。
②. 渓流釣行ガイド。
③. 桧原湖ワカサギ釣りの営業。
④. 桧原湖漁業協同組合の運営、ワカリギ増殖作業。

●仕事の魅力・やりがい
　①. 自分の家に友人が遊びに来てくれるような感覚。仕事だが、毎日が楽しい。夕食の時、自分と妻も一緒にお酒を飲む。みんなで「お疲れ様」「乾杯」と声を掛け合う。「こんなペンションは初めて」と笑われるが夫婦共々酒好きだからしょうがない。でもそれがきっかけで親身になれる。親戚のような付き合いが増えていく。そんな毎日。宿業は面白い。
　②. さまざまな職種の方からの依頼がある。この出会いもまた面白い。車での移動時間、川での時間、宿での時間、ともに過ごしだんだんと人となりが分かる。ガイドを通して仲間も増えた。今ではガイドした方の町へこちらが出向き、案内してもらったりもする。どっちがガイドなのか分からない。
　③. 仕事内容は屋形船の設置、撤去、船での送迎、釣り方のインストラクター等々。氷上ワカサギ釣りでは、釣れるポイントの見極め、スノーモービルで安全に送迎するための道作り、吹雪や霧の中での送迎など、大変だがすべて自分でやっている充実感は大きい。簡単にはできないことをやっている自己満足だ。
　④. ワカサギの増殖作業では、ワカサギを生きたまま捕獲し、自然産卵による受精

おやど風来坊の夕食風景

好きな釣りを生かして渓流釣行ガイドも行なっている。これも豊かな自然があればこそ

卵採取、孵化器で孵化するまで管理し、放流を行なう。好きな釣りに関係する仕事の運営に関われていることがうれしい。

● この仕事を目差す人へのアドバイス

宿泊業の経営は単純に楽しい仕事とはいえない、かもしれない。ただ32年間この仕事を続けてきた自分には、楽しくやり甲斐のある仕事だと思う。

同じ道を目差す人にアドバイスを伝えるとしたら（アドバイスをいえるような立場ではないが）、ぜひ自分を信じて夢に向かって進んでほしい。一番は、家族の協力が大であることが重要だとは思う。

● 今後の抱負や夢

「ペンション風来坊」という屋号から「おやど風来坊」に変えた。ペンションのイメージとは違う、飲んで泊まれる居酒屋のような宿にしたかった。今年（2024）新たにサウナとランチの営業を始めた。将来は娘夫婦が継いでくれると思うので安心だ。健康に気をつけ、無理せず楽しく仕事をしていきたい。釣りもしたい。沢旅もしたい。

● この仕事に就いていなければ何をしていた

サラリーマンを続けていたかもしれない？

● 今、好きな釣りは？

渓流のフライフィッシング。カジカ釣り。タナゴ釣り（まだ釣れたことがない）。

● 初めて釣った魚と場所

小学生の頃、親父が運転する耕耘機の荷台に乗って連れて行ってもらった近くの沼。そこで釣ったコイだったと思う。

● 特に大切にしている釣り道具

普段使用しているフライタックル、マテリアル一式。

● 将来行きたい釣り場と釣りたい魚

実家に帰る度に通っていた朝日川。一度は源流に入ってみたいが未だ行けていない。元気なうちにそこの源流でイワナを釣りたい。

● 現在乗っている車

若い頃から4WDが好きで現在の車は何台目になるか忘れてしまったが、今はデリカD5。デリカは2台乗り継いでいる。もう1台はサンバー軽トラ。これは働く車。ジムニーが好きで乗り継いできたが、仕事をするうえで軽トラには勝てない。

檜原湖のワカサギ釣りではスノーモービルでの送迎や氷上ワカサギ釣りハウスの設置なども行なう

ナイフメーカー

フリーのカスタムナイフ作家
JKG（ジャパンナイフギルド）所属

古藤　好視（ことう　よしみ）64歳

【最終学歴（論文・制作）】柳川高校
【前職】公務員

ナイフ作りを仕事にしたのは54歳からですが、ナイフ作り歴は約半世紀になります

●**(いつ)何歳で今の仕事を始めた**

　ナイフ作りを仕事にしたのは54歳からですが、最初にナイフを作ったのは14歳くらいです。

　私は小さな頃から祖父が鳥かごとかいろんなものを工作するのをそばで見て育ちました。その影響もあり、自分でも肥後守（折り畳みナイフ）で竹を切り、竹トンボや弓を作ったりしていました。弓を作ると矢もセットで、矢じりもいるので金属を叩いてやすりで削って作りました。

　釣りも祖父の影響です。川で釣ってきたハヤやフナは自宅でさばいて、小学生の頃には自分で刺身も作れるようになっていました。それで包丁の研ぎ方や使い方も自然と覚えました。

　最初に作ったナイフは、無垢の鋼材で刃の部分を削り出し、ガスコンロで焼き入れをした小さなシースナイフです。といってもシース（鞘）もハンドルもない鋼材そのままのナイフでしたが。

　次に作ったのは刀のミニチュアみたいなもので、それは鞘も作りました。それからすぐに折り畳みナイフも作りました。まずお店で1本折り畳みナイフを買ってきて分解して構造を理解したのですが、当時はナイフの素材を販売しているところがなかった。それで、何となく素材が炭素鋼というのは知っていたので、模型店で熱処理をしている鉄の丸棒素材を買ってきて、それを焼いて叩いて平らに整えて板状にしました。それをやすりで形を作っていった。中学時代にはここまでやっていました。

●**いつ頃どんな志望動機で目差そうと思った**

　最初からこの仕事を目差そうとしていたわけではありません。趣味としてのナイフ作りの完成度を上げるため、就職直後から定年時に向けての長期計画として、少しずつ機材を購入したり技術を磨いたり、材料を調達していきました。退職後、自分一人が生活していくくらいなら何とかできると思い、始めました。

●**仕事の具体的な内容**

　ナイフ製作。年に数回の展示会に向けて作る。フォールディングナイフが主体です。

●**仕事の魅力・やりがい**

　自分のデザインを思いどおりに作れる。自宅での作業なので作業時間は好きにできる。休日は自己都合で設定できる。考えが合わない仕事をする必要はない。

●**この仕事を目差す人へのアドバイス**

展示会にて。ナイフはフォールディングタイプを主体に製作しています

鋼材を切るためのコンターマシン

自宅に工房を設置

ナイフの柄に溝を切るための横フライス盤

　まずは1本完成させてみること。次作は前作の反省点を解消できるように努力すること。できるようになるまで繰り返し練習すること。

　他者のアドバイスは真剣に聞くこと（参考にならなければ実行する必要はない）。

　同じものを作っても次回は前回よりよくなるように努めること。

　常に新しいことにも挑戦すること。

　よいと思われる素材は出会った時に仕入れておかないと次に出会う機会はないと思ったほうがよい。

　ブランドマークが付いていない作品でも個人が特定できるだけの技術が習得できなければ、独立してそれだけで食っていくことは難しいでしょう。

　技術職は生涯技術向上のための努力を続けていくべきものだと思っています。

● 今後の抱負や夢

　自分が好きな仕事を思いどおりに続けていきたいと思います。

● この仕事に就いていなければ何をしていた

　調理関係の仕事。調理師免許取得済み、調理学校エコール・キュリネール国立フレンチコース卒業（辻調理師専門学校東京校）。

● 今、好きな釣りは？

　海のフカセ釣り。メインはグレですがフカセでねらえる魚種は何でも釣ります。昼夜ともフカセ釣りです。そのほか渓流魚（ヤマメ、イワナ）のミャク釣り。

● 初めて釣った魚と場所

　3歳頃、近くの小川でタモロコ。

家の外では天然木や鹿の角などのハンドル材を切る作業をしています

● 特に大切にしている釣り道具

　釣行回数が多いので釣りザオ、リール等は気に入ったものを複数所有していますが消耗品と考えています。フカセ釣り用のウキは自作のものを使っているので大切ですが（15年ほど市販品はほとんど買ったことがない）、やはりあくまで消耗品です。

● 将来行きたい釣り場と釣りたい魚

　現在の釣り場に満足しているので新たに行きたい場所は特にありませんが、毎年釣れる魚種や時期が変わっているような気がしていて、「いつまで同じような釣りができるのか？」という不安はあります。

● 現在乗っている車

　ハイエース。

2019年、三宅島三本岳で釣りあげたイシダイと

陶芸

(合)小林陶芸 代表
釣魚・魚類・海洋生物を陶芸で表現制作・販売

小林 登 こばやし のぼる 63歳

【最終学歴（論文・制作）】東洋工学院機械設計科
【前職】光学レンズの制作、レンズの研磨
1982年、東洋工学院卒業後に東京都世田谷区二子玉川の杉浦研究所に就職。世界初の胃カメラの研究開発者の下で、内視鏡の製作と物作りの大切さを学ばせて頂きました。その後、埼玉県日高市の

林田光学研究所へ移り、内視鏡などの光学レンズの製作職人、主に研磨作業をしておりました。この回転での手作業は、現在の陶芸の轆轤（ろくろ）の作業に近いものがあるのではないかと感じております。

● (いつ)何歳で今の仕事を始めた

　2010年、私は東京都武蔵野市武蔵野赤十字病院・脳神経外科で脳髄膜腫の摘出手術を受けました。大変な手術との自覚もあり、元のレンズ職人に戻れるかという不安と、五体満足なら陶芸電気窯を購入しようと手術に臨みました。手術室には、もしかしたら？私の手がけたO社のスコープ顕微鏡があり、それで手術をして頂きました。感謝致します。そしてなんとか健康を取り戻し、陶芸電気窯を導入して2018年に陶芸会社を設立しました。

● いつ頃どんな志望動機で目差そうと思った

　いつかはパシフィコ横浜の釣りフェスティバル（現・釣りフェス）に参加させて頂くためにと、長い期間をかけて少しずつ準備しておりました。

● 仕事の具体的な内容

　釣魚・魚類海洋生物のリアル感のある陶芸制作と販売を行なっております。
　制作工程の最初は、全国各地の粘土を合わせて魚種、海洋生物の個々の焼き後をイメージして調合致します。次に、魚の形に粘土を形成していきます。目・歯・ヒレなど部位によって異なる粘土を使います。60cmの"大もの"陶芸となりますと粘土の形成に4ヵ

焼き上がった58cmイシダイ銀ワサ（オス）の立体陶芸

月かかります。完璧に粘土を乾燥させた後は、750度で破損防止のための素焼きをします。素焼き後は陶芸絵の具・鉱物等で絵付けをします。そして釉薬がけ、これは焼き上がりを想像して魚のヌメリ感を出す重要な作業です。本焼きは1230度です。素焼きも含めて38時間、除冷も入れると約114時間かかります。最終的には完成まで6ヵ月以上を要することもあります。

● 仕事の魅力・やりがい

　ハリ掛かりした魚を水面に浮かせた時、魚はヒレを大きく広げたりして最後の抵抗を見せます。のちに釣り人の思い出となるその瞬間の生命感と色彩の美しさを、1230度という火の中で焼き上げる陶芸の技術をもって表現すること。魚の棲む水の中の世界と、火の中の世界の陶芸、ともに人が入ることの出来ない世界を想像しながら、イメージを形に近づけていくその過程にやりがいを感じています。

　陶芸、陶器は太古から人の営みに根差したものでもあり、作品の個々の焼き上がり

磯釣りは昔から大好きな釣りです。写真は2007年、三宅島三本岳で75cm7kg580gのクチジロ。自己記録より小さいので記念撮影後リリース

クエの姿皿54cmに魚介類のお刺身を盛り付けして頂きました

はまちまちですが、人の心に末永く訴える価値があると思っております。

◉この仕事を目差す人へのアドバイス

魚種ごとに違う生き物としての魚を、陶芸という技術で表現することはとても困難ではあります。私のような造形レベルでは、1魚種につき100個以上は制作しないと釣り人、魚好きの方々にご満足いただける出来には到達しません。

作品にはリアルであることが求められますが「標本」とは異なります。さらに釣り人の思いや憧れも加味されるため、言葉にすると矛盾するようですが、これは"ないものを作り上げていく"作業となります。陶芸家としての技術、釣り人の気持ちを解する心、そして自然への観察力、それらを一つ一つ形にしていく地道な作業に耐えられる精神力が求められるのかもしれません。

◉今後の抱負や夢

少しずつですが海外の方々との交流もあり、今後も魚と陶芸を通じてその関係を広げていきます。

◉この仕事に就いていなければ何をしていた

現在も身体と心の健康に努めて自分に適した仕事（副業）をしております。

◉今、好きな釣りは？

伊豆諸島の大島や三宅島、伊豆半島、九州の男女群島、長崎県平戸での磯釣り。

◉初めて釣った魚と場所

1979年、伊豆諸島大島カキハラ磯での800gイシガキダイ。

1986年、三宅島三本岳にて5.09kgクチジロ。

1994年頃の伊豆大島クサツグ磯にて30kgのモロコ、クエ。

それぞれのジャンルの釣り、それぞれの初めてを、釣りの原動力とさせて頂いております。

◉特に大切にしている釣り道具

2003年のイクシーク533カーボン3本継ぎイシダイザオ。磯釣りの先輩でもある、東京・日本橋の釣具店「サバロ」の丸橋英三さんに「胴でアタリの取れるイシダイザオを」とお願いして製作いただいた一竿です。

◉将来行きたい釣り場と釣りたい魚

伊豆諸島のベヨネース列岩、スミス（須美寿）島の渡礁出来なかった磯。アラスカ、コディアック島の磯。

◉現在乗っている車

スバル2000cc4WD。

2024年パシフィコ横浜での釣りフェスティバル・小林陶芸ブースです

人名索引（50音順）

氏名	仕事先〈仕事〉	掲載頁	ジャンル
會澤聡	(株)東晋 アウトドア事業部 308Club	162	(管理釣り場)
青木大介	日本バスプロ協会 JB/NBC 所属 プロフェッショナルバスアングラー	108	(バスプロ)
赤羽修弥	W.B.S.、BMC 所属 プロフェッショナルバスアングラー	110	(バスプロ)
明樂賢一	(株)タックルベリー	8	(釣り店)
天野有二	(株)魚矢	50	(釣り具総合商社)
有岡只祐	ダイワ鮎フィールドテスター	114	(フィールドテスター・プロアングラー)
安藤吉彦	相模漁業(株) 東山湖フィッシングエリア	164	(管理釣り場)
石川達也	(株)イストデザイン	174	(グラフィックデザイナー)
泉和摩	(有)ハンクル（HMKL）	28	(釣り具メーカー)
伊藤巧	B.A.S.S. ELITE series professional angler	112	(バスプロ)
井上荘志郎	(株)エヌディーイー 宮城アングラーズヴィレッジ	166	(管理釣り場)
井上拓也	NPO 法人ジャパンゲームフィッシュ協会	84	(NPO・公益法人)
今泉拓哉	(株)ツネミ	48	(釣り具総合商社)
夷谷元宏	トラウトアンドキング フィッシングツアー	198	(旅行・宿泊)
大川進	(有)大川デザイン	176	(グラフィックデザイナー)
大津清彰	(株)ティムコ	30	(釣り具メーカー)
奥本昌夫	FishCamp-Hokkaido	140	(フィッシングガイド)
奥山文弥	釣りを魚類学するお魚ジャーナリスト (有)奥山プランニング	168	(ジャーナリスト)
小澤淳	フィッシング相модや	10	(釣具店)
折金一樹	バスフィッシングガイド	142	(フィッシングガイド)
開発学	KaihatsuCrank	56	(ハンドメイドルアー)
柏瀬巌	フィッシングプロショップオジーズ	12	(釣具店)
神谷利男	神谷利男デザイン(株)	178	(グラフィックデザイナー)
神山裕史	(有)神山水産	160	(養殖)
菊間将人	(株)イシグロ イシグロ伊東店	14	(釣具店)
國村大喜	海業振興 デザイナー×エンジニア (株)ウミゴー	132	(企画・PR・地域振興等)
熊澤由雅里	釣り・水産業界の広報、企画、マーケター	134	(企画・PR・地域振興等)
黒神樹	GAMAKATSU PTE LTD	32	(釣り具メーカー)
小島宏	(株)マッスルマリン	106	(バスボートメカニック)
小菅綾香	(株)水産経済新聞社	170	(新聞社)
小菅結香	丸十丸	92	(遊漁船)
後藤恭典	(株)タカミヤ 釣具のポイント八幡本店ルアースタジアム	16	(釣具店)
古藤好視	カスタムナイフ作家	202	(ナイフメーカー)
小林登	(合)小林陶芸	204	(陶芸)
小宮諒介	魚料理と酒 あじすけ	190	(飲食業)
酒川郁子	漫画家	186	(漫画家・イラストレーター)
398	ハゼ釣り YouTuber 兼ハゼプロ	128	(ユーチューバー)
櫻井政和	水産庁	70	(研究・行政)
佐藤玄	NZ Streams and Tides.ltd	144	(フィッシングガイド)
佐藤俊輔	(株)つり人社	172	(出版社)
敷田和哉	(株)シマノ	34	(釣り具メーカー)
渋谷直人	渋谷漆工房	54	(バンブーロッドビルダー)
下山巌	(株)ドリーバーデン	18	(釣具店)
白滝治郎	郡上漁業協同組合	58	(漁協)
杉浦雄三	FlyFishing Total Support TEAL	146	(フィッシングガイド)
杉坂隆久	杉坂隆久ガイドサービス	148	(フィッシングガイド)
鈴木一美	おやど風来坊	200	(旅行・宿泊)
鈴木斉	プロアングラー　NABLA	116	(フィールドテスター・プロアングラー)
住澤慧樹	慧樹丸	94	(遊漁船)
MINORI S SMITH	Dan Bailey's Outdoor Company	20	(釣具店)

氏名	仕事先〈仕事〉	掲載頁	ジャンル
関伸吾	国立大学法人 高知大学	72	(研究・行政)
薗田隆次	遊漁船 Wingar	96	(遊漁船)
そらなさゆり	2代目アングラーズアイドル、サンラインフィッシングガール	124	(釣りガール)
髙井正弘	(合)18frame.	180	(映像・カメラマン)
高木優也	栃木県水産試験場	74	(研究・行政)
高橋勇夫	たかはし河川生物調査事務所	76	(研究・行政)
谷口友和	もんじろう商店	158	(オトリ店)
田畑憲一	(株)デプス	36	(釣り具メーカー)
田畑貴章	NPO法人北海道トラウトフィッシング協会	86	(NPO・公益法人)
田村信彦	福の神丸	98	(遊漁船)
千島克也	ダイワ フィールドテスター (渓流、ワカサギ)、FURUNO フィールドテスター	118	(フィールドテスター・プロアングラー)
千葉貴彦	WILDLIFE FLYFISHING SHOP NAYORO	150	(フィッシングガイド)
坪井潤一	国立研究開発法人 水産研究・教育機構 水産技術研究所	78	(研究・行政)
寺元昭二郎	フィッシングエイト(株) フィッシングエイト2	22	(釣具店)
戸門剛	山と川の幸 郷土料理ともん	192	(飲食業)
中川潔	フライフィッシングガイド	152	(フィッシングガイド)
中川めぐみ	釣りアンバサダー (株)ウオー	136	(企画・PR・地域振興等)
中島淳志	両毛漁業協同組合	60	(漁協)
中台泰夫	和竿工房 竿中・中台泰夫	52	(和竿師)
長谷文彦	おかめ鮨	194	(飲食業)
中野信之	朱鞠内湖淡水漁業協同組合	62	(漁協)
仁科斎	標津サーモン科学館	82	(水族館)
西向雅之	サンライン投げフィールドテスター	120	(フィールドテスター・プロアングラー)
西脇康之・西脇亜紀	鮎屋仁淀川	156	(アユ漁師)
野村友行	のむらボートハウス	104	(レンタルボート店)
秦拓馬	バスプロ YouTuber	130	(ユーチューバー)
花野誠次	総合学園ヒューマンアカデミー大阪心斎橋校フィッシングカレッジ	90	(釣り専門校)
晴山由梨	4代目アングラーズアイドル	126	(釣りガール)
東知憲	フライキャスティング・インストラクター	154	(ティーチング&デモンストレーション)
廣田利之	廣田写真事務所	182	(映像・カメラマン)
藤田優雅	瀬渡し船 OASIS	100	(遊漁船)
シュレスタ・ブルナ	オーナーばり(株)	38	(釣り具メーカー)
松浦秀俊	物部川漁業協同組合	64	(漁協)
眞野有理	福将丸	102	(遊漁船)
丸山剛	スタジオ-マル	184	(映像・カメラマン)
三浦愛	しずおかの海PR大使、CLARI MARE、(有)Miu lab.	138	(企画・PR・地域振興等)
三石忍	プロアングラー	122	(フィールドテスター・プロアングラー)
湊屋啓二	鷹巣漁業協同組合	66	(漁協)
三村達矢	公益財団法人日本釣振興会	88	(NPO・公益法人)
宮澤幸則	グローブライド(株)	40	(釣り具メーカー)
宮原映人	(株)上州屋 新千葉美浜店	24	(釣具店)
武藤勢弥	(株)エバーグリーンインターナショナル	42	(釣り具メーカー)
棟方宗宗	国立大学法人 宮城教育大学	80	(研究・行政)
室町雄一郎	(株)ワールドスポーツ キャスティング千葉稲毛海岸店	26	(釣具店)
最上翔	(株)Lalapalooza	196	(飲食業)
森下尊士	日野川水系漁業協同組合	68	(漁協)
八百板浩司	イラストレーター	188	(漫画家・イラストレーター)
山元八郎	(株)山元工房	44	(釣り具メーカー)
脇田政男	(株)ささめ針	46	(釣り具メーカー)

さかな・釣りライフ 100人
2025年1月1日発行

編　者　つり人社書籍編集部
発行者　山根和明
発行所　株式会社つり人社

〒101-8408　東京都千代田区神田神保町1-30-13
TEL 03-3294-0781（営業部）
TEL 03-3294-0766（編集部）
印刷・製本　港北メディアサービス株式会社

乱丁、落丁などありましたらお取り替えいたします。
©Tsuribito-sha. 2025. Printed in Japan
ISBN978-4-86447-746-8 C2075
つり人社ホームページ　　　https://tsuribito.co.jp
つり人オンライン　　　　　https://web.tsuribito.co.jp
Japan Anglers Store　　　https://japananglersstore.com
つり人チャンネル（You Tube）https://www.youtube.com/channel/UCOsyeHNb_Y2VOHqEiV-6dGQ

本書の内容の一部、あるいは全部を無断で複写、複製（コピー・スキャン）することは、法律で認められた場合を除き、
著作者（編者）および出版社の権利の侵害になりますので、必要の場合は、あらかじめ小社あて許諾を求めてください。